本书为贵州省教育科学规划一般课题（课题批准号：2014B215）成果

贵州苗族地区
教育发展与民族传统文化变迁

罗连祥 著

中国书籍出版社

图书在版编目（CIP）数据

贵州苗族地区教育发展与民族传统文化变迁 / 罗连祥著. —北京：中国书籍出版社，2016.4
ISBN 978-7-5068-5410-8

Ⅰ.①贵… Ⅱ.①罗… Ⅲ.①苗族—少数民族教育—研究—贵州省 ②苗族—民族文化—研究—贵州省 Ⅳ.
Ⅳ.①G759.2 ②K281.6

中国版本图书馆CIP数据核字（2016）第030862号

贵州苗族地区教育发展与民族传统文化变迁

罗连祥 著

策划编辑	安玉霞
责任编辑	李　新
责任印制	孙马飞　马　芝
版式设计	中尚图
出版发行	中国书籍出版社
地　　址	北京市丰台区三路居路97号（邮编：100073）
电　　话	（010）52257143（总编室）（010）52257140（发行部）
电子邮箱	chinabp@vip.sina.com
经　　销	全国新华书店
印　　刷	北京墨阁印刷有限公司
开　　本	710毫米×1000毫米　1/16
字　　数	280千字
印　　张	19
版　　次	2016年4月第1版　2016年4月第1次印刷
书　　号	ISBN 978-7-5068-5410-8
定　　价	58.00元

版权所有　翻印必究

序

臧峰宇[①]

　　我国半数以上的苗族人口在贵州居住，几千年来陆续迁徙到贵州的苗族民众创造了丰富多彩的民族文化，也逐渐形成了具有苗族特色的教育传统。贵州苗族文化和教育传统滋养了苗族人民的社会生活，丰富了中华民族博大精深的思想文化宝库，对其进行历史与现实的双重研究意义重大。这项研究面向当今苗族文化和教育的实际问题，涉及对历史地理的综合文化分析，涵盖对贵州苗族传统文化变迁和教育传承的深入探索，旨在弘扬苗族优秀传统文化，推动中华文化进一步发展和繁荣。

　　贵州地处我国西南边陲，为古代中央王朝之"化外生苗地"。若以"巫文化"论之，贵州是"巫文化圈"的中心，所谓"西南奥区"是也。巫文化体系在中原失落后，却在贵州苗族地区得以保存，实乃"礼失而求诸野"的一枚标本。贵州苗族学校教育源于明朝，此前贵州苗族传统文化未受官学体系影响，有明以来官学体系涉入民风古朴的苗族社会，实现了官学体系在贵州苗族地区的发展，此举在清代改土归流过程中得到进一步强化。新中国成立后，贵州苗族地区学校教育体系日趋健全和完善，但贵州苗族传统文化的传承和发展仍然存在危机，如何更好地保护和传承苗族非物质文化遗产和苗族教育传统资源，仍然是颇具挑战性的问题。

　　之所以强调贵州苗族文化和教育传统的传承与发展，是因为它作为中华民族千百年来生成的一种文化形态，不仅为人们提供了理解世界历史和处理自身与外部世界关系的独特方式，而且它所彰显的生活情趣和精神信仰至今仍具有超越性的人文价值。苗族的文学、音乐、歌舞、戏曲、蜡染、饮食、建筑等时至今日依然现实地存在并受到现代人的青睐，贵州苗族地区的书院印证了汉苗文化与教育传统的融合。明代著名哲学家王阳明曾在苗族地区传

---

① 序者为中国人民大学哲学院副院长、副教授、博士生导师。

播心学，苗族教育家吴鹤等学者深受其益，从苗族文化角度发掘阳明心学精要，亦为文化传承与交融的佳话。多年来，贵族苗族基础教育、高等教育和民族教育均有可观发展，苗族学者开始走向世界，人们开始更多地关注苗族传统文化的变迁，关注苗族文化以独特的方式提供的价值选择。

  研究苗族传统文化的变迁，需要了解贵州苗族传统物质文化、制度文化和精神文化的基本内容，需要思考贵州苗族物质文化、制度文化和精神文化变迁的成因，需要分析学校教育、城市文化和现代思维对苗族传统文化的影响。在此基础上，探讨家庭教育、学校教育和社会教育传承与发展苗族传统文化的形式、内容和途径，从中揭示传承和发展苗族优秀传统文化的有效路径和相关机制，是更好地保存贵州苗族非物质文化遗产和教育传统的必要举措。达此宏愿，需要做扎实的调查研究和文本解读，需要从世界文明和中华文明发展的高度理解苗族文化的发展，这是一项需要长期探索和跟踪研究的重大课题。

  当前，我国苗族文化与教育传统研究依然任重道远，很多问题都有待从新的视角考察和重新理解。其中颇为重要和紧迫的研究是深入考察改革开放以来苗族文化的变化及传承和发展苗族优秀文化的思路。毕业于中国人民大学哲学院的苗族学者罗连祥博士近年来在该领域作出可贵的探索，他对研究本民族传统文化具有浓厚的兴趣和强烈的责任感，立足于贵州苗族传统文化的具体实际和有30多年苗乡生活经验的他努力回答在当代传承和发展贵州苗族传统文化和教育传统的具体问题，力争为传承和发展我国苗族优秀传统文化，发展苗族教育事业，推动中华民族文化发展与繁荣做出自己的贡献。他在本书中近乎全景式地探讨了贵州苗族文化与教育的历史和现实境遇，从历史唯物主义角度做出有新意的阐释。苗族优秀文化与教育研究是一项需要长期探索的课题，本书只是他研究的一个必经阶段，鉴于他以往在人大哲学院攻读博士学位期间的踏实态度和求真精神，以及他长期对苗族文化发展动态的关注程度，我相信把苗族文化研究作为毕生事业的他会在该领域取得突破性的进展。

  是为序。

2016年2月26日

目 录

第一章　贵州苗族地区教育的起源及其发展 /001

001/ 第一节　明朝时期贵州苗族地区的教育
013/ 第二节　清朝时期贵州苗族地区的教育
029/ 第三节　民国时期贵州苗族地区的教育
036/ 第四节　建国初期贵州苗族地区的教育
041/ 第五节　改革开放以来贵州苗族地区的教育

第二章　贵州苗族传统文化的主要内容 /051

051/ 第一节　贵州苗族传统物质文化
076/ 第二节　贵州苗族传统制度文化
124/ 第三节　贵州苗族传统精神文化

第三章　贵州苗族传统文化的变迁及其原因分析 /209

209/ 第一节　贵州苗族传统文化的变迁
242/ 第二节　贵州苗族传统文化变迁的原因分析

第四章　教育传承和发展贵州苗族传统文化的途径 /255

255/ 第一节　家庭教育传承和发展苗族传统文化
265/ 第二节　学校教育传承和发展苗族传统文化
276/ 第三节　社会教育传承和发展苗族传统文化

结　语　弘扬苗族优秀传统文化推动中华民族文化大发展大繁荣 /285

主要参考文献 /287

后　记 /293

第一章　贵州苗族地区教育的起源及其发展

关于教育的定义多种多样，可谓仁者见仁、智者见智。一般来说，我们可以从两个不同视角理解教育。从广义上讲，凡是增进人们知识和技能，影响人们思想品德的活动都是教育。从狭义上讲，教育主要指学校教育，是教育者根据一定社会或阶级的要求有目的有计划地对受教育者施加影响，将其培养成为符合一定社会或阶级需要的人的活动。在这里，为叙述问题的方便，我们主要从狭义概念上分析贵州苗族地区教育的起源及其发展。

第一节　明朝时期贵州苗族地区的教育

中国的学校教育起源很早。据史书《史记·学记》记载："古之教者，家有塾，党有庠，术有序，国有学。"该书记载了先秦时期中国学校教育中的相关教学内容和教学方法，阐述了教学相长、循序渐进、长善救失等教学经验，可见在这一时期我国就出现学子阶层。东汉学者郑玄东在《诗·郑风·子衿》中对"青青子衿"的解释是，"青衿"即青色的衣领，"学子"所服也。据《后汉书·郑玄传》记载，郑玄的学生"相随已数百千人"。西汉初年我国开始出现"学堂"一词，汉朝廷在益州州治成都建有"文翁学堂"，但由于受到封建统治阶级的歧视和偏见，我国少数民族子弟在相当长的历史时期内并未获得受教育的机会。尽管汉唐以来有大批汉族迁入贵州，但此时贵州依然是"夷多汉少"，三分之二人口为少数民族。从史料上看，贵州苗族地区学校教育开始于明朝，此时的学校教育分为中央官学和地方官学两类。中央官学有国子监、宗学和武学，地方官学有府学、州学、县学、卫学、司学、医学和阴阳学。明朝封建势力进入贵州后，贵州官学很快发展起来，当地少数民族除了向中央官学输送生员外，在地方还形成了比较完整的官学体系。明政府根据贵州民族成分复杂、土司统治源远流长、各地区社会发展不平衡的特点，把发展地方教育作为治理贵州、巩固西南边陲的重要政策。

一、向中央官学输送生员

明朝初年贵州全境基本为土司统治，贵州宣慰司管辖今贵阳、毕节、水城一带，播州杨氏土司则占据今黔北一带富饶地区。永乐年间贵州建立行省后，虽然省政府在部分少数民族地区设立了流官机构，但广大少数民族聚居区仍未被纳入中央集权范围，许多势力强大的土司仍在地方维系着自己的统治。明政府认为从土司子弟入手对土司群体进行教育不仅可以"变夷俗之陋，杜争夺之源"，稳定贵州地方政治，而且还能通过封建伦理教化培养出一批甘愿为朝廷"奔走惟命"的统治人才，以实现"附辑诸蛮，谨守疆土"之目的。

（一）鼓励土司子弟入学国子监

明王朝统一贵州后，为了提高当地土司的社会治理水平，大力鼓励土司子弟入学国子监习识中原文化。国子监即中央官学，又称太学，其监生分为两类。一类是官生，即品官子弟、土司子弟和外国留学生，入学名额由皇帝分发；另一类是民生，即贡监和举监，由府学、州学、县学按期考选入贡。洪武十五年（1382）十一月，普定军民府知府者额进京朝贡，辞归时朱元璋下诏："今尔即还，当谕诸酋长，凡有子弟皆令入国学受业，使知君臣父子之道，礼乐教化之事。他日学成而归，可以变其土俗而同于中国，岂不美哉。"[①]在明太祖的大力倡导下，洪武十七年（1384）者额派其子吉隆和属下之子阿黑子等16人到京师国子监学习儒家经典。之后，贵州各地土司纷纷派遣子弟进入国子监读书习礼。洪武二十三年（1390），贵州宣慰司等土司土官相继派遣子弟进京，请求进入太学受业。贵州宣慰司奢香派其子进入京师太学受业，

---

① 《太祖洪武实录》卷150。

在返乡途中朱元璋赏赐三品朝服并袭衣金带，以示奖励。洪武二十五年（1392）沅江府上奏："土官子弟、编民，多愿读书，宜设学校以教之。"朱元璋极为赞同，立刻下诏准奏。尔后朱元璋提出要"移风善俗，礼为之本，敷训导民，教为之先"，把兴办教育作为"安边之道"。对于进入国子监学习的土司子弟，明朝廷放宽入学条件。洪武帝之后，许多贵州土司派遣子弟进入国子监接受儒家文化的熏陶。

（二）规定土司子弟只有习识儒学方能继承其位

为了强化对土司子弟的文化教育，明政府要求贵州土司土官必须送子习读儒学，规定"未经儒学教化者不准承袭土司"。正统九年（1444），"命各处土官衙门应继儿男，俱照军生例，派送官学读书，乡试。其相离地远者，有司计议或二卫、三卫设学一所"，以保证土司子弟顺利接受文化教育。弘治九年（1496），明政府又规定凡年满十岁的土司应袭子弟必须就近送至宣慰司或州县学读书习礼。至袭职时必须取得当地学官的考核结状，否则不准承袭。弘治十二年（1499），巡抚贵州都御史钱钺上书朝廷："贵州土司渐被圣化百三十余年，污俗已变，但应袭子孙未知向学，请令宣慰、安抚等官应袭子孙年十六以上者，俱送宣慰司学充增广生员使之读书习礼，有原习举业者，比军职子孙补廪充贡出身。至袭职之时，各委官保勘，让娶亲官并学官结状，其不由儒学读书习礼者，不听保袭，庶可以变夷俗之陋，杜争夺之源。"明政府欣然接受钱钺的建议，规定"土官应袭子孙，十岁以上者俱送附近宣慰司或府州县学"①。嘉靖元年（1522），贵州都御史汤沐上奏朝廷《治苗之策》："欲令土官应袭，年三十以下者，得入学习礼，不由儒学者，不得起送承袭。其族属子弟原入学者，听升廪科贡，与军民武生一体，则可以大变其俗。"②从此以后，入学读书便成为贵州苗族土司子弟承袭爵位的必由之路。在明政府的号召下，贵州苗族土司子弟开始入学习礼，有的甚至在开科

---

① 《孝宗弘治实录》卷151。
② 《世宗嘉靖实录》卷20。

取士中"榜上有提名"。

为了奖励苗族土司子弟入学习读儒学文化，明政府在科举考试上对苗族土司子弟予以优待。"有土舍杨载清者，应袭推官，尝中贵州乡试，命于本卫加俸级优异之。"① 其间麻哈州土官子弟宋儒倾慕仕途，放弃旧业参加科举考试，由举人考入进士，成为黔东南地区土官子弟通过科举考试进入仕途的典型代表，在土司子弟中引起强烈反响。

二、创建地方官学体系

贵州建省前，当地学校设置比较混乱。明代贵州建省后，地方官学逐渐发展起来。至明朝末年全省共建立各类官学80所，其中司学7所、府学16所、州学5所、县学11所、卫学23所、医学7所、阴阳学11所，地方官学的建立对推进苗族子弟习读儒学发挥了重要作用。

（一）司学

在贵州官学体系中，最早建立起来的是司学。明朝中央势力进入贵州后，为了加强对少数民族地区的统治，提高土司子弟的文化水平，明政府在当地建立了许多司学。据弘治《贵州图经新志》、郭子章《黔记》、嘉靖《思南府志》等地方志记载，明代贵州在各少数民族地区创办的司学有贵州宣慰司学、播州宣慰司学、思州宣慰司学、思南宣慰司学、普安安抚司学、永宁宣抚司学、乌撒军民府司学等土司儒学以及平浪、九名九姓、镇远溪洞金蓉金达、施秉、偏桥、邛水十五洞、湖耳、亮寨、欧阳、新化、中林、验洞、龙里、郎溪、蛮夷、水德江、沿河佑溪、烂土等长官司学，其中比较重要的是贵州宣慰司学、播州宣慰司学、永宁宣抚司学、思南宣慰司学、思州宣慰司学、普安安抚司学以及九名九姓长官司学。这些土司学校除了招收土司子弟外，还允许部分民间子弟入学读书。

---

① 《明史·土司列传》。

1. 贵州宣慰司学

洪武二十六年（1393），明政府建立贵州宣慰司学。据吏部尚书王直《学记》记载：贵州宣慰司学的建立"盖洪武二十六年也，学在贵州（今贵阳）城之东北隅，有明伦之堂，堂前辟四斋，以为肄业之所"。此后贵州历任地方官和学官多次扩建宣慰司学，如弘治年间巡抚都御史钱钺和巡按监察使陈属共"建经堂三间，号房四十间于学之东，规模宏壮，以为肄业之所"。贵州宣慰司在当时四大土司中地位最高，其所属司学的地位也相应较高。由于贵州宣慰司地处全省政治、军事、经济、文化中心贵阳，各级官员和地方人士对其比较重视，从而贵州宣慰司学成为明代贵州地方官学中规模最大、设备最好的土司学校。在贵州各土司学校中，贵州宣慰司学存在时间最长，直至明朝天启二年（1622）因土司安邦彦发动叛乱才被废止。

2. 播州宣慰司学

洪武十三年（1380），明政府建立播州宣慰长官司学。永乐四年（1406），明政府将其提升为播州宣慰司学，校址在今遵义北部。万历二十年（1592），播州土司杨应龙发动叛乱，明政府平定叛乱后将播州宣慰司学改名为遵义府学。

3. 永宁宣抚司学

洪武四年（1371），明政府在今四川叙永建立永宁宣抚司学，隶属四川省。正统八年（1443），贵州设永宁卫（今毕节附近），永宁卫军生附属永宁宣抚司学，科举考试时民生赴四川，军生赴贵州。嘉靖三十年（1551），贵州提学副使谢东山上书朝廷："查得四川永宁宣抚司儒学生员，民生科贡则于四川，军生科贡则于贵州，两省提学皆得考校，但永宁相去四川甚远，该省督学员难至其地……而永宁卫贵州提学官巡历必至，生员便焉。"永宁宣抚司儒学生员冯璠等联名上书，陈述赴四川考试的艰辛，要求该司学军生民生考核科贡均属贵州。后经四川、贵州两省提学官共同商议后上报朝廷。嘉靖三十三年（1554），明政府批准"永宁宣抚司军民二籍生员岁贡岁考俱属贵州提学官考校，其民生并许附搭乡试，斋膳等项照旧支结"①。

4. 思南宣慰司学和思州宣慰司学

上述两所司学均建于永乐五年（1407），思南宣慰司学在今思南县，思州宣慰司学在今岑巩县。学校建立不久均被废除，并分别更名为思南府学和思州府学。

5. 普安安抚司学

普安安抚司学建立于洪武十三年（1380），在今盘县境内。

6. 九名九姓长官司学

九名九姓长官司学建立于洪武三十年（1397），在今毕节市、赫章县、威宁县一带。

上述土司学校建立后，明政府采取了一系列推动贵州民族教育事业发展的措施。一是在土司学校中推行选拔考试制度，选取优秀学生进入国子监肄业。如永乐十一年（1413）贵州建立行省后，明政府为"变其夷俗"以便统治，允许部分少数民族上层阶级子弟入学读书。永乐十八年（1420），明政府"令贵州思南等八府所选贡生员李正等，送国子监进学，赐赍如云南生例"②。洪熙元年（1425），镇远知府颜泽上书朝廷："本府儒学，自永乐十三年开设于偏桥等处四长官司，夷人之中选取生员入学读书，较有成效，宜给禀膳以养之。"明政府接受其建议，下令贵州各土司学校凡没有享受禀膳的少数民族生员，一律由政府给予禀膳。③ 二是在土司学校中推行双语教学。如宣德年间（1426—1435），贵州宣抚使奢苏在彝族聚居永宁府看到土司儒学中汉族教师与少数民族学生存在语言沟通障碍后上书朝廷："欲化顽俗，须修文教，而诸生皆夷僚，朝廷所设讯导官，言语不通，难以教诲。"建议学校任用熟悉本民族语言的教师，"庠生李源，文品皆优，并谙夷语，乞即授为讯导官，庶有实济"④。正统年间（1436—1449），贵州边远山区的赤水卫学缺乏教师，

---

① 黄永堂点校：《贵州通志》，贵州人民出版社，1989年版，第7—8页。
② 《太宗永乐实录》卷18。
③ 《宣宗宣德实录》卷11。
④ 贵州省毕节地区地方志编撰委员会点校：《大定府志》，中华书局，2000年版，第1213页。

御史包征派"通经术,有节操"的赤水当地人吴济担任卫学教授。吴济执教五年,"教法修明,士子悦服",深受当地军卫官生及其夷民子弟的欢迎。在明代贵州司学教育中,受教育者主要是土司子弟,少数民族子弟获得教育的机会极少。

（二）卫学

为加强对西南边陲少数民族的防范和统治,明政府在贵州各军事要地共建立32个卫,相应设立24所卫学。起初卫学只是对驻军官兵及其子弟进行政治、军事和文化教育,后来也招收当地少数民族子弟入学读书,使卫学成为当地军民共读的学校。

表1-1 明代贵州卫学一览表

名　称	概　况
清平卫学	正统八年（1443），贵州指挥使石宣在今凯里市炉山镇西北隅建立清平卫学。正德和嘉靖年间,明政府对清平卫学进行三次重建和改建。后来,清平卫培养出了孙应鳌等著名学者,使当地文风大振,成为黔东南文化教育较为先进的地区。清康熙年间,清平卫学并入清平县学
兴隆卫学	宣德九年（1434），贵州提学副使李睿、指挥使常智建在卫治（今黄平）东部建立兴隆卫学。此后兴隆卫学被改建到黄平县城南,改建后的兴隆卫学规模宏大。康熙年间,兴隆卫学并入黄平州学
毕节卫学	正统三年（1438），贵州指挥使唐谏在毕节市建立毕节卫学
普定卫学	正统年间,由李睿在卫城（今盘县）内东北隅建立
都匀卫学	在今都匀市
平越卫学	在平越,今福泉市
贵州卫学	洪武四年（1371）建于今贵阳市
普定卫学	洪武二十七年（1394）建于今安顺市
贵州前卫学	洪武二十八年（1395）建于今贵阳市
铜鼓卫学	洪武三十年（1397）建于今锦屏县
安庄卫学	洪熙元年（1425）建于今镇宁县
平坝卫学	宣德八年（1433）建于今平坝县
安南卫学	宣德八年（1433）建于今晴隆县
普定卫学	宣德八年（1433）建于今安顺市

续　表

名　称	概　况
龙里卫学	宣德八年（1433）建于今龙里县
新添卫学	宣德八年（1433）建于今贵定县
威清卫学	宣德八年（1433）建于今贵阳市清镇
赤水卫学	正德五年（1510）建于今毕节东北川黔交界处
乌撒卫学	正德八年（1513）建于今威宁县
平溪卫学	正德年间建于今玉屏县
五开卫学	嘉靖四十年（1561）建于今黎平县境内
偏桥卫学	成化十八年（1482）建于今施秉县
清浪卫学	嘉靖四十年（1561）建于今镇远县清溪镇
敷勇卫学	崇祯三年（1630）建于今修文县

资料来源：孔令中主编《贵州教育史》，贵州教育出版社，2004年版，第55页。

明代贵州属于未开化之地，"军民子弟俊秀未有学以教导之"。卫学的建立对巩固明政府对贵州少数民族地区的统治，实施对贵州少数民族子弟的教化，推动贵州少数民族地区学校教育的发展作出了重要贡献。

（三）府、州、县学

建省前贵州有文字记载的府、州、县学仅有3所，一所为当时属于云南省的安顺府学，一所为当时属于云南省的普安（今盘县）州学，一所为当时属于广西壮族自治区的荔波县学。永乐十一年（1413）思南宣慰使田宗鼎与思州宣慰使田琛因争夺地盘发生战争，明政府以解决二田争端为借口命令顾成率兵5万讨伐，消灭了二田土司，设贵州布政司，贵州建立为行省。随后明政府在二田土司管辖地设立8府4州，其中在原思南宣慰司辖地设思南、镇远、铜仁、乌罗（今松桃县境内）4府，在思州（今岑巩）宣慰司设思州、石阡、新化（今锦屏）、黎平4府，此外还设立了普安、永宁、镇宁、安顺4州，在各府、州之下又分别建立若干县。贵州省及其所属府、州、县建立后，明政府除了将原有的司学改建为府学外，还新建了一批府学、州学和县学，从而使各府学、州学和县学成为当时地方官学的主流。

表1-2 明朝时期贵州新建的比较重要的府学、州学、县学一览表

序列	名称	概况
府学	思南府学	由原思南宣慰司学改建而成。据明代学者田秋《记略》称："思州旧为宣慰司地，而学亦因之。永乐中宣慰田氏以法废，遂即司治为府治，先师殿仍其厅，虽规制单称，而材瓦最为精美。"永乐十三年（1415），迁至府治北田氏废宅，后经过多次重建，至嘉靖元年（1522）知府李文敏"尽撤而新之"
	思州府学	永乐十一年（1413）思州建府后，知府崔彦俊于府治之北改宣慰司学为府学。正统年间毁于兵乱，成化八年（1472）重建，此后又多次改建。成化二十一年（1485）知府张介重修。嘉靖元年（1522）知府张柱苤复修学府，扩建校舍20间，建儒学门、训导署，添置各种设施。此后历任知府又多次扩建，并置学田收租谷作为办学费用，办学条件更为完善
	黎平府学	永乐十一年（1413）建于府治北，由征房将军周骥故宅改建而成。景泰二年（1451），贵州提学副使李睿增修。成化二年（1466）知府杨纬重建。后经多次修建，至明末毁于兵乱
	镇远府学	永乐十一年（1413）建于府治东，成化十三年（1477）被洪水冲毁。弘治十三年（1500）知府沈熊迁建于府治西。嘉靖二十四年（1545）知府任佐复迁建于原址，后又经多次增修，至明末战乱中被烧毁
	铜仁府学	永乐十一年（1413）知府周骥建于府治东，宣德七年（1432）毁，正统八年（1443）重建，宣德十四年（1439）毁于兵乱，天顺三年（1459）重建，后经多次改建扩建，至嘉靖年间已"悉如省学之制矣"
	石阡府学	永乐十三年（1415）建于府治南。正统末年毁于战乱，成化十六年（1480年）知府余志重修
	新化（今锦屏）府学	宣德九年（1434）新化府撤销，其府学并入黎平府学
	乌罗（今松桃乌罗）府学	正统三年（1438）乌罗府撤销，其府学并入铜仁府学
	遵义府学	万历二十八年（1600）由原播州宣慰司学改建，位于府城东门外凤凰岭。设府时改建在城内，崇祯年间复迁建于城外旧址
	平越（今福泉）府学	万历二十九年（1601）平越改卫设府，将原平越卫学改为府学。万历三十一年（1603）改建于府治南，后多次迁移重建，明末毁于兵乱
	程番（今惠水县）府学	成化十二年（1476）知府邓廷瓒建于城内。弘治初年知府汪藻改建于府治内西南隅，嘉靖十五年（1536）知府林春泽迁建于中峰书院故址。隆庆二年（1568）程番府治迁入贵州布政司城（今贵阳），府学随之迁入省城，改建为贵阳府学，原程番府学改为定番州学
	贵阳府学	隆庆二年（1568）移程番府治入贵州布政司城，翌年三月改为贵阳府。万历二十九年（1601）升为贵阳军民府，辖2县3州。程番府学迁至贵阳后，万历二十一年（1593）由巡抚林乔相等人捐资建于北城外，为贵州设施最齐备的府学
	都匀府学	宣德八年（1433）提学副使李睿、都指挥使陈原建于都匀，原为都匀卫学。弘治七年（1494）置都匀府，改卫学为府学，后经多次扩建，使其成为一所"凡庙庑堂斋及庖福之所糜不毕具的"学府，明末时毁灭
	乌撒军民府学	永乐二十年（1422）建于威宁县，当时属于四川省
	乌蒙府学	宣德八年（1433）建于威宁县，当时属于四川省

续 表

序列	名 称	概 况
州学	普安州学	洪武三十年（1397）建立于今盘县
	镇宁州学	正德八年（1513）建立于今镇宁县
	定番州学	万历十四年（1586）建立于今惠水县
	正安州学	万历三十年（1602）建立于今正安县
	黄平州学	万历二十八年（1600）建立于今黄平县城
	麻哈州学	弘治七年（1494）建立于今麻江县
县学	荔波县学	洪武年间建立于今荔波县
	清平县学	正德八年（1513）建立于今凯里市炉山镇
	务川县学	建立于今务川县（年代不详）
	桐梓县学	万历二十九年（1601）建立于今桐梓县
	绥阳县学	万历二十九年（1601）建立于今绥阳县
	新贵县学	万历三十一年（1603）建立于今贵阳市
	贵定县学	万历四十年（1612）建立于今贵定县
	湄潭县学	万历四十七年（1619）建立于今湄潭县
	天柱县学	万历二十五年（1597）建立于今天柱县
	印江县学	建立于今印江县（年代不详）
	永从县学	隆庆年间（1567—1572）建立于今从江县

资料来源：孔令中主编《贵州教育史》，贵州教育出版社，2004年版，第47—55页。

（四）社学

社学起源于元代。洪武八年（1375）明太祖谕旨中书省："今京师及县皆有学，而乡社之民卫亲教化，宜令有司更置社学，延师儒以教化民间子弟，庶可导民善俗矣。"[1] 在明太祖倡议下，全国各地纷纷建立社学。明代社学由朝廷明令建立，属于明朝官学体系范畴，教师由官府委派，经费由官府筹集。社学是府学、州学和县学的重要补充，分布于广大城镇和乡村，承担着乡村的启蒙教育。弘治年间贵州出现了大办社学的热潮，据《贵州图经新志》记载，弘治十三年（1500），"巡抚都御史钱钺以治城素无社学，散教民家，课肄不笃，

---

[1] 转引自毛礼锐、沈灌群主编：《中国教育通史》（第三卷），山东教育出版社，1987年版，第442页。

无以为治。乃市民居,各建室十余间,聚子弟教之,闾里文化,勃然兴起"。当时在贵州省贵阳市有社学 24 所,"仲家""蔡家""仡佬"及"罗罗"等少数民族孩子近七百人在近郊各社学就读。嘉靖年间(1507—1566),黔东南地区镇远县、黎平县、榕江县、丹寨县、雷山县、剑河县、施秉县、天柱县、麻江县等地苗侗少数民族聚居区相继创办了一批社学。万历二十八年(1600),明政府平定播州土司杨应龙叛乱后设府分社,遵义知府孙敏政檄文凡府属各州县均在城里或乡村择地建立社学教授各族子弟,黔北地区大批社学应运而生,见于记载者 87 所。[1] 社学的产生对促进贵州少数民族地区文化发展发挥了重要作用,对推动贵州教育的平民化产生了深远影响。

三、建立书院

书院是我国古代特有的一种教育机构,始建于唐代。明代贵州建省后,随着贵州的政治变革和经济发展,以传播宋明理学为特征的书院教育逐渐兴盛起来。贵州书院的创办人多为外来人士及其后裔,学院学生最初也是外来人的后代。在学院培养出来的著名学者中,本省籍土著居民甚少。弘治元年(1488)至明末,在明政府的提倡和社会各界人士的大力支持下,贵州共建立书院 26 所,主要分布在贵阳及各府、州、县、卫所在地。

表 1-3 明代贵州书院概况表

名 称	始建时间	创建人	地 址
草庭书院(又名凤山书院)	弘治元年	乡人周瑛	黄平县
文明书院	弘治十八年(1505)	提学副使毛科	贵阳市忠烈桥西
铜仁书院	弘治年间	提学副使毛科	铜仁府
中峰书院	弘治年间	知府汪藻	程番府(今惠水县)
龙岗书院	正德三年(1508)	王阳明	龙场驿(今修文县)
石壁书院	嘉靖七年(1528)	佥事朱佩	平越府(今瓮安县)

---

[1] 道光《遵义府志》卷 24。

续　表

名　称	始建时间	创建人	地　址
紫阳书院	嘉靖九年（1530）	知府黄希英	镇远县
中峰书院	嘉靖十三年（1534）	谪驿丞陈邦敷	平越府（今福泉县）
兴文书院（原培龙书院）	嘉靖十三年（1534）	士绅捐建	黎平府（今锦屏县）
阳明书院	嘉靖十四年（1535）	巡抚王杏	贵阳市
南山书院	嘉靖十五年（1536）	知县王溥	偏桥卫（今施秉县）
正学书院	嘉靖二十一年（1542）	提学副使蒋信	贵阳市
渔矶书院	嘉靖三十五年（1556）	巡抚王给元	贵阳市
天香书院	嘉靖正德年间	何志清	黎平县
月潭书院	嘉靖年间		兴隆卫（今黄平县）
鹤楼书院	嘉靖年间	张翀	都匀市
明德书院	隆庆六年（1572）	知府吴维京	石阡县
斗绅书院	隆庆年间	佥事周以鲁	思南县
为仁书院（兴仁书院）	隆庆年间	知府田稔、郡人李渭等	思南县
兴文书院	万历二十四年（1596）	杨之翰	施秉县
青螺书院	万历年间	兵备道陈性学	毕节市
中和书院（原名大中书院）	万历三十九年（1611）	同知陈以耀	思南县
南皋书院	万历年间	邹元标	都匀市
魁山书院	明代	指挥使叶凤鸣	贵定县
凤山书院	明代		程番府（今惠水县）
学孔书院	隆庆年间	孙应鳌	清平（今凯里市庐山镇）
山甫书院	万历年间	孙应鳌	清平（今凯里市庐山镇）

资料来源：孔令中主编《贵州教育史》，贵州教育出版社，2004年版，第64页。

书院在教学管理上较之官学严格，在教学内容上特别重视学术研究，深受贵州好学士子的欢迎，得到了部分具有远见卓识的地方官吏的支持。

总体上看，明代贵州官学体系建立后，各级学校都是照搬汉族地区学校教育的模式进行教育与管理。教官是汉族地区派来的知识分子，教材是政府统一规定的汉文经典，教学语言使用汉语和汉字，专门培养少数民族子弟的司学也不例外。明代贵州官学的发展不仅加强了明王朝对贵州少数民族地区的政治统治，同时也推动了贵州苗族地区学校教育的发展，给贵州社会进步带来了深远影响。

第二节　清朝时期贵州苗族地区的教育

清朝改土归流后，中央势力进一步深入贵州苗区，随着贵州苗区政治、经济以及军事形势的改变，当地学校教育发生了较大变化。其间不仅恢复和发展了明朝沿袭下来的部分地方官学和书院，确立了义学作为贵州民族教育的特殊形式，而且还建立了以各级各类学堂为基础的学校教育体系，标志着封建教育制度在贵州的消亡和近代教育制度在贵州的初步形成。

一、官学与书院的恢复和发展

清代贵州地方官学基本沿袭明制，其唯一变化是土司制度消亡后司学被取消，卫改为县后卫学被废除，直隶厅建立后设立了厅学。清代贵州书院也在明代书院的基础上获得了巨大发展。

（一）官学的恢复和发展

顺治四年（1647），孙可望、李定国率农民起义军——大西军从四川进入贵州。顺治九年（1652），大西军接南明永历帝至南笼所，改名安龙府，并在贵阳建立政权进行抗清斗争。南明小朝廷曾在安龙建立学校，孙可望在贵州"开科取士"，但因其统治贵州时间极短学校很快被取缔。顺治十四年（1657），孙可望向清朝投降，次年清军分三路进攻云贵，贵州被纳入清朝统治范围。顺治年间清政府恢复并重建了贵阳、镇远、黎平三府府学和印江县学。康熙二年（1663）和康熙三年（1664），清政府分别恢复并重建了铜仁府学和石阡府学。康熙四年（1665）吴三桂平定水西叛乱后，在水西地区设立黔西、大方、织金、威宁四府，各建府学1所，在此期间其他府、州、县也相继建立和恢复了一些学校。康熙二十年（1681），清政府平定吴三桂叛乱后加强了对贵州的统治，贵州社会比较安定，当地教育也随之发展起来。这一时期贵州巡抚田雯、王燕、于准先后上书朝廷要求在贵州兴办学校，贵州官学进入大发展时期。据统计，清代贵州共建立各级官学69所，其中府学14所、厅学8所、州学13所、县学34所。

表1-4 清代贵州官学一览表

校 名	创建时间	地 址	备 注
贵阳府学	顺治十八年（1661）	贵阳市	在明代贵州宣慰司学及贵阳府学的基础上改建而成
镇远府学	顺治十六年（1659）	镇远县	在明代镇远府学的基础上重建而成
黎平府学	顺治十六年（1659）	黎平县	在明代黎平府学的基础上重建而成
铜仁府学	康熙二年（1663）	铜仁市	在明代铜仁府学的基础上重建而成
石阡府学	康熙三年（1664）	石阡县	在明代石阡府学的基础上重建而成
都匀府学	康熙六年（1667）	都匀市	在明代都匀府学的基础上重建而成
思州府学	康熙六年（1667）	今岑巩县	在明代思州府学的基础上重建而成
大定府学	康熙六年（1667）	今大方县	康熙二十六年改为州学，雍正六年又改为府学
安顺府学	康熙七年（1668）	安顺市	在明代安顺府学的基础上重建而成
思南府学	康熙十年（1671）	思南县	在明代思南府学的基础上重建而成
兴义府学	康熙五十三年（1714）	今安龙县	初设时称南笼厅学，嘉庆二年（1797）改为兴义府学
遵义府学	康熙五十九年（1720）	遵义市	
安龙府学	清顺治九年、南明永历六年（1652）	安龙县	南明永乐帝到安龙时建立，南明王朝离安龙后废除
平越府（直隶州）学	顺治十七年（1660）	今福泉县	原为明代平越府学，嘉庆三年平越改府为直隶州，于是府学改为州学
普安直隶厅学	康熙八年（1669）	今盘县	
仁怀直隶厅学	乾隆四十三年（1778）	今赤水市	
松桃直隶厅学	嘉庆四年（1799）	松桃县	
仁怀厅学	乾隆四十三年（1778）	仁怀市	

续 表

校 名	创建时间	地 址	备 注
松桃厅学	嘉庆三年（1798）	松桃县	
郎岱厅学	道光七年（1827）	六枝郎岱镇	
古州厅学	道光十三年（1833）	今榕江县	
八寨厅学	道光十八年（1838）	今丹寨县	
镇宁州学	康熙六年（1667）	镇宁县	原安庄卫学改建而成
定番州学	康熙九年（1670）	今惠水县	在明代州学的基础上重建而成
黔西州学	康熙五年（1666）	黔西县	康熙五年建府学，康熙二十三年黔西改州，府学改为州学
平远州学	康熙五年（1666）	今织金县	康熙五年建府学，康熙二十三年平远改州，府学改为州学
威宁州学	康熙五年（1666）	威宁县	康熙五年改乌撒卫学为府学，雍正七年改府学为州学
正安州学	康熙十八年（1679）	正安县	
黄平州学	康熙二十六年（1687）	黄平县	黄平州学建于明代，康熙十一年，明代建立的黄平府学并入州学，康熙二十六年，兴隆卫学并入州学
广顺州学	康熙三十八年（1699）	今长顺县境内	
开州州学	康熙三十八年（1699）	今开阳县	
永宁州学	康熙三十八年（1699）	今关岭县	
麻哈州学	康熙三十八年（1699）	今麻江县	在明代官学的基础上重建而成
独山州学	康熙三十八年（1699）		
贞丰州学	雍正十二年（1734）	贞丰县	雍正十二年设永丰州学，嘉庆二年改为贞丰州学
印江县学	顺治十七年（1660）	印江县	在明代旧学的基础上重建而成
遵义县学	康熙八年（1669）	遵义市	
桐梓县学	康熙八年（1669）	桐梓县	
绥阳县学	康熙八年（1669）	绥阳县	
龙里县学	康熙十年（1671）	龙里县	由卫学改制而成
清平县学	康熙十一年（1672）	今凯里市庐山镇	在明代清平卫学的基础上重建而成
天柱县学	康熙二十三年（1684）	天柱县	在明代官学基础上重建而成

续 表

校　名	创建时间	地　址	备　注
贵定县学	康熙二十六年（1687）	贵定县	由明代新添卫学改制而成
修文县学	康熙二十六年（1687）	修文县	由明代敷勇卫学改制而成
安平县学	康熙二十六年（1687）	今平坝县	由平坝卫学改制而成
清镇县学	康熙二十六年（1687）	清镇市	由威清卫学改制而成
安南县学	康熙二十六年（1687）	今晴隆县	由安南卫学改制而成
毕节县学	康熙二十六年（1687）	毕节市	由赤水卫学改制而成
施秉县学	康熙二十六年（1687）	施秉县	由偏桥卫学改制而成
瓮安县学	康熙二十六年（1687）	瓮安县	
贵筑县学	康熙二十七年（1688）	贵阳市	裁新贵县学并入贵筑县学
普定县学	康熙三十八年（1699）	今安顺市	
普安县学	康熙三十八年（1699）	今盘县	
永从县学	康熙三十八年（1699）	今从江县	
都匀县学	康熙三十八年（1699）	都匀市	
镇远县学	康熙三十八年（1699）	镇远县	
余庆县学	康熙三十八年（1699）	余庆县	
安化县学	康熙三十八年（1699）	今思南县	
清溪县学	康熙三十八年（1699）	今镇远县清溪镇	由清浪卫学改制而成
铜仁县学	康熙三十八年（1699）	铜仁市	
龙泉县学	康熙三十八年（1699）	今凤冈县	
仁怀县学	康熙四十三年（1704）	仁怀市	
务川县学	康熙五十五年（1716）	务川县	
荔波县学	雍正二年（1724）	荔波县	
开泰县学	雍正五年（1727）	今黎平县	由原五开卫学改制而成
锦屏县学	雍正五年（1727）	锦屏县	
玉屏县学	雍正年间	玉屏县	清浪、平溪两卫学几经变化后形成
兴义县学	嘉庆三年（1789）	兴义县	
湄潭县学	道光二十年（1840）	湄潭县	

资料来源：孔令中主编《贵州教育史》，贵州教育出版社，2004年版，第95—98页。

（二）书院的恢复和发展

清朝初年清政府对地方书院采取抑制政策，规定"不许别创书院，空谈废业"。直至雍正十一年（1733），清政府才要求各省设立书院，由官府控制和拨给经费，并明确各省封疆大臣"有化导士子之职，各宜殚心奉行……使书院之设，于士习文风，有裨益而无流弊"[①]。清政府转变对地方书院的态度后，各省书院逐渐由私人办学转变为官办和半官办两种形式。贵州将地方书院纳入官学轨道，此举在促进当地书院发展的同时，也使其变成了科举的附庸。

表1-5 清代贵州书院一览表

校　名	创建时间	地　址	备　注
贵山书院（原阳明书院）	康熙十二年（1673）	贵阳市贵山街	康熙十二年巡抚曹申吉在明代阳明书院基础上重建，雍正十一年（1733）巡抚元展成重修，改名为贵山书院
正习书院（学古书院、南书院）	嘉庆五年（1800）	贵阳市城南	巡抚常明建立，光绪年间改名为学古书院，此后又改为经世学堂
正本书院（北书院）	嘉庆五年（1800）	贵阳市城北	巡抚常明建立
龙岗书院	乾隆五十年（1785）	修文县	知县秦睿重建
东皋书院（开阳书院）	乾隆三十四年（1769）	开阳县	知州赵田坤建立，光绪十一年在其旧址建立开阳书院
凤梧书院	道光四年（1769）	清镇市	知县杨以增建立
岱山书院	道光七年（1827）	六枝特区郎岱	乡绅张懋德等捐建
爱莲书院（岩脚书院）	咸丰二年（1852）	六枝特区岩脚	郎岱厅丞周夔建立
悬鱼书院	咸丰二年（1852）	六枝特区落别	郎岱厅丞周夔建立
凤池书院	雍正十二年（1734）	六盘水市钟山区	通判孟金章建立
凤山书院	嘉庆十三年（1808）	盘县	原属普安直属厅

---

① 转引自毛礼锐、沈灌群主编：《中国教育通史》（第3卷），山东教育出版社，1987年版，第426页。

续 表

校 名	创建时间	地 址	备 注
南台书院	光绪二十三年（1897）	水城县	
□□书院	雍正十二年（1734）	水城县	通判孟金章建立(原文无书院名)
凤山书院（开化书院、凤城书院）	乾隆二十五年（1760）	天柱县	知县马士升在明代开化书院基础上改建，光绪三年改名为凤山书院
印台书院	清顺治年间	锦屏县官舟	康熙二十八年黎平知府李大章重建，嘉庆十三年民众捐资重修
龙标书院	康熙中叶	锦屏县	雍正三年里人张印诏捐资重建
泰山书院	乾隆三十年（1765）	黎平县	道光十二年重修，同治七年重建
榕城书院	乾隆初年	榕江县	道光十一年巡抚于克襄、同知徐宏倡建立
黎阳书院	乾隆三十八年（1733）	黎平县	知府吴光廷倡建立
兴文书院（培龙书院）	嘉庆十四年（1809）	黎平县	士绅捐建，原名培龙书院，后改名为兴文书院
福江书院	嘉庆初年	从江县	旧名格州书院，知县陈熙建立，嘉庆十九年申启镶捐资重建
龙溪书院	嘉庆二十五年（1820）	锦屏县隆里所	黎平知府陈熙建立
清泉书院	嘉庆二十五年（1820）	锦屏县胡耳司	黎平知府陈熙建立
双樟书院	嘉庆二十五年（1820）	锦屏县亮寨司	黎平知府陈熙建立
双江书院	嘉庆二十五年（1820）	黎平县潘老寨	黎平知府陈熙建立
西岩精舍	雍正三年（1725）	黎平县城外	郡人何东凤建立
太平书舍		黎平县太平山中	郡人胡一中等建立
小段书舍		黎平县平茶所	里人倪天和建立
小蓬莱馆		黎平县	高继凯建立
南屏大舍	康熙二十八年（1689年）	黎平县	知府李大章建立
养正书院		锦屏县钟灵司	里人吴师贤建立

续 表

校　名	创建时间	地　址	备　注
上林书院	嘉庆二十五年（1820）	锦屏县亮寨司	黎平知府陈熙建立
龙岗书院	光绪三年（1877）	榕江县	兵备道易佩绅、同知余泽胥建立
文峰书院		榕江县	久废
秀山书院（舞阳书院）	康熙四十四年（1705）	镇远县	乾隆元年知府赵云坛重建
隆渊书院	乾隆十三年（1748）	黄平县	郡人山东巡抚朱定元捐建
岑麓书院		施秉县	乾隆中叶废除
星山书院	乾隆四十八年（1783）	黄平县旧州镇	州牧袁治、司马张凤枝、绅士陈子珍等捐建
凤仪书院	嘉庆初年	黄平县旧州镇	
柳川书院	乾隆五十二年（1787）	剑河县	通判胡章建立
蔚文书院	嘉庆十三年（1808）	天柱县	县丞金春谷及士绅吴化鹏、罗云英等捐建
三台书院（台阳书院）	光绪三年（1877）	台江县	咸丰六年毁，光绪三年同知李道本重建
拱辰书院		台江县	
莲花书院	光绪十七年（1891）	台江县	同知周庆芝建立
文明书院	光绪五年（1879）	镇远县	知县林品南等捐建
凤山书院	光绪七年（1881）	施秉县	咸丰六年毁，光绪七年由知县徐世廉捐建
凤山书院	光绪二十六年（1900）	黄平县重安镇	举人黄品超建立
白云书院	光绪二十八年（1902）	天柱县	由居仁里书院改建而成
延陵书院	康熙年间	天柱县	吴万里捐建
思旸书院（箐莪书院）	康熙五十三年（1714）	岑巩县	原名箐莪书院，道光二十七年更名为思旸书院
端云书院	雍正五年（1727）	镇远县青溪镇	
三台书院	康熙年间	麻江县	吴炳政创建，胡其治续成
炉峰书院	光绪五年（1879）	凯里市炉山镇	贵州办总下游善后道员吴纪奉修建

续表

校　名	创建时间	地　址	备　注
鸡窗书院		雷山县	光绪九年改为义学
龙江书院	光绪十九年（1893）	凯里市	凯里申民捐建
丹阳书院	乾隆年间	雷山县	
龙泉书院	同治十二年（1873）	丹寨县	同知刘垂祺重建
□□书院		施秉县	咸丰时毁于兵火
鹤楼书院	光绪二十六年（1900）	都匀市	咸丰时毁，由明代鹤楼书院改建而成
南皋书院	乾隆三十七年（1772）	都匀市	乾隆初年知府鲁朝聘重建
中峰书院	乾隆三十七年（1772）	惠水县	知州扎拉芬建立
魁山书院	道光十八年（1838）	贵定县	知府俞汝本在明代书院的基础上改建而成
兰皋书院	乾隆四十九年（1784）	贵定县	知县周品金等捐建，同治时毁，同治十八年重建
莲峰书院	道光四年（1824）	龙里县	知县陈熙晋捐建
龙山书院	同治年间	龙里县	知县吴书传与士绅捐建
仰山书院	道光二十一年（1841）	罗甸县	州判邹鸿儒建立
东麓书院	道光二十六年（1846）	长顺县	举人桂荣、贡生夏寅清建立
广阳书院	乾隆三十年（1765）	长顺县	知州孟衍泗建立，同治时毁，光绪时重建
溥仁书院	康熙四年（1665）	福泉县	守备道徐宏业建立
墨香书院	乾隆五十一年（1786）	福泉县	知府唐乐宇建立，咸丰时毁，光绪时重建
旗山书院	清代	瓮安县	知县韩瑛建立
花竹书院（玉华书院）	道光十二年（1832）	瓮安县	知县王成建立，光绪二十四年知县王学文重建后改名为花竹书院
紫泉书院（赵公书院）	乾隆年间	独山县	原为州牧赵完璧设立的义学，后人为了纪念他将其改名为书院，乾隆时扩建后易名为紫泉书院
荔泉书院（棒莪书院）	嘉庆十九年（1814）	荔波县	知县蔡元陵建立，同治时毁，后又重建
桂花书院		荔波县	
星川书院	同治十年（1871）	平塘县	知府罗星谭等建立

续 表

校 名	创建时间	地 址	备 注
合江书院	光绪三十三年（1907）	三都县	州知李福建立
余麟书院	光绪初年	惠水县	
凤山书院			
石壁书院			明代建立，清代废除
九峰书院（桅峰书院、朱泉书院、文峰书院）	乾隆十二年（1747）	安龙县	数次重建改名
笔山书院	嘉庆十八年（1813）	兴义县	知县杜友季建立
盘水书院	道光二十二年（1842）	普安县	兴义知府张瑛拨回普安官绅捐献经费建立
培风书院	道光三十年（1850）	兴仁县	咸同起义中停办，光绪年间重建
蓬城书院	道光十六年（1836）	晴隆县	知府张瑛等建立
珉球书院	道光十六年（1836）	贞丰县	知州袁敏升及其绅民捐建
册亨书院	道光二十二年（1842）	册亨县	兴义知府张瑛驳回册亨官绅捐款修建
湘川书院	乾隆五十二年（1787）	遵义市	知府刘诏升建立
启秀书院	康熙五十六年（1717）	遵义市	知府赵光荣、知县邱纪建立
培英书院（湘江书院）	康熙五十四年（1715）	遵义市	知县刘诏升建立，原名湘江书院，之后改为芹香书院，后因知府刘诏升另行建立湘川书院，故改名为培英书院
味经书院	光绪十二年（1886）	遵义市	乡绅何行保捐建
鸣凤书院（乐源书院、古风书院）	雍正十一年（1733）	正安县	知州张元钰在勒源书院基础上建立古风书院，乾隆五十二年知州罗才重修后改名为鸣凤书院
安溪书院	咸丰十年（1830）	正安县	知州于钟岳建立
鼎山书院（敷文书院）		桐梓县	敷文书院于乾隆时期建立于桐梓县官渡河，道光十二年改建于县城后易名为鼎山书院
松江书院		桐梓县松坎	
洋川书院	雍正八年（1930）	绥阳县	知县唐春建立
新添书院	道光十七年（1837）	绥阳县	知县李毓馨建立
养正书院	清代	绥阳县	

续表

校　名	创建时间	地　址	备　注
三台书院	清代	绥阳县镇场	同治年间毁于兵火
怀阳书院（培基书院）	乾隆二十四年（1759）	仁怀市	原名培基书院,同治时毁于兵火,光绪时重建后更名为怀阳书院
培基书院	嘉庆八年（1803）	仁怀市	知县陈熙建立
翠华书院		赤水市	
罗峰书院（敷文书院）	光绪初年	务川县	光绪初年补修后改为罗峰书院
培元书院	光绪十年（1844）	务川县	知县张济洋建立
修文书院	同治元年（1862）	道真县	邑绅冯谦臣创建
双城书院	乾隆十八（1753）	赤水市	通判席缵建立
养正书院	嘉庆十三年（1808）	赤水市	同知陈熙建立
他山书院	乾隆五十三年（1788）	余庆县	知县詹某建立
柳湖书院	光绪初年	余庆县	
余庆书院	同治十年（1871）	余庆县	
湄水书院（狮山书院）	道光十九年（1839）	湄潭县	原名狮山书院,道光十九年知县甘再施移建后改名为湄水书院
龙泉书院	乾隆二十三年（1758）	凤冈县	知县李治洁建立
达泉书院			
双桥书院（习安书院）	乾隆年间	安顺市	原名双桥书院,乾隆年间移建后改名为习安书院,道光末年废除
凤仪书院	道光二十二年（1842）	安顺市	知府朱德逐改建而成
源泉书院	同治末年	安顺市	地方筹款建立,不久后归凤仪书院
治平书院	嘉庆二十一年（1816）	平坝县	知县杨嘉祚建立
梅花书院	道光十八年（1838）	紫云县	归化通判建立
双明书院	康熙三年（1664）	镇宁县	
维凤书院	雍正十一年（1733）	关岭县	知州陈嘉会建立
黎社书院	康熙三年（1664）	毕节市	士绅张克壮、罗瑛等建立
鹤山书院	康熙三年（1664）	毕节市	知县方瑞合建立
松山书院（毕阳书院）	康熙三十五年（1696）	毕节市	知县方瑞合建立

续 表

校　名	创建时间	地　址	备　注
曹伍书院	道光初年	毕节市白果屯	
文峰书院	道光中期	毕节市	知县鲁秉礼建立
文龙书院	乾隆十五年（1750）	大方县	王允浩重建
万松书院	乾隆四十八年（1783）	大方县	知府凌浩建立
文峰书院	光绪六年（1880）	大方县	知府陈荣寿建立
文峰书院	乾隆四十五年（1780）	黔西县	兵部尚书黔西人李世杰建立
狮山书院	乾隆五十八年（1793）	黔西县	知州许学范建立
阳明书院	道光十一年（1831）	黔西县	知州吴蒿梁建立
玉屏书院	道光十年（1830）	金沙县	知州吴蒿梁建立
平阳书院（凤西书院、文腾书院）	乾隆二十年（1755）	织金县	知州李云龙建立
凤山书院（涌泉书院、南皋书院）	乾隆二十七年（1762）	威宁县	知州刘标建立
铜江书院	乾隆三十六年（1771）	铜仁市	州府周锡彤建立
镇东书院	乾隆时期	铜仁市	
卓山书院（双江书院）	光绪四年（1878）	江口县	贵东道易佩绅建立
明德书院（龙川书院）	康熙三年（1664）	石阡县	知府吴顺京建立
为仁书院	康熙三十年（1691）	思南县	知府刘谦吉重建
中和书院（大中书院）	雍正十一年（1733）	思南县	知府史瑗捐建
培宗书院	光绪初年	沿河县	举人张登云、庠生杨再藩登捐建
鹤鸣书院	同治十三年（1874）	沿河县	抽盐捐建
文思书院（龙津书院）	光绪八年（1882）	德江县	知县唐汝霖建立
凤鸣书院	道光年间	德江县煎茶溪	周、黄各姓禀请知县郑世范修建
竹溪书院	同治十三年（1874）	沿河县	县人王立三、肖汉三建立
龙津书院（近奎书院、依仁书院）	康熙二十七年（1688）	印江县	知县黄仲则建立

续表

校　名	创建时间	地　址	备　注
屏山书院	道光十七年（1837）	玉屏县	知县高中谋、邑绅田诏今、洪如曙等建立
聚星书院	雍正末年	玉屏县	
崧高书院	道光九年（1829）	松桃县	同知高中谋建立
松茂书院	光绪六年（1880）	松桃县通溪	士绅戴明杨等建立
松阳书院	光绪十七年（1891）	松桃县乌罗	集资修建
崇德书院	光绪十三年（1887）	松桃县	
斗绅书院	明代		乾隆时废除

资料来源：孔令中主编《贵州教育史》，贵州教育出版社，2004年版，第104—111页。

二、民族教育的特殊形式：义学

清政府为了加强对边疆少数民族群众的思想统治，在边疆各少数民族聚居区兴科举、办义学，因此贵州苗族子弟真正能够进入学校接受国家正规汉语教育主要开始于清代的"苗疆义学"。那么，何为义学？在一般意义上讲，义学主要是指私人捐资或用祠堂、庙宇等公产创办，以招收贫民子弟入学为目的的学校。清政府在贵州少数民族地区建立义学之目的是"宏教化""变苗俗"，以巩固对贵州少数民族地区的统治。义学经费由朝廷或地方筹措，教师由地方官委任，学校由地方官直接管理，是名副其实的地方"官办学校"。

康熙二十一年（1682），清政府下令贵州府、州、县、卫建立义学，以教化苗民子弟。康熙四十四年（1705），贵州巡抚于准上奏《苗民久入版图请开上进之途疏》，提出"令府、州、县置之宽敞公所一处以为义学，将土司承袭子弟送学肄业，习晓礼义，以俟袭替。其余族属人等并苗民之俊秀子弟愿入学者，令入学肄业，其教习塾师不必另设，令各府、州、县复设训导躬亲教诲"，并说训导"即膺义学之任，如能教导有方，使苗民文理优良，克副宾兴之典者，臣等查其实迹，卓膺奖励。倘有废弛漫无启发者，即行申斥以示劝惩。"清政府采纳了这一建议，于次年准许贵州各府、州、县、卫设立义学"化教苗民子弟"。义学建立后，在其教育内容和管理方法上，清政府提出"训课此等苗人非同内地俊秀,要在开其知识,使渐晓礼法,每处义学均应将《圣谕广训》逐条讲解,俾念孰读,然后课以经书"。认为只要遵照此种方法管理义学,"久而久之,感切观感之念,陶以文教,消其悍顽,于苗疆治理不无裨益"①。

雍正"改土归流"后,贵州少数民族地区的义学进入蓬勃发展阶段。清政府除了规定凡有军队驻扎的地方根据其苗民数量的多寡自行设立义学外,还计划在黎平府附近的古州设立义学2所,清平县附近的大小丹江、都匀府附近的八寨、镇远府附近的清水江、旧施秉、威远以及永丰、册亨、罗斛等地各设立义学1所,责成当地同知、通判对义学进行统一管理。乾隆五年(1740),清政府又在贵州省长寨、大塘、水城、都江、三脚屯、荔波、凯里、松桃、丙妹、朗洞、台拱、邛水、柳霁等地各设义学1所。乾隆十六年(1751),清政府惧怕贵州少数民族掌握文化知识后对其统治不利,对其进行限制甚至取消部分义学。咸同起义后,为了稳定人心,清政府又开始恢复和发展义学。据贵州巡抚林肇元《下游苗疆新办苗弁义学疏》记载,当时贵州义学有台拱、丹江、都江、八寨、下江五厅设立的69馆,铜仁府县设立的4馆,古州、松桃、清江三厅设立的66馆,总计府、厅、县10处共设139馆。据民国《贵州通志》资料统计,康熙年间至清末贵州全省共有义学301所,其中贵阳府55所、安顺府42所、兴义府14所、普安直隶厅5所、大定府19所、仁怀直隶厅7所、黎平府7所、都匀府31所、石阡府2所、镇远府13所、平越州17所、思南府16所、思州府5所、铜仁府14所、松桃直隶厅3所。②

清政府在发展"苗疆义学"的同时,给予贵州苗族子弟一定的入学优惠政策。雍正三年(1725),贵州学政王奕仁向清政府上奏:"黔人苗人子弟情愿读书者,准其送入义学,一体训诲,每遇岁科两试,于该学进额外取进一名,以示鼓励。"此后清政府多次议准贵州各府、州、县额外增加录取名额。为防止汉族童生冒占少数民族名额,清政府规定由"汉廪生同苗生联名保结,

---

① 贵州人民文史研究馆校:《贵州通志·前事志》(第3册),贵州人民出版社,1988年版,第228—229页。
② 孔令中主编:《贵州教育史》,贵州教育出版社,2004年版,第100页。

苗生五名保结，以杜汉童冒占。"后又将"苗童"改称"新童"，"苗卷"改称"新卷"。乾隆四年（1739），清政府对"归化未久之苗"实行"加额进取"，其余归化已久者与汉童一起考试，按照原定名额录取进士。稍显遗憾的是，清政府发展"苗疆义学"只限于使苗族子弟"知书明礼"，以泯灭其"造反"精神，而不是希望苗族子弟有更深造诣，因而在对苗族子弟入学及其教化等方面仍然存在诸多歧视和限制。例如只允许"苗子"学文科，不准习理科；学文科之"苗子"考上"庠生"后不得再考"廪生"和"贡生"，苗族子弟最高只能考至"举人"，如要获取更高功名必须隐瞒其民族成分。从表面上看，"苗疆义学"的建立和发展使苗童获得了更多参加科举考试的机会，但实际上苗家子弟被录取的机会极少。在贵州西部多数苗族地区，清政府甚至不允许苗族子弟参加科举应试，个别中举者须改为汉族。

三、学校教育体系的建立

中国近代学制的建立是从洋务派的教育改革开始的。同治六年（1867），清政府为了培养外交翻译人才建立了京师同文馆，这是近代中国第一所新式学堂，但此时还没有统一的学制，也没有形成完备的学校体系。在1898年维新运动中，光绪帝下诏废除八股文，兴建学堂，改革科举制度。由于维新变法的失败，这些措施未能付诸实施。光绪二十七年（1901），清政府宣布实行教育"新政"，主张废除科举制度，重新确立教育宗旨、改革教育行政机构、建立新学制等。光绪二十九年（1903），清政府颁布《奏定学堂章程》（癸卯学制），对学校体系、学制课程、学校管理等都作出了明确规定，标志着近代中国学校体制正式建立。光绪二十三年（1897），严修在贵阳改革学古书院。次年贵州巡抚王毓藻将学古书院改为经世学堂，由此诞生了贵州省第一所新式学堂。光绪二十七年（1901），清政府颁布兴学诏书，提出"兴学育才为当务之急"，要求全国各省城书院改设大学堂，各府、厅、直隶州改设中学堂，各州、县改设小学堂。光绪二十八年（1902），贵州巡抚邓华熙将贵山书院改为贵州大学堂，并下令各府设立中学堂，各州、县设立小学堂，贵州掀起了办学热潮。至 1911 年辛亥革命结束，据不完全统计贵州全省共兴办各类学堂 700 余所，其中小学堂 658 所、中学堂 14 所、师范学堂及师范传习所 19 所、高等学堂 6 所、军警学堂 5 所。①

（一）小学堂

光绪二十七年（1901），贵州在思南府建立了最早的小学堂。据民国《贵州通志》统计，至光绪二十九年（1903）贵州已有小学堂 25 所。清末贵州全省共建立小学堂 658 所，其中初等小学堂 547 所、高等小学堂 34 所、两等小学堂（含初级、高级）77 所。这些学堂一部分由旧书院和义学改建而成，一部分为新建，学校校舍多为祠堂庙宇。此外，贵州各地还创办了一批女校，这对革除封建社会时期少数民族女子不能进校读书的陈规陋习无疑是一大进步。

（二）中学堂

清朝末年贵州各府所在地基本上都创办了中学，其中建立最早的是光绪二十八年（1902）由贵阳正本书院（北书院）改建而成的贵阳府中学堂和由郎岱书院改建而成的郎岱官立中学堂。光绪三十一年（1905），贵阳府中学堂迁至雪涯洞改称为贵阳中学堂，光绪三十二年（1906）又将贵阳中学堂改建为贵州通省公立中学，这是当时全省规模最大、校舍设施最好、教学质量最优的中学。新中国成立后贵州通省公立中学与其他几所学校合并为今贵阳一中。其间贵州建立的中学堂还有安顺中学堂、遵义中学堂、思州中学堂、开州中学堂、贵阳中学堂、都匀中学堂以及思南归德学堂等，这些学堂有的因办学条件差开办不久便被停办或改制，但它们对推动贵州苗族地区学校教育的发展起到了积极作用。

---

① 孔令中主编：《贵州教育史》，贵州教育出版社，2004 年版，第 157 页。

(三)中等师范学堂

光绪二十八年(1902),于仲芳、乐嘉藻等人创办了贵州第一所师范学校——贵阳公立师范学堂。光绪三十一年(1905),贵州兴办贵阳师范传习所,为各府、州、县培养小学教师,各府、州、县也纷纷依照此方法在其所在地兴办传习所培养城镇及其农村小学教师。例如遵义县创办的师范传习所共招收学生100名,学习6个月后毕业。此类师范传习所多为短期训练,学习时间为三个月至一年不等。光绪三十二年(1906)贵州师范学堂简易科成立,这是贵州第一所官办师范学堂。同年贵州创立遵义初级师范学堂。此后贵州陆续建立起来的师范学堂有松桃师范学堂、大定府师范学堂简易科、贞丰速成师范学堂、都匀八寨师范速成科等。据民国《贵州通志》记载,清末贵州共有师范传习所和师范学堂13处,这些学堂对推动贵州教育事业的发展发挥了重要作用。

(四)军警学堂

光绪二十六年(1900),贵州巡抚邓华熙创办贵州武备学堂。光绪三十一年(1905),贵州巡抚林绍年创办贵州将弁学堂,光绪三十二年(1906),贵州巡抚林绍年创办贵州高等巡警学堂,同时将贵州武备学堂改制为陆军小学堂,主要培养新式军队下级军官。清末贵州共有军警性质的学堂5所,这些学堂在辛亥革命中发挥了不可低估的作用。

(五)高等学堂

清末贵州创办高等学堂6所,其中光绪二十八年(1902)建立起来的贵州大学堂是贵州最早的高等学堂。为适应清末政治改革的需要,贵州创办了3所法政学堂。光绪三十二年(1906),3所法政学堂分为官绅两班,"官"班招收道、府、州、县候补官员;"绅"班招收举贡生员或原来任过官职者,主要培养预备立宪人才。其间贵州自治学会(同盟会贵州分会)和贵州宪政学会还分别创办了公立西南法政学堂和公立宪群法政学堂,这两个学堂作为本党派活动的基地其任务是为各自的党派培养领导干部。光绪三十三年

（1907），贵州创办优级师范选科学堂培养中小学教师，该学堂开办一期共毕业学生 100 余人。

第三节 民国时期贵州苗族地区的教育

在民国长达 38 年的历史发展中，贵州苗族地区的学校教育经历了军阀统治时期和国民党统治时期两个阶段，其间一直沿用 1922 年教育部公布的《新学制系统》这一教育体制。

一、军阀统治时期的学校教育

军阀统治时期的贵州实际上是一个军阀割据的地方政权。虽然当时贵州苗族地区的学校教育也实行全国统一的教育政策，但因政局多变，当地学校教育发展十分缓慢。

（一）小学教育

民国四年，据贵州巡按使龙建章上报教育部的《教育部咨询所属学校数目学生名额及筹备情形》数据统计，当年贵州省有小学 1340 所，在校学生 50639 人，其中女子小学 111 所，在校女童 5201 人。[①] 同年龙建章颁布《整顿教育应办事项令》，将初等小学改为国民学校。民国六年全省有小学 1922 所，在校学生 70596 人，教职工 6043 人。民国十一年全省有小学 1763 所，在校学生增加至 66855 人。[②] 民国十九年全省有小学 1752 所，在校学生 83000 人。每千人中受初等教育者仅 5 人，在全国各省中位居 33 位，学龄儿童受义务教育的比例为 5.53%，不足全国平均比例的四分之一。1934 年全省有小学 1,819 所，在校学生 73633 人，学龄儿童入学率约占 10%。[③] 这一时期贵州各小

[①] 孔令中主编：《贵州教育史》，贵州教育出版社，2004 年版，第 283 页。
[②] 孔令中主编：《贵州教育史》，贵州教育出版社，2004 年版，第 284 页。
[③] 孔令中主编：《贵州教育史》，贵州教育出版社，2004 年版，第 285 页。

学基本上遵照全国规定的教育宗旨、学制和教学管理，但由于战乱和经费等原因学校时开时停，政令的执行比较混乱。

（二）中学教育

辛亥革命后，由于受到社会动乱和经费匮乏的影响，贵州中学教育发展极不稳定。据统计，民国四年全省有中学6所，学生738名。民国六年全省中学增至8所，学生1714人，教职工183人。这8所中学主要分布在贵阳、遵义、安顺、都匀、铜仁和天柱，其中贵阳有中学2所，学生884人，占全省中学生总数的52%。[①]1926年贵州省教育厅成立，厅长周恭寿对全省中学进行整顿，将全省划分为八个中学区，每区设省立中学1所，这8所省立中学分别是贵阳一中、赤水二中、遵义三中、安顺四中、都匀五中、瓮安六中、思南七中和镇远八中，经费均由省库拨款。民国十九年全省中学增至26所，学生增至4493人。1935年全省中学发展到33所，学生增至8548人。但因战乱不息，部分学校教学秩序不稳定，空有中学之名而无中学之实。

（三）中等师范教育

民国元年，贵州省首先将优级师范学堂简易科改为贵州省立师范学校，其他师范学堂先后停办。民国四年全省仅有师范学校1所，学生213名；师范讲习科5所，学生183名；女子讲习科2所，学生211人。[②]民国五年遵义县长周恭寿创办遵义县女子师范学校，共招3期4个班。民国十年贵州省立女子师范学校成立。1935年全省有正规男女师范学校各1所，主要为当地培养中小学急需的教师。

（四）高等教育

民国二年，贵州都督唐继尧报请教育部核准，将清末建立的官立贵州法政学堂改为"贵州公立法政专门学校"，修订学校章程，开设政治本科、法

[①] 孔令中主编：《贵州教育史》，贵州教育出版社，2004年版，第285—286页。
[②] 孔令中主编：《贵州教育史》，贵州教育出版社，2004年版，第291页。

律本科、法政讲习科、政治经济本科、预科和中学补习科等。本科学习年限为 3 年，预科和中学补习科学习年限为 1 年。民国四年贵州巡按使龙建章向教育部提请在贵阳公园内建立贵州采矿冶金科，民国六年该校有学生 50 人、教员 6 人、职员 4 人、年收入 2190 元、年支出 3890 元。[1] 民国十年，贵州公立法政专门学校校长彭克荷根据当时教育法规修改学校章程，规定学校以"养成法律政治经济专门人才为宗旨"，同时设立法律、政治、经济和政治经济 4 个本科，学制 3 年，预科改为一年半，取消中学补习科。民国十五年，周西成担任贵州省省长后创办了两所高等学校：一所是贵州崇武学校培养武官；一所是贵州大学培养文官。学校设立文理预科以及经济、医事、矿业、土木等专科，培养治理贵州的各类高级人才。民国十七年贵州公立法政专门学校改为贵州大学，共有学生 300 余人。民国十九年贵州大学停止办学，至此贵州结束了高等教育的历史。

二、国民党统治时期的学校教育

国民党统治时期贵州苗族地区的学校教育得到缓慢发展，中等教育初具规模，高等教育从无到有。

（一）中等教育初具规模

1935 年以前，贵州中等教育主要体现在普通中学教育和中等师范教育两个方面，而且数量极少，全省 80% 以上的县城没有中等教育。1936 年后贵州逐渐扩大了中学和中等师范学校的办学规模，1937 年全省中等学校增至 46 所，教员 1028 人，在校学生 12457 人。抗日战争爆发后大量机关、工厂、企业、学校内迁，贵州人口陡增，原有中学不能适应新形势发展的需要。从 1939 年开始，为了使中学教育得到均衡发展，贵州规划了为 6 个中学区，每区至少设立 1 所完全中学，每县至少有 1 所初级中学。1944 年全省中等学校增加到 176 所，教员 3096 人，在校学生 29464 人。与 1934 年相比，学校数量增加 5.33

---

[1] 孔令中主编：《贵州教育史》，贵州教育出版社，2004 年版，第 287—288 页。

倍，教员数量增加4.4倍，在校学生人数增加3.45倍；与1937年相比，学校数量增加3.82倍，教员数量增加1.3倍，在校学生数量增加2.4倍。[①]

表1-6 抗日战争时期贵州中等学校统计表

时 间	学校数量	教职员人数	班级数量	学生人数	毕业生人数
民国二十六年（1937）	46	1028	259	12457	514
民国二十七年（1938）	49	1060	285	13516	632
民国二十八年（1939）	75	1475	405	18242	736
民国二十九年（1940）	88	1768	505	21976	1288
民国三十年（1941）	133	2585	662	26112	1088
民国三十一年（1942）	134	2600	684	25973	1159
民国三十二年（1943）	152	2943	839	31605	1937
民国三十三年（1944）	176	3096	823	29464	1309
民国三十四年（1945）	170	2635	770	25606	2271

资料来源：孔令中主编《贵州教育史》，贵州教育出版社，2004年版，第331页。

表1-7 抗日战争时期内迁贵州的中学和国立中学

校 名	原所在地	迁入时间	迁入地点	离黔时间或改制
国立三中	新建	1938年	铜仁市、江口县	1946年改为省立铜仁中学和省立松桃师范学校
国立十四中	南京	1939年	贵阳市	1946年迁到独山后改为省立独山中学，内迁师生回南京中大实验中学（今江苏师大附中）
国立黔江中学	新建	1939年	安顺市	1946年改为省立安顺师范学校
国立第一华侨中学	云南保山	1942年	清镇市	1944年部分合并到湛江国立第二华侨中学，部分合并到国立十四中
湘鄂教区联合中学	湖南、湖北		贵阳市、清镇市、安顺市	1946年迁回原地

[①] 孔令中主编：《贵州教育史》，贵州教育出版社，2004年版，第330页。

续　表

校　名	原所在地	迁入时间	迁入地点	离黔时间或改制
国立毕节扶轮中学	新建	1944年	毕节市	抗战胜利后撤销
国立贵州战时中学	新建	1944年	贵阳市	1947年改为私立中山中学
国立汉民中学	广西	1944年	榕江县	1946年迁回广西
国立浙江大学附中	新建	1940年	湄潭县	1946年迁回杭州，留贵州的部分改为湄潭中学
国立交通大学唐山学院附中	新建	1940年	平越（今福泉县）	1943年改为省立平越中学
私立大夏大学附中	新建	1938年	贵阳市	大夏大学迁走后改名为伯群中学
国立贵阳青年中学	新建	1945年	贵阳市	1949年停办
国立桂林师范学院附中	广西	1944年	榕江县、平越（今福泉县）	1946年迁到桂林
国立清镇中山中学	新建	1940年	清镇市	1941年改为省立清镇中学
国立桐梓中山中学班	新建	1940年	桐梓县	1941年改为省立桐梓中学
国立兴仁中山中学班	新建	1940年	兴仁市	1941年改为省立兴仁中学
国立都匀中山中学班	新建	1940年	都匀市	1941年改为省立都匀中学
国立黔西中山中学	新建	1940年	黔西县	1941年改为省立黔西中学
陆军炮兵学校附设中正中学	新建	1942年	都匀市	1944年停办
国立二十中高中部	湖南	1944年	玉屏县	后来合并到国立三中
国立二十中初中部	湖南	1944年	惠水县	后来合并到国立三中
国立二十中女子分校	湖南	1944年	桐梓县	1946年迁到威宁后改为省立威宁中学
国立贵阳师范学院附属中学	新建	1942年	贵阳市	解放后合并到贵阳一中

资料来源：孔令中主编《贵州教育史》，贵州教育出版社，2004年版，第410页。

（二）高等教育从无到有

民国十九年，贵州大学停办后贵州再无高等教育。抗日战争爆发后部分省外大学陆续迁入贵州，改变了贵州无高等教育的历史。

表1-8　抗日战争时期内迁贵州的高等学校

校　名	原所在地	迁黔时间	迁入地点	离黔时间	备　注
私立大夏大学	上海	1937年7月	贵阳市、赤水市	1946年9月	
乡政学院	济南	1938年	惠水县	1940年	
国立交通大学唐山工程学院	河北唐山	1939年2月	平越（今福泉县）	1944年11月	后改为交通大学贵州分校
国立湘雅医学院	湖南长沙	1938年10月	贵阳市	1944年12月	原为私立，1942年改为国立
国立浙江大学	浙江杭州	1939年	遵义市、湄潭县	1946年	
国立中正医学院	江西南昌	1940年	镇宁县	1941年秋	
私立之江大学工学院	浙江杭州	1943年	贵阳市花溪区	1944年	又称私立之江大学贵州分校
国立广西大学	广西桂林	1944年5月	榕江县	1945年9月	
国立桂林师范学院	广西桂林	1844年	榕江县、平越（今福泉县）	1946年1月	

资料来源：孔令中主编《贵州教育史》，贵州教育出版社，2004年版，第383页。

表1-9　抗日战争时期内迁贵州的军事院校

校　名	原所在地	迁黔时间	迁入地点	离黔时间
陆军大学	南京	1938年	遵义市	1940年
军训部军官外语班	南京	1938年	遵义市	1946年
中央陆军步兵学校	南京	1939年	遵义市	1947年
陆军军官学校第四分校	广州	1939年	独山县、湄潭县	1945年
陆军炮兵学校	南京	1939年	都匀市、开阳县	1947年
中华民国海军学校	福州	1938年	桐梓县	1946年
防空学校	南京	1939年	贵阳市	1946年
陆军军医学校	南京	1939年	安顺市	1946年
陆军兽医学校	南京	1939年	安顺市	1952年
陆军辎重兵学校	南京	1938年	龙里县	1947年

续 表

校 名	原所在地	迁黔时间	迁入地点	离黔时间
陆军通讯兵学校	南京	1938年	麻江县、贵阳市、遵义市、绥阳县	1946年
中央陆地测量学校	南京、广州	1938年	镇宁县	

资料来源：孔令中主编《贵州教育史》，贵州教育出版社，2004年版，第423页。

抗日战争胜利后内迁贵州院校陆续迁回原地，为了解决省内高中毕业生升学问题，贵州先后建立了国立贵阳医学院、国立贵阳师范学院和国立贵州大学三所高等学校。1949年11月贵阳解放时，上述三所院校共有教职工787人，在校学生1347人。

（三）苗族学校教育的兴起

辛亥革命后，孙中山率先提出扶持边地民族、积极开发边疆的政策，边疆民族地区教育事业得到国民政府及社会各界的重视。国民政府开始在贵州开办"苗民教育"，其间共建12所省立小学专收少数民族学生。1936年国民党二十军军长杨森奉命追剿红二、六军团到安顺后，任命安顺苗族知名人士杨庆安为苗夷教育董事长并在安顺设立3所中华小学和1所中正民众学校，共招收苗族学生400多人，经费由二十军供给。"七七事变"后二十军调离，学校因无经费来源而停办。同年贵州省教育厅在贵阳市高坡乡、关岭县、荔波县、台江县、丹寨县、黄平县、丹江县、惠水县、罗甸县、晴隆县、水城县、威宁县等地设省立初级小学12所，其中苗族地区7所；在贵阳市青岩镇设省立乡村师范学校1所，共有学生201人，其中苗族学生10余人。

1939年贵阳省立乡村师范学校迁至贵州省榕江县，易名为"国立贵州师范学校"，招收湘、桂、黔30余县各族学生，在当时培养出了一定数量的少数民族教师，开启了贵州民族师范教育的先河。学校提倡男女共读，少数民族女生入学率不断上升。1939年1月，贵州省教育厅在贵阳市青岩镇创设贵州省地方方言讲习所培养娴熟苗语的国民教育师资，第一期40个县的政府工作人员和小学教员接受培训，其中学习"白苗"语者9人，学习"青苗"语者17人，学习"花苗"语者7人，学习"红苗"语者9人。随后贵州省教育厅将地方方言讲习所合并到贵州省行政人员训练所并改名为地方方言组，专门研究如何编译方言课本。1942年贵州省教育厅通令夷语区、侗语区、红苗语区的铜仁市、松桃县等地政府选送学员，全班共有学生68名，为当地苗族培养出了一批苗族师资和编译人员。

  1940年，贵筑县接办省立贵阳高坡小学。1942年全省其余小学均由所在县接办并改名为中心国民小学。据1943年统计，除高坡小学外，贵州苗族地区其他6所小学30个班中绝大部分学生都是苗族。1941年贵州省教育厅又在铜仁市松桃县苗族聚居区卡鲁和沃里坪分别设立县立苗族教育实验小学1所，共有学生500余名，1944年该校改名为"保国民中心小学"。1942年10月贵州省政府拟定筹办省立台江县国民教育师资计划，在台江县创设师资训练所专收少数民族学生。同年省教育厅通令松桃县、黄平县等18个县保送各族优秀青年学生入所学习，该师资训练所后因"黔东事件"爆发而停办。

  民国时期贵州除了创办苗族学校教育招收苗族学生外，省政府还选派部分边远山区苗族学生到省城贵阳、云南昆明、湖南长沙、江苏南京等地深造，当时贵州涌现出了一批汉文字造诣较高的苗族知识分子。

第四节　建国初期贵州苗族地区的教育

  新中国成立后，随着社会主义教育制度的实施，贵州苗族地区基础教育、中高等教育和民族教育体制相继建立起来。

一、基础教育体制的建立

1949年11月贵州解放后，当地民族社会基础教育体制初步确立起来，各级各类初等教育得到较快发展。

（一）幼儿教育

1950年贵州全省有幼儿园7所，在园幼儿1141人，教职工67人。这一时期省政府除了接收和整顿原有幼儿园外，还积极创办了一批全日制和寄宿制机关幼儿园。至 1952 年全省共有幼儿园 27 所，在园幼儿 7515 人，教职工 266 人，入园幼儿比 1950 年增加近 7 倍。[①] 1956 年国家颁发《关于托儿所、幼儿园几个问题的联合通知》后，贵州省在转发该通知的同时提出了贯彻落实该通知的具体意见：一是规定 3 岁以下幼儿占多数的幼儿园其办学业务属于教育行政部门领导；二是幼儿园、托儿所必须注重培养儿童全面发展；三是省、市、县妇联应积极配合有关部门组织城市机关、团体、企业联合创办托儿所和幼园所，着力把妇女从家务劳动中解放出来，使儿童顺利接受学前教育；四是对农村 6 岁以下幼儿组织季节性托儿所和幼儿园，以保证劳动生产和儿童安全；五是各县以区、乡农业社为单位制定托儿所和幼儿园 12 年规划。1956 年底全省共有幼儿园 101 所，在园幼儿 10660 人，教师 344 人。[②]

（二）小学教育

1949 年贵州省接管的小学仅有 494 所，在校学生 5.9 万人。同年 11 月贵州解放后，省政府根据当地社会实际制定了发展教育的政策和措施，有力地推动了小学教育的恢复和发展。1952 年全省小学发展到 6941 所，在校学生达 810100 人，适龄儿童入学率 27.2%。[③] 1953 年 2 月贵州省教育厅在贵阳召开第 6 届教育行政会议，强调小学要"整顿提高质量"，采取一系列措施发展小学教育：一是个别特殊地区可采取校内调整班级的办法增加新生；二是招生时优先照顾工农子弟和少数民族子弟；三是初小新生一般不超过 12 岁，高小新生一般不超过 16 岁；四是协助热心教育人士开办私立学校、补习班及其民办小学。通过采取上述措施，1955 年全省适龄儿童入学率达 35.2%，1956 年全省小学由 1955 年的 9894 所、学生 970450 人增加到小学 12786 所、学生 1489908 人，适龄儿童入学率达 40% 左右。[④]

[①] 孔令中主编：《贵州教育史》，贵州教育出版社，2004 年版，第 456 页。
[②] 孔令中主编：《贵州教育史》，贵州教育出版社，2004 年版，第 457 页。
[③] 孔令中主编：《贵州教育史》，贵州教育出版社，2004 年版，第 457 页。
[④] 孔令中主编：《贵州教育史》，贵州教育出版社，2004 年版，第 458 页。

（三）中学教育

1949年底贵州省共接管中学65所，在校学生8268人，教职工1433人。1950年2月全省召开第一届教育行政会议，提出了恢复中等学校教育的三条基本原则：一是增设学校要考虑该地区是否具备设校基础以及设校后的生源和师资；二是各县如有财政能力可恢复县立中学；三是酌情扶持私立中学。本着这三条原则，1950年下半年全省共恢复中学69所共489个教学班，在校学生11027人。其中公立中学49所，私立中学15所，恢复教会主办中学5所。[①] 历经3年的努力，全省中学教育基础比较牢固。据1952年统计，全省中学有85所，在校学生19196人。从1954年开始，贵州省重点发展高中以适应高等学校招生发展的需要。当年全省在校高中学生3671人，比1953年增长23.9%。1956年全省有中学109所，在校学生51825人，比1955年增加22159人，实现了每县均有中学的办学目标。[②]

二、中高等教育体制的建立

在中等师范教育方面，1949年11月贵州省接管中等师范11所，在校学生3000余人。1950年调整为5所，在校学生1300余人。1953年发展到10所，在校学生5000余人[③]，并在贵阳创办第一所民族师范学校。除上述正规师范学校外，省、地、县三级还分别创办小学教师训练班吸收失学失业青年进行短期培训，以解决当时师资短缺问题。1953年后为适应教育发展需要，贵州省在加强中等师范学校思想政治教育、健全学校管理体制的同时，鼓励优秀初中毕业生报考师范学校。至1956年全省共有中等师范学校12所，在校学生4342人。贵阳市和各专区分别创办教师进修学校，加强对在职教师的培训。

在中等职业教育方面，1949年全省有省立贵阳高级工业职业学校、省立贵阳高级农业职业学校、省立贵阳高级医事职业学校、省立湄潭实用职业学

[①] 孔令中主编：《贵州教育史》，贵州教育出版社，2004年版，第460页。
[②] 孔令中主编：《贵州教育史》，贵州教育出版社，2004年版，第460页。
[③] 孔令中主编：《贵州教育史》，贵州教育出版社，2004年版，第461页。

校、省立江口农业职业学校5所，中等职业学校共43个班，教职工172人。1949年11月贵州解放后，省政府接管了上述5所学校并进行初步调整。历经三年的整顿，全省中等职业技术学校有了一定发展。至1952年全省有中等职业技术学校6所，在校学生2263人，是1949年在校学生人数的3.2倍。1954年全省中等职业技术学校正式更名为中等专业学校。1956年全省新办中等专业学校12所，在校学生7633人。[1]

在高等教育方面，贵州解放时全省共有高等院校3所，教职工787人，在校学生1743人，其中本科生994人，专科生753人。[2] 1950年全省积极筹建民族高等学校，1956年又创办大专学校，设置民族语文系、艺术系和师范专科。至1956年底全省高等学校仍保持3所，但在校学生由1950年的1700多人增加到3000余人，学生人数增长2倍多；专任教师500多人，教师人数增加1倍多；6年共毕业大学生2000余人，贵州高等教育获得稳步发展。[3]

三、民族教育体制的建立

新中国成立前贵州少数民族受到歧视，民族教育十分落后。贵州解放后省政府实施了一系列发展民族教育的措施。1950年全省召开第一次教育行政会议，作出了发展民族教育工作、创办民族学校的决定，对全省少数民族学生在各级各类学校就读的情况进行调查。同年省政府发布《少数民族地区工作的指示》，对全省民族地区教育工作进行全面部署。1951年召开全省第二次教育行政会议，制定了民族教育实施计划，强调要把民族教育作为政治任务抓紧抓好。1951年7月全省召开第一次少数民族教育工作会议，明确了发展民族教育的基本方针：一是贯彻反帝、反封建、反官僚资本的文化教育政策；二是在教育中强调民族团结，既反对大汉族主义又反对狭隘民族主义；三是提高少数民族文化知识水平，消除民族隔阂。此次会议还对民族教育的

---

[1] 孔令中主编：《贵州教育史》，贵州教育出版社，2004年版，第462—463页。
[2] 孔令中主编：《贵州教育史》，贵州教育出版社，2004年版，第468页。
[3] 孔令中主编：《贵州教育史》，贵州教育出版社，2004年版，第468页。

领导机构、民族干部和民族师资的培养、民族教育经费来源和民族学校教育教学等一系列问题作出了重要指示。1953年贵州省提出民族教育要采取民族形式，照顾民族特点，彻底贯彻新民主主义文化教育内容，以实现培养少数民族干部和提高少数民族群众文化水平之目的。1951至1959年全省先后创办了一批民族中小学、民族师范学校以及民族学院。在民族小学方面，1951年全省从文教事业费用中拨出80万斤粮食创办民族地区初级小学20所，容纳学生4000名；1952年民族小学增加到72所，在校学生增加至25860人；1956年民族小学发展到775所。[①] 在民族中学方面，1951年贵州省成立第一所民族中学——惠水民族中学，至1956年全省民族中学发展到14所。在民族师范学校方面，1953年全省建立第一所民族师范学校——贵阳民族师范学校，1956年又新办了都匀民族师范学校和凯里民族师范学校。至1957年底，全省少数民族地区共建成1758所小学，35所民族中学，3所民族师范学校。其中苗族小学775所，苗族中学14所，培养苗族小学生331648人，培养苗族中学生7790人。[②] 在民族学院方面，1951年省政府创办贵州民族学院，主要培养少数民族干部。至1959年该校共招收少数民族大学生4585人，毕业3949人，其中有不少学生为苗族子弟，这些学生后来成了引领当地社会经济发展的骨干力量。虽然1959年后出现忽视民族教育的倾向，但贵州省民族小学仍然发展到1758所，在校少数民族学生560778人；民族中学发展到33所，在校少数民族学生23404人。[③]

总之，建国初期由于贵州省采取各种优惠措施招收少数民族学生，使少数民族在校学生所占比例大幅增长。与1950年相比，1956年小学少数民族学生比例从13.5%增长到22.3%，普通中学少数民族学生比例从14.9%增长到15.4%，中等技术学校少数民族学生比例从4.3%增长到15.9%，中等师范学校少数民族学生比例从12.9%增长到26%，高等学校少数民族学生比例从2%

[①] 孔令中主编：《贵州教育史》，贵州教育出版社，2004年版，第469页。
[②] 石朝江：《苗学通论》，贵州民族出版社，2008年版，第773页。
[③] 石朝江：《苗学通论》，贵州民族出版社，2008年版，第548页。

增长至 40%。[①] 贵州全省逐渐形成了民族小学、民族中学、民族师范学校以及民族学院由低到高逐渐发展的民族教育体系。

第五节 改革开放以来贵州苗族地区的教育

1980 年国务院批发《关于加强民族教育工作的意见》指出，"我们帮助少数民族最有远见的办法，就是要从办好教育，大力培养人才做起"。此后在《中华人民共和国民族区域自治法》和《中华人民共和国义务教育法》等相关法律法规的指引下，我国民族地区学校在教学管理、教学方法、教学安排、办学形式、招生分配等方面都取得了重大突破，贵州苗族地区基础教育、高等教育以及民族教育也如雨后春笋般繁荣起来。

一、基础教育的发展

"文革"期间贵州省基础教育遭到严重破坏，学校数量减少，大量校舍被侵占，基础教育处于无人问津的状况。十一届三中全会后省政府高度重视基础教育，对新建学校的基本条件、收费标准、教师工资等问题都作出明文规定，从而使贵州苗族地区的基础教育迅速得到恢复和发展。

（一）幼儿教育的发展

改革开放后，贵州省幼儿教育出现良好发展局面。1988 年底全省有幼儿园 1092 所，在园幼儿 155438 人，分别比 1978 年增长 7 倍和 10 倍。[②] 1997 年全省有县级示范幼儿园 85 所，农村中心幼儿园 68 所，一类幼儿园 84 所，二类幼儿园 114 所，三类幼儿园 90 所。1998 年全省有幼儿园 1229 所，是 1949 年的 176 倍；在园（班）幼儿 462084 人，是 1949 年的 405 倍；教职工

[①] 孔令中主编：《贵州教育史》，贵州教育出版社，2004 年版，第 469 页。
[②] 孔令中主编：《贵州教育史》，贵州教育出版社，2004 年版，第 614—615 页。

17077人，是1949年的255倍。2000年全省有幼儿园1435所，比上年增长95所；有学前班10361个，比上年增长598个；在园（班）幼儿496044人，比上年增长27671人。① 2001年贵州省在修改《贵州省幼儿园评定标准（讨论稿）》的基础上制定了《贵州省省级示范幼儿园标准（试行）》《贵州省省级示范幼儿园评估方案》等一系列文件，使全省幼儿教育逐步走上依法治教的轨道。同年全省有幼儿园1006所，在园幼儿493770人。② 2002年贵州省教育厅召开全省幼儿教育工作会议，颁布《贵州省教育厅关于成立贵州省幼儿园工作评估领导小组的通知》《贵州省教育厅关于规范幼儿园等级评估管理工作有关问题的通知》等文件，全省幼儿教育管理走向科学化和规范化。2003年全省有幼儿园1319所共计17532个班，在园（班）幼儿620089人，教职工13994人，专任教师8751人。③ 全省形成了以农村中心幼儿园为支撑、以县示范幼儿园为中心的幼儿教育管理体系。

（二）义务教育的发展

1980年底中共中央发出《关于普及小学教育若干问题的决定》，提出在20世纪80年代全国基本实现普及小学教育的目标。在这一精神指导下，1981年10月贵州省召开全省教育工作会议，讨论如何在全省范围内普及小学教育问题。会后省政府印发《贵州省教育工作会议纪要》，强调各级党委和政府要把普及小学教育工作列入主要议事日程，要求全省各地认真贯彻"两条腿走路"的方针，将普及小学教育落到实处。1984年4月，省委省政府根据中共中央《关于加强和改革农村学校教育若干问题的通知》精神，颁布《关于加强我省普通教育和改革中等教育结构的通知》，要求各级党委政府及有关部门要把普及小学教育列为考核党政干部的重要内容，并将全省各县、市、区、特区普及小学教育工作分为四个步骤进行：1985年前普及10%，1986至1987年普及22%，1988至1990年普及40%，剩余部分1995年前后普及

---

① 孔令中主编：《贵州教育史》，贵州教育出版社，2004年版，第616页。
② 孔令中主编：《贵州教育史》，贵州教育出版社，2004年版，第616页。
③ 孔令中主编：《贵州教育史》，贵州教育出版社，2004年版，第616页。

完成。1998年底全省实现基本普及九年义务教育的乡镇达522个，人口覆盖率为38.63%，全省校均学生人数分别为小学（含教学点）169人、初中719人。经过十年的努力，全省中小学布点得到合理调整，学校规模进一步扩大。1999年全省基本普及初等义务教育的县达82个，占全省总县数的95.35%，人口覆盖率达93.7%。同年全省已有小学18508所，在校学生5009598人。2000年全省共有865个乡镇实现了普及九年义务教育，与1999年相比，7至12周岁适龄儿童入学率由98.21%提高到98.45%，其中女童入学率由87.83%提高到98.16%，分别上升0.24个百分点和0.33个百分点；小学辍学率由4.15%下降到1.84%。[①]2001年全省初级中学有1523所，另有九年一贯制学校371所；初级中学招生638216人，比上年增长80750人；在校学生1601444人，比上年增长220475人；入学率79.7%，比上年上升1.04个百分点；毕业学生362647人，比上年增长31318人。2003年全省共有初级中学2068所共计34094班，招收学生728959人，在校学生1969955人，专任教师87899人，其中一级教师15764人，高级教师2529人。[②]

（三）高中教育的发展

1978年以前贵州省高中教育发展过快，中学教育纵向结构不合理。从1979年起，全省开始调整普通中学教育结构，逐渐压缩高中学校数量。1980年全省高中学校由1978年的855所减少至733所，减少14.3%；在校高中学生由1978年的203200人递减到159000人，减少21%。1983年全省高中压缩到459所，在校学生99300人，分别比1980年减少37.4%和37.6%，其间还将约20所高中改制为职业中学。与此同时，贵州省还在普通高中举办109个职业中学班。据1984年统计，全省有高中阶段学校683所，在校学生179473人。其中普通高中431所，在校学生114200人；职业高中252所，在校学生65237人。普通高中学校和职业高中学校数量之比为63∶37，学生人数之比

[①] 孔令中主编：《贵州教育史》，贵州教育出版社，2004年版，第619—620页。
[②] 孔令中主编：《贵州教育史》，贵州教育出版社，2004年版，第620—621页。

为 636：364，初步改变了"文革"期间中等教育结构单一的状况。① 1989 年全省开始试行普通高中毕业会考制度。1991 年省政府下发关于基础教育分级办学、分级管理的规定，明确各级政府对基础教育所承担的职责。1993 年省政府又作出《关于实践＜中国教育改革和发展纲要＞的决定》，提出各地州市所在城市要加大普及高中阶段教育力度，每县要重点办好一所中学，全省重点建设好一批实验性和示范性高中，进一步完善毕业会考制度等。2002 年 7 月贵州省发出《省人民政府关于 2000—2005 年扩大普通高中招生规模加快普通高中发展的通知》，提出必须采取有力措施加快普通高中发展步伐，逐年扩大招生规模。在 2000 至 2005 年期间，全省每年招生人数在上一年的基础上增加 20% 左右，各地州市所在地基本普及高中阶段教育。其中 2001 年全省普通高中 328 所，比上年增加 23 所；毕业学生 47121 人，比上年增加 1275 人；招收学生 10969 人，比上年增加 25297 人；在校学生 244571 人，比上年增加 53512 人。2003 年全省有高中 420 所共 6724 班，招生学生 156515 人，在校学生 383052 人，专任教师 19413 人，其中中学高级教师 3701 人，中学一级教师 6440 人。②

二、高等教育的发展

十一届三中全会后贵州省高等教育进入新的历史发展时期，全省各地州市师范专科学校相继恢复和发展起来。1978 至 1990 年全省共有普通高校 24 所，其中本科院校 9 所，专科学校 15 所，在校学生由 1976 年的 8286 人增加到 1990 年的 2.96 万余人，增长 2.3 倍。③ 1991 年底全省共培养出本、专科毕业生 11 万人，硕士研究生 378 人。1992 年省政府将贵州建筑专科学校并入贵州工学院、贵州计划管理干部学院并入贵州财经学院、铜仁教育学院并入铜仁师范专科学校、安顺教育学院并入安顺师范专科学校，1993 年 12 月又将贵

---

① 孔令中主编：《贵州教育史》，贵州教育出版社，2004 年版，第 629 页。
② 孔令中主编：《贵州教育史》，贵州教育出版社，2004 年版，第 630 页。
③ 孔令中主编：《贵州教育史》，贵州教育出版社，2004 年版，第 677 页。

州人民大学并入贵州大学。至此，全省普通高校合并调整为22所，成人高校17所，全省共有39所高校；减少普通高校2所，成人高校3所，合计减少5所。[①]经过此次调整，全省高等教育焕然一新。

1997年，贵州省委省政府分别在《关于改革和发展我省高等教育的决定》和《关于实施＜中国教育改革和发展纲要＞的决定》中指出，"八五"期间要分两批扶持全省高校加强15个省属重点学科建设，建立省属1—2所重点大学。在省委省政府的领导下，原属贵州大学、贵州农学院、贵州艺术专科学校和贵州农业管理干部学院合并为新的贵州大学，在新的贵州大学下设理工学院、农学院、人文学院、生物技术学院、艺术学院和职业技术学院等二级学院。1999至2000年，贵州省委省政府又对全省高校进行局部调整，将黔南教育学院、黔南师范专科学校和都匀民族师范学校合并升格为黔南民族师范学院；将遵义教育学院和遵义高等师范专科学校合并升格为遵义师范学院。至2001年底全省各类高校调整合并为37所，在校学生190807人，其中普通高校学历教育在校学生159470人（含普通高校成人学历教育在校生51311人），研究生1418人，成人高等学校学历教育在校生31337人；全省高校本科专业120种，186个本科专业点覆盖了哲学、经济学、法学、教育学、文史、理工、农医、管理学等11个学科门类，有省级重点学科42个，硕士学位授权单位6个，硕士学位授权点120个，博士学位授权单位1个，博士学位授权点2个；全省普通高校教职工16611人，其中专任教师9007人，教授505人，副教授2219人，讲师3377人，具有硕士以上学历教师871人；成人高校教职工1691人，其中专任教师856人，教授24人，讲师423人。2003年全省有34所普通本、专科高等院校，有教职工20400人，专任教师11775人，其中教授699人，副教授3061人，讲师4249人；共招收各类学生114047人，其中博士生16人，硕士研究生1358人，普通本、专科生51572人，成人本、专科生61101人；有在校各类学生262122人，其中博士生23人，硕士研究

[①] 孔令中主编：《贵州教育史》，贵州教育出版社，2004年版，第678页。

生 2773 人，普通本、专科生 146607 人，成人本、专科生 112719 人。[①] 至此，贵州全省形成了多层次、多形式、多学科的高等学校教育体系。

三、民族教育的发展

改革开放后贵州省委省政府在发展基础教育和高等教育的同时，也在大力推进当地民族教育的恢复和发展。

（一）民族基础教育的发展

1981 年经省政府批准，贵州首批恢复建立了 102 所民族小学、27 所九年制民族学校和 27 所民族完中。民族小学主要分布在各地州市少数民族聚居区。九年制民族学校分布在从江县加鸠乡、雷山县大塘乡、榕江县八开镇、剑河县久仰乡、惠水县鸭绒镇、龙里县大新镇、威宁县石门坎镇、纳雍县治昆镇、织金县珠藏乡、紫云县宗地乡、松桃县盘石镇、贵阳市花溪区等苗族人口较为集中的地区；民族完中主要分布在苗族人口为 5 万以上的县城，如从江县民族中学、丹寨县民族中学、雷山县民族中学、台江县民族中学、剑河县民族中学、天柱县民族中学、黄平县民族中学、惠水县民族中学、威宁县民族中学、晴隆县民族中学、紫云县民族中学、松桃县民族中学等。全省所有普通中学均开设民族班，各地州市所在地重点中学如都匀一中、凯里一中、兴义一中、安顺一中、毕节一中、六盘水一中等均向所辖县市边远乡村招收少数民族学生。随后省政府将建立民族中小学的审批权下放到基层，全省民族中小学迅速发展起来。1991 年底全省共有民族小学 165 所，在校学生 1339，850 人，其中在校少数民族学生 458728 人，占全省在校小学生总人数的 34.20%；全省普通中学在校少数民族学生 282542 人，占全省在校中学生总人数的 29.3%。[②] 1995 年底全省共有民族小学 142 所，50% 以上的学校在

---

① 孔令中主编：《贵州教育史》，贵州教育出版社，2004 年版，第 679 页。
② 石朝江：《中国苗学》，贵州大学出版社，2009 年版，第 171 页。

苗族聚居区[①]。与此同时，贵州省委省政府还在余庆县花山苗族乡、桐梓县马宗苗族乡、赤水市大石苗族乡、息烽县青山苗族乡等散杂居区苗族人口较为集中的苗族乡建立民族小学，至1998年全省共有民族中小学200余所。这些民族中小学采取"借池养鱼"的办法，在条件较好的小学、中学内举办高小、初中、高中等寄宿制民族班，把边远乡村少数民族学生层层选拔送往中心城市重点中学进行深造培养。1998年全省41个县市共举办了140个寄宿制民族班，在校学生7000余人。其中寄宿制小学6所，在校学生580余人；寄宿制初中35所，在校学生5000余人；寄宿制高中6所，在校学生1700余人。[②]贵州省还针对民族地区女童入学难的特点创办了一批女子学校和女子班，采取减免学费等办法提高贫困地区女童入学率，直接受益女童达3.83万人。据1998年统计，全省女童入学率97.11%，形成了女童争取入学的社会好风气。

（二）民族职业教育的发展

1986年贵州省重点扶持17个民族贫困县各自办好1所综合性民族职业技术学校。1986至1987年省政府拨款710余万元、地方自筹1000余万元在全省范围内共建成67所民族职业学校，校舍面积达48875平方米。据1990年统计，全省民族职业技术学校拥有实验场地802亩，在校学生3550人，其中少数民族学生2651人。1991年底全省农业职中在校少数民族学生14791人，占在校农业职中学生总数的28.9%；中等专业技术学校在校少数民族学生8417人，占中等专业技术学校在校学生总数的32.2%。[③]至1998年全省民族地区职业中学少数民族学生达24371人，占民族地区职业中学在校学生总数的30.86%。[④]贵州省恢复和发展民族职业教育以来，已经为当地培养出了农林、畜牧、兽医、果蔬、农机、建筑等方面的初、中级实用型技术人才8296人，轮训各类技术人员20000多人次，为当地经济建设和社会发展发挥了巨大作用。

---

① 贵州省地方志编撰委员会编：《贵州省志·民族志》，贵州民族出版社，2002年版，第82页。
② 孔令中主编：《贵州教育史》，贵州教育出版社，2004年版，第760页。
③ 石朝江：《中国苗学》，贵州大学出版社，2009年版，第171页。
④ 孔令中主编：《贵州教育史》，贵州教育出版社，2004年版，第760页。

(三) 民族师范教育的发展

1980年8月教育部转发《关于办好中等师范教育的意见》指出，要大力办好民族师范学校，各有关省、自治区要根据自身条件研究制定发展民族师范学校的规划。根据该意见，1981年贵州省召开全省民族教育工作会议，指出目前该省民族教育的薄弱环节是缺少一支合格的师资队伍。同年全省共恢复和新办了凯里民族师范学校、都匀民族师范学校、天柱民族师范学校、惠水民族师范学校、榕江民族师范学校、松桃民族师范学校、三都民族师范学校、安龙民族师范学校、威宁民族师范学校、镇宁民族师范学校、铜仁民族师范学校和黎平民族师范学校，以定向招生、定向培养的方式为边远民族乡村培养小学教师。仅当年上述12所学校共招收中师生1791人，其中少数民族学生1259人，占学生总人数的70.3%，有943人来自616个边远民族乡村，占学生总人数的52.7%；凯里民族师范学校、黎平民族师范学校、三都民族师范学校、安龙民族师范学校、镇宁民族师范学校和威宁民族师范学校内设7个四年制民族师范班，共招收330名学生，其中326人来自269个边远贫困民族乡村，少数民族学生人数占98.8%。[①] 1986年贵州省根据民族地区普及小学教育亟须大量合格教师的具体实际，决定在全省范围内优先办好凯里民族师范学校、都匀民族师范学校、安龙民族师范学校、铜仁民族师范学校、镇宁民族师范学校、威宁民族师范学校、黎平民族师范学校和三都民族师范学校。至1996年上述8所民族师范学校在校学生达7500人，其中少数民族学生5806人，占学生总人数的77.43%；少数民族女生2661人，占学生总人数的35.48%；来自边远少数民族乡村学生5869人，占学生总人数的78.25%。[②] 上述民族师范学校在培养边远民族乡村教育师资、推动边远民族乡村教育发展等方面作出了重要贡献。

---

① 孔令中主编：《贵州教育史》，贵州教育出版社，2004年版，第761页。
② 孔令中主编：《贵州教育史》，贵州教育出版社，2004年版，第763页。

（四）民族行政管理学校和中专民族班的发展

1980年10月，贵州省委转发省委组织部《关于黔东南、黔南自治州建立民族干部学校的通知》，决定将黔东南民族干部学校和黔南民族干部学校分别更名为黔东南民族行政干部管理学校和黔南民族行政干部管理学校，将其定性为中专，并分别于1982年和1983年面向全省定点招生。1985年黔西南民族行政干部管理学校成立，至此全省3个少数民族自治州均有了民族行政干部管理学校。1998年上述3所学校共有在校学生1543人，少数民族学生占90%，自办学以来共输送3720名毕业生。[①] 上述3所学校在没有办学模式和经验可鉴的情况下，实行"从山里来，到山里去"的招生方式和培养原则为当地边远民族乡村培养出了大量干部和管理人员，有效地提高了民族地区干部的思想素质和管理水平。此外，全省部分中等专业学校还举办了少数民族班，实行定点招生、定点培养的方式为当地少数民族边远乡村培养了一定数量的初、中级基层管理人才。

（五）民族高等教育的发展

"文革"结束后，贵州民族学院恢复招生。经过十余年的发展，1999年该校共有在校生4732人，其中苗、布依、侗、彝、土家、水、回、壮、黎、满、白、瑶等20多个少数民族学生占学生总数的91%，至2000年该校共为当地少数民族乡村输送16000余名毕业生。2000年该校有教职工897人，其中正高职称32人，副高职称135人，中级职称269人，初级职称及一般教师178人，国务院特殊津贴专家7人，省政府特殊津贴专家3人，学科带头人17人，中青年学术骨干20人。2003年该校有教职工909人，其中专任教师512人，教授40人，副教授136人，讲师194人；招收各类学生6829人，其中普通本、专科学生2684人，成教本、专科学生4145人；在校各类学生16426人，其中普通本、专科学生8791人，成教本专科生7635人。[②]

[①] 孔令中主编：《贵州教育史》，贵州教育出版社，2004年版，第768页。
[②] 孔令中主编：《贵州教育史》，贵州教育出版社，2004年版，第771页。

1977年贵州省在黔东南、黔南和黔西南3个少数民族自治州分别创办了民族师范高等专科学校，1986年又在黔南布依族苗族自治州建立了民族医学专科学校。上述4所民族高校采取将招收少数民族学生名额分配到边远民族乡镇并适当降分录取的办法发展民族高等教育。

从1983年开始，贵州民族学院、贵州师范大学、贵州农学院、贵阳医学院等高校还举办了民族预科班面向边远贫困地区择优招收少数民族学生，至1998年上述高校共招收3000名少数民族学生进入本科阶段的学习。

综上所述，随着改革开放以来贵州民族教育事业的发展，当地少数民族适龄儿童入学率逐年提高，少数民族人口素质不断提升。据统计，1998年全省各类学校少数民族学生占在校学生总数的比例为：小学36.77%，比1980年提高17.47个百分点；普通中学34.65%，比1980年提高22.38个百分点；中等师范学校39.31%，比1980年提高29.11个百分点；普通高等学校46.11%，比1980年提高36.01个百分点。进入21世纪，在科学发展观的引领下，贵州民族地区兴起了爱科学、爱文化的社会新风尚，少数民族学生入学比率再创新高。2000年全省各级各类学校在校学生7419547人，其中少数民族学生2567224人，占学生总数的34.60%；2002年全省各级各类学校在校少数民族学生2867391人，占在校学生总数的35.82%。[1] 历经30年的努力，贵州民族教育形成了以各地州市民族中小学为基础、以贵州民族大学为龙头、以3所民族师范学院为重点、以初高中民族班和大学民族预科班为补充的多层次、多类型的民族教育体系。

---

[1] 孔令中主编：《贵州教育史》，贵州教育出版社，2004年版，第758—759页。

第二章　贵州苗族传统文化的主要内容

贵州苗族传统文化是当地苗族先民在既定的社会条件下创造出来的一种典型的农耕文化，它不仅是当地苗族人民生活样态的表达，同时也是当地苗族人民集体智慧的结晶。贵州苗族传统文化深深地熔铸到当地苗族民众的血液之中，并随着苗族个体的延续世代相传。若从表现形态上看，我们可以将贵州苗族传统文化划分为物质文化、制度文化和精神文化三个部分。

第一节　贵州苗族传统物质文化

物质文化是指为了满足人类生存和发展需要而创造出来的以物质产品形态存在的文化，是文化要素的物质表现方面。贵州苗族传统物质文化主要包括劳动工具、建筑、服饰、饮食、交通工具等方面的内容。

一、劳动工具

创造和使用劳动工具是人类与动物的根本区别，劳动工具的发展是衡量人类控制自然的尺度，人类所经历的各种社会形态都是根据怎样创造和如何使用劳动工具来区分的。从贵州苗族社会的历史发展形态来看，当地苗族先民依次创造并使用过的劳动工具有采集工具、狩猎工具和农业生产工具三种形式。

（一）采集工具

在传统贵州苗族社会，当地苗族先民居住在崇山峻岭之中。在生产力极其低下的社会条件下,他们主要依靠山区丰富的野生植物资源维持生计,因而上山采集野菜野果成了他们的主要生活方式。铁器产生前贵州苗族先民经常使用的采集工具是挖掘棒和石头。铁器出现后,直至新中国成立初贵州苗族先民使用的采集工具主要为薅刀、摘刀和背篓。

1. 薅刀

薅刀,当地苗族称为"所独",铁制木柄。每把薅刀长约2尺,形状如同锄头,体形较小,便于携带,用于挖掘各类野菜。

2. 摘刀

摘刀,当地苗族称为"丢孟",由破旧镰刀制成,用于采摘各类野果野菜,每把摘刀可使用2—3年。通常情况下妇女每天能采摘100斤野果野菜,男子能摘60斤左右。过去铁器较少,人们经常将完好的镰刀砸成两段,制成两把摘刀提高其使用率。

3. 背篓

根据宋人朱辅《溪蛮丛笑》一书记载,苗族先民五溪蛮"负物不以肩,用木为半枷之状,箱其顶,以布带或皮条系之额上,名背篓"。这里反映的是苗族先民使用背驮工具(背篓)的真实情况。背篓,贵州苗族称为"哥龙",由竹丝、竹条、竹块组合编成,口大底小,上下密、中间留多边形稀孔,中部和底部用竹块加固,是人们背取山货的重要工具。在传统贵州苗族社会,为方便省力,人们无论上坡摘菜、下田收割还是到集市进行交易都普遍使用背篓背取东西。在当今贵州苗族山区,背篓仍是当地苗族民众背取货物的重要工具。

(二)狩猎工具

苗族擅长狩猎,据清人陆次云《峒溪纤志》中记载:"苗人年十六、无不带刀,其铁自始生时炼至成童,故最悉利,以黑漆皮为鞘,貌虽不利,锋不可当,能者掷刀空中,接之以手,曰跳鸡模。""苗人至弩,名曰偏架,其弓似中国猎人射生弩而差大。""苗人火器有过山鸟者,能打越重山,绝无障碍。"贵州苗族先民的狩猎时间以春季为主,夏秋两季多为保护农作物而进行狩猎，狩猎活动由中青年男子承担。铁器产生前贵州苗族先民使用的狩猎工具主要是棍棒和石头。铁器出现后，直至新中国成立初贵州苗族先民使用的狩猎工具为弩、铁叉和火枪。

1. 弩

弩，也称作"窝弓""十字弓"，是一种射箭工具，由弩臂、弩弓、弓弦和弩机等部分组成。较之弓而言，弩射程远、杀伤力强、命中率高，一支强弩的射程可达 600 米。

2. 铁叉

铁叉是一种用金属铁烧熔后打制而成的器具，将其安装在 1 米长的木柄上，可用于近距离扎取猎物。

3. 火枪

在枪矛前绑一铁管，内装火药，使用时点燃火药，打开开关，子弹（当地苗族使用沙子）朝向目标发射，用于远距离射击猎物。

居住在河流、溪谷地区的苗族常常使用钓鱼、装弓钩、装鱼攒、撒网、抽㘭、捞鱼、叉鱼、装鱼梁、架鱼踏、毒鱼、拦网赶捕、射鱼等方式捕鱼佐食。

（三）农业生产工具

贵州苗族是一个以农耕生产为主的民族。直至新中国成立前当地苗族先民使用的农业生产工具十分简陋，主要有耕牛、犁、耙、锄、刀以及施肥用具、收割用具、避雨用具等。

1. 耕牛

贵州苗族以农耕生产为主，耕牛被他们视为"命根子"。居住在山坡上的苗族喜欢饲养黄牛，黄牛耐热，暑天无需滚澡，体型比水牛轻健，便于放牧和耕种坡地；居住在平地上的苗族喜好饲养水牛，水牛力气大，耕犁平坝田土效率高。耕牛主要是自繁自养，家家户户都有专门的牛舍。喂养耕牛花费很多精力和时间，耕牛身上积汗长蚤，人们要为其定期梳洗；耕牛患病，主家请专门土医诊治。农闲时节妇女、儿童或老人把牛牵到山间放养，让牛自由觅食青草。农忙时节人们将牛牵至野外草坪或树丛中，拴在树桩上让其啃食周边野草和树叶，自己则在一旁从事生产劳动。春耕季节，人们早晚放牧并给牛喂午草和夜草，让牛吃饱吃好。为了保证耕牛过冬的草料，人们须在秋收时节将稻草、苞谷壳、豆壳等搬运回家堆放起来，以便冬天给牛喂食。寒冬腊月，如草料不足，即使大雪封山人们也要冒着严寒上山给牛割青草。耕牛养殖是生产性的，其目的在于延伸和扩大人们的劳动能力，使农业生产顺利进行。

2. 犁

犁，当地苗族称为"当堪"，犁铧为生铁铸成，犁架为木制，分犁旱地和水地两种。旱地犁铧小，入土深约4寸，沟宽约5—7寸；水田犁铧大，入土深约6寸，沟宽约1尺。犁铧既可自制，也可从市场上购买。

3. 耙

贵州苗族使用的耙类工具有木耙、铁耙、石耙、踩耙和钉耙五种。木耙，当地苗族称为"玉歹"，牛拉或人拉均可，用以耙干田，将泥土疏平便于栽插。耙齿小而短，长约3.5寸，碎土能力不强，每人每天耙干田约30卡[①]，一架木耙可使用3—4年。铁耙，当地苗族称为"压倒"，铁耙形式大小与木耙相同，其区别在于耙齿由铁齿和木齿交错组成。用以耙干田，碎土能力不强，1956年政府无偿发放给地方农业合作社后才开始使用。石耙，当地苗族称为"夜哈犁"，是一种未经加工的天然石块，不定型，长约2尺，有椭圆形和长方形两种。使用时人们在乡间山野中随意拾取一块石块，用树藤系牢，一人背拖在田中往返拉动将泥土压烂，随后用锄耙耙平泥土便可种植，用于小而窄、耕牛无法走动的干田。每人每天能耙100斤谷物的旱田面积，用完后弃置田边。踩耙，当地苗族称为"对对犁"，用于踩秧田、下秧肥、栽秧田等，把泥土踩烂踩平后将秧肥踩入泥土内。使用踩耙时，人的两脚各踏在一只耙上，两手握住耙弓或耙把，一提一落横向移动。踩耙系自己制造，每对踩耙可使用5年。踩耙耙土效率高，每人每天能踩耙500斤谷物的面积。钉耙，当地苗族称为"当榨"，木柄铁耙，共四齿，用来掏粪肥和培土。

---

① "卡"为贵州苗族衡量稻田面积的单位，一卡田地约能产稻谷5斤。

4. 锄

贵州苗族使用的锄类工具有挖锄、铁嘴木锄、铲锄、薅锄、鸡嘴锄等。挖锄，当地苗族称为"当所"，即铁锄头。铁锄木柄，由当地铁匠打制而成。开垦荒田、荒土、挖地、砌田埂时使用，入土约4寸，有时也可用来撬石头，或三年修理两次，或一年修理一次。铁嘴木锄，当地苗族称为"烧八"，嘴薄锐利，专门用来挖田，入土深5—7寸，每人每天能挖水田150—200卡，挖旱田100卡。这种锄头由本村寨铁匠打制，每只锄嘴使用2—3年修复一次。铲锄，当地苗族称为"所嘎里"，铁锄木柄，用于薅土、拍土。薅锄，当地苗族称为"当所又"，铁锄木柄，用于薅土、栽菜、栽辣椒等。鸡嘴锄，当地苗族称为"歌就"，铁锄木柄，形如鸡嘴，用于啄石头和砌田埂。

5. 刀

贵州苗族使用的刀类工具有镰刀、柴刀、斧头、铁鉡刀和竹鉡刀五类。镰刀，当地苗族称为"当歌颂"，铁刀木柄，口薄而锋利，用于割草和割稻谷。每把镰刀可使用一年。柴刀，当地苗族称为"德"，铁质木柄，用于开荒及砍柴，由本村寨铁匠打制，使用2—3年修复一次。斧头，当地苗族称为"打"，铁质木柄，开荒时如遇大树须用斧头砍倒。每把斧头使用2—3年后须补钢口一次。砍刀，当地苗族称为"温"，铁质木柄，用于砍倒较大的树木。铁鉡刀，当地苗族称为"德满念"，刀长约1.5尺，宽约0.1尺，厚0.04—0.05尺，连柄共长约3尺，用于割高田埂上的杂草。竹鉡刀，当地苗族称为"当满念"，用老竹削成，两面锋利，长4—5尺，用于削掉田埂边刚露出地面的嫩草。若为八月砍竹制成，这样的竹鉡刀可使用两年；如是正二月砍竹制成，则只能使用一年。

6. 施肥用具

贵州苗族使用的施肥工具是粪箩和粪桶。粪箩，当地苗族称为"累磨"，竹篾编成，用于挑运圈肥、灰、草等。每个家庭至少有1对粪箩，家庭人口多者有2—3对不等。粪箩由自己编制，不会编者与会编之人换工互助，不向外地购买，每对粪箩可使用2—3年。粪桶，当地苗族称为"辽猫"，木质，用于搬运人畜液体粪便。

7. 收割用具

贵州苗族使用的收割工具有挞斗、箩筐、晒席、炕笼、禾廊、禾仓等。挞斗，当地苗族称为"坠的那"，木质，由本村寨木匠制造，用于打黏谷。箩筐，当地苗族称为"鲁"，竹篾编成，每家一对，用于挑运黏谷。晒席，当地苗族称为"烧乃"，竹篾编成，用于晾晒谷子。炕笼，当地苗族称为"康腮"，竹篾编成，用于阴雨天炕干稻谷。禾廊，当地苗族称为"那来"，用木条搭成长形的棚架，架上横搭若干木条，顶部用树皮遮盖，建造于向阳的地方供晾晒禾把、小米之用，每家有1—2个。禾仓，当地苗族称为"绒机"，木板制成，方形，顶部是人字形屋架，架上覆盖沙木皮或泥瓦，底部距离地面一尺以防潮湿，用于储藏粮食。每户一间，每间可容纳2500—3000斤谷物，大者可容纳4000斤，建造于距离房屋较远的村寨边。

8. 避雨用具

贵州苗族使用的避雨工具是斗篷、皮蓑衣和竹蓑衣。斗篷，当地苗族称为"狗"，竹子编成，出门时戴在头上遮日避雨，每人一顶，或外地购买，或自己编制。皮蓑衣，当地苗族称为"沙"，用棕皮制成，出门干活时背在背上用以避雨，为男人所用，多从外地购买，半数人家备有。竹蓑衣，当地苗族称为"背"，用竹片编成夹层，中间加以棕粑叶，出门干活时背着遮雨，为妇女专用，自己编制。

9. 大木槌

大木槌，当地苗族称为"糯来"，用硬木制成，重约十斤，用于锤田坎。

10. 泥箕

泥箕，当地苗族称为"鬼根幕"，用于砌田埂时撮走泥土，为临时编制。

在传统贵州苗族社会，一个完整的农户家庭均具备上述农业生产工具。在极其简陋的生产工具条件下，当地苗族人民生产生活比较艰辛。

二、建筑

我国著名民族学者凌纯声先生在其《苗族的地理分布》一书中指出："苗

族老家的贵州平均海拔 1000 米以上，西南诸省中，山坡较好之地，早为先至诸山之民族占有，苗族后至，只得居住在山巅，故其垂直最高，有'高山苗'之称。"贵州苗族民间也流传着"苗族住山头，仲家住水头，客家住街头"的说法。贵州苗族依山而居，他们根据其居住环境建造出了适合地方民族特色的各种建筑形式。在这些传统建筑体中，尤以吊脚楼、石板房、钟鼓楼、桥梁和龙船最具民族特色。

（一）吊脚楼

吊脚楼盛行于黔东南、黔南等苗族山区，属于南方干栏式建筑，有山地斜坡吊脚楼和平地吊脚楼两种形式。

1. 山地斜坡吊脚楼

居住在海拔较高山坡上的苗族修建山地斜坡吊脚楼。建房前先用石块在选定的斜坡上砌一层牢固的保坎，在距离保坎一定高度的斜坡上纵深挖出土方，将保坎内部填满，使之与保坎形成一块宽敞的平地，这就是吊脚楼的下一级地基。然后把纵深挖出土方的空地修整成为吊脚楼的上一级地基，建房时视下一级地基的宽度而定。如下一级地基较宽，则将上一级地基的垫地纵穿枋伸出其空间，与落地于下一级地基外沿的房柱相连，并用短柱支撑伸出于下一级地基的穿枋空档部分，加强垫底穿枋的负荷力，再通过外柱挑手支撑吊脚柱。如下一级地基较窄，则将两边房架的外柱直竖于下一级地基的外沿，其他排柱的外柱便是吊脚楼的楼柱，形成美观的吊脚楼。吊脚楼的落地排柱都是五柱四瓜（架于上穿枋的短柱）的圆木为一排，共四排柱架构成。伸出楼外的部分盖上瓦片，保护主楼前外壁不受日晒雨淋。吊脚楼每根柱子的根部都雕琢一圈山浪齿形，犹如一轮齿轮缠绕柱端，增加美感。每根柱顶和瓜顶均留有架梁口，高低适度，倾斜得当。吊脚楼的下一级空间用厚木料铺一层楼板，与上一级地基相平。吊脚楼的栅栏廊十分雅致大方。大门前的栅栏廊伸出屋外尺许，在此处装设一把面向大门供家人休息或亲友宾客来访歇坐的长条靠背椅（又称女儿靠椅），左右两侧栅栏廊外的屋檐内空间部分架有竹竿或木杆，供晾晒衣物或挂晒谷物之用。

除主楼外，山地斜坡吊脚楼还附有厢房、偏厦等建筑。厢房和偏厦低于主楼，相当于一间房屋的宽度，主要起到保护主楼外壁免受日晒雨淋、增强主楼侧面稳定性的作用。厢房设于主楼左右两侧，分为上下两层楼，有平房结构形式和平地吊脚楼结构形式两种。厢房上层设置客房、儿女卧房或绣花房、芦笙房、织布房、书房等。下层用作马厩、牛圈、禽圈或堆放柴草、杂物。偏厦有正偏厦和副偏厦两种形式，分别设于正房左右两侧（设了厢房的，不再设偏厦）。正偏厦为一通间，不铺楼板，用作厨房、碓房、磨坊等；副偏厦作为进入正房的栅栏通道，开有便门。

2. 平地吊脚楼

居住在海拔较低平地的苗族修建平地吊脚楼。这种吊脚楼为三层楼结构，上层储谷，中层住人，下层关养牲畜，构造与斜坡吊脚楼略有区别。下层比较低矮，除主楼柱外还用粗短柱撑垫二楼以便承担中层和上层的沉重压力，因此下层楼柱子比较密集粗实。各开间分别用作餐室、烤火室、厨房、碓房、禽舍、存放农具以及堆放柴草杂物等。家里人员较多者亦用一二开间作老人和小孩的卧室。中层开间和瓜柱架的设计与斜坡吊脚楼的开间和瓜柱架的设计相同。通过主楼外栅栏的宽层楼梯进入中层，粮食存放于中层的某一个开间里以保证其通风干燥。上层比较低矮，除一织布间外其余都是大空间，铺薄板天楼防止尘土下落。建房时落地柱居里，吊脚柱居外，通过落地柱的外柱撑枋挑手连接吊脚柱与中层，构成四周回旋式的转角吊脚栅栏结构形式，当地苗族俗称"走马转角吊脚楼"或"转檐吊脚楼"。这种吊脚楼形式美观，大方适用，当地苗族歌谣称赞道："建楼要建转檐楼，吊脚栏廊晾衣物。燕子双双来垒窝，汉人苗人爱来走；姑娘出嫁有落处，孩儿娶亲不用愁。"吊脚楼四周的屋檐超出栏杆遮阳挡雨，主楼旁不需设置附属建筑物。

无论哪种形式的吊脚楼，其外部结构雄伟壮观。吊脚楼中柱顶端的至高横架梁与两边的次第矮梁组成倾斜屋脊骨架，钉上薄木橼皮，覆盖泥瓦片或杉木皮。这样的屋顶涧岭分明，斜度得当，流水畅通。屋脊正中央用瓦片累积成两条首昂尾翘的"抢宝"巨龙，活灵活现。吊脚楼板壁用榫板嵌装，精刨光玉。板壁之间及板壁与瓜柱之间的合缝处丝风不露。用桐油漆上板壁和瓜柱，使其不仅油光发亮，纹理美观耐蚀，而且能防止蛇、虫入室，确保屋内清洁。吊脚楼内部结构严谨，开间得体，有三开间、五开间、七开间等。正中开间为堂屋，宽敞舒适，摆设讲究，用于迎宾待客。堂屋正中内壁设有神龛，神龛正面雕刻有巨浪翻卷滚纹，两边浪峰翘卷，象征苗族先民曾居住在"江边水国"，颇有神话色彩。神龛下方放有历代祭祖时保存下来的牛角，牛角存放越多，越能说明该住户最早栖居当地。神龛下一侧放有宽面长桌供款待宾客之用。堂屋大门前约一米长的空间与栅栏长条靠背椅空间相连，此开间可供歇凉、纺纱、绣花、织布等。大门由左右两扇厚木板装置而成，宽约两米，高约三米，大门外附设两扇挡风矮门。大门两边装嵌有百目花窗，窗目中掺杂着木雕小花朵，具有古色古香的格调。堂屋左右两壁设有便门，以便出入两侧开间。左右开间楼上装铺厚楼层，用于存放粮食、织布机或堆放杂物。下层开间分别隔成前后两个小开间，右开间前为大儿媳卧室，后为厨房、碓房或烤火房；左开间前为小儿媳卧室、姑娘卧室或单身男孩卧室，后为父母或较大孙儿孙女卧室。人口较少家庭亦将下层左右小开间用作畜圈、禽圈或存放农具、柴草等。吊脚楼前后均设有阴沟，流水不阻，以保持室内干燥。总体上看，贵州苗族传统吊脚楼体现了"人栖其上，牲畜居其下"的民族遗风，这种独特的房屋结构与当地的地理环境互相结合，相得益彰。

（二）石板平房

除吊脚楼外，贵州部分苗族还修建了各式各样的平房，其中比较有特色的是黔中苗族修建的石板平房。建房时，用青岗石片当地基，以石块当砖块，将开间墙垒延至屋顶，横架木梁，房顶覆盖石片，犹如一个明堡。若建立最为古老的石板平房，先竖立木架，然后用宽薄片石板嵌镶成板壁，在石板与柱子衔接处敷以黄泥土防止风吹雨打。房前院坝比较宽敞，两侧可建石板厢房，形似三合院。居住于斜坡的苗族用石块砌成厚实的保坎和石级通道通向院坝。

（三）钟鼓楼

钟鼓楼是用来存放铜鼓的楼阁，如存放芦笙就称为"芦笙楼"。修建此种建筑时，先将垫柱基石对称栽于建筑场地的四周，再将巨柱和外沿垫底穿枋向里倾斜架在基石上，用内穿枋支撑诸柱上方，构成圆锥形宝塔楼架。一、二楼无内撑穿枋，均用厚木板嵌装成菱形椭状木壁。壁外雕琢吉禽展翅、龙鱼戏水、寨人吹笙、田园花草、飞碟牛羊、人物耕耘等图案，人兽混杂颇有神话色彩。三楼外壁是百目窗壁，室内架以木檩子，铺楼层以放铜鼓，楼层上用枫木制成圆形楼顶。据黔东南苗族巫师记述，这是纪念苗族远古始祖——蝴蝶妈妈的标志。每层楼的屋檐依次比下一层短，屋檐外层盖上瓦片，并将瓦片垒成龙背形状，翘尾含珠。瓦片飞檐挡阳，叠檐滴水，保护楼身免受日晒雨淋，颇具民族风格。

（四）桥梁

贵州苗族桥梁多建立在难于渡越的河流和小溪上，尤以"吊脚桥"最具特色。根据河流和小溪的大小不同，有大型吊脚桥和小型吊脚桥两种形式。

1. 大型吊脚桥

这种吊脚桥横架于河流之上，犹如一条巨龙，既是河流两岸行人横跨天堑的通道，同时又是行人避风遮雨、乘凉歇坐的好去处，故人们又将其称为"风雨桥"或"回龙桥"。建筑大型吊脚桥时，首先在选定的河段上用粗青石顺河砌成七八个以上的粗菱形桥墩。然后根据河水流量以及涨洪程度或高或低，或宽或窄建立桥身。构建桥身时，每个桥孔上都架着数根粗实的锁链形垫檩，垫檩两端打眼竖柱，用粗实穿枋跨越桥面穿连两边柱子。每个桥孔为一节柱架，柱架之间高低不一，分别架于每个桥墩的垫檩上，形成宽敞的桥身通道。用厚木板铺在方形垫檩上形成桥面，用穿枋架住桥面上空两边的桥柱，在桥柱之间竖立短柱，挂上两个短瓜，顺桥身搭架高低桥檩，于两边柱子的锁眼处架上穿枋。在穿枋上架小檩，钉上椽皮，盖上两边都能流水的"人"字形亭顶。最后在两端柱子下方装置长方形宽木板，在中等方檩上顺桥身打眼，装成长形靠椅栏杆。一个桥孔为一节亭宇，整座桥梁浑然一体，精巧玲珑。

2. 小型吊脚桥

这种吊脚桥多建于村寨之间的小溪上或村寨附近难于跨越的干沟上，有

2—3个桥墩。小型吊脚桥除了方便路人行走外,寨人还常在此处乘凉聊天,姑娘们则在此处织花衣、绣花带等。部分苗族地区男女青年夜间常在小型吊脚桥处"游方",故又称为"花轿"。

无论哪种类型的吊脚桥,一旦建成后整栋建筑动中有静,静中有动,巧中见奇,奇中见雅。桥墩和亭楼栏杆壮丽牢实,长椅通道大方舒适,琼楼宝塔重檐飞阁,堪称桥梁建筑之一绝。

(五)龙船

龙船是在龙船节期间进行水上竞渡的工具。在贵州苗族地区,龙船是集体财产,一个家庭或村寨拥有一只龙船。龙船制作选用未经雷劈的老杉木树为原料,砍树之前要举行庄严的祭祀树神的仪式。整个制作过程由当地木匠师傅担任,木匠师傅在量好木料尺寸、画好龙船图样后便开始加工制作。首先将龙腔凿成槽形,抛光船底,涂上油漆,把制好的船身存放在龙船亭里,让其阴干定型。其次选用一根自然弯曲的木料制成龙船头颈,以木料根部为头,弯曲部分为颈。头颈高出船身一米左右,颈部曲线伸出船身七八尺长。颈部雕刻鳞片,鳞片上涂抹金、银、黄、绿、红、白各种颜色。颈部开有锁眼便于连在母船头上,组成一只完整的龙船。

制作好的龙船由母船和子船组成。母船一只,长十米左右,直径宽约三尺;子船两只,略短于母船,宽两尺许。母船两端打眼,子船一端打眼,两只子船一左一右连接母船锁眼合为一体。龙船全身涂有油汁,耐水经用。下水竞渡时,两只子船架于母舟两边,供水手乘坐划桨。

三、服饰

在古代贵州苗族社会,苗族先民自己种植棉麻、自己纺织,以传统的方法制作民族服饰。清代徐家干在《苗疆见闻录》中写道:"苗妇多事纺织,其最密曰斜纹布,又有曰洞锦者,出于永从侗者为最佳,以五色绒为之,土人呼为诸葛锦。曰洞被则以苎布用采线挑刺而成之。"王嗣鸿在《台江边胞生活概述》中说：苗衣"系以数支纱横斜穿插而织成，功夫不易，既厚实，又美观，系一种特殊手工业"。苗族服饰以"无声文字"的方式记录了苗族的历史与文化，是苗族文化存在的重要载体。总体上看，贵州苗族传统服饰女装繁华，男装简朴。

（一）女装

贵州苗族支系繁多，居住地域各异，女装达数十种。若从方言上划分，贵州苗族女装大致可分为黔东型、黔中南型、黔东北型和川黔滇型四种形式。

1.黔东型

黔东型女装指操苗语黔东方言的全部苗族服饰，分布于黔东南、黔南东部以及安顺和黔西南部分苗族地区，有台江式、黄平式、舟溪式、剑河式、丹都式、雷公山式和黎从榕式。

第一，台江式。穿着此类服饰的苗族主要分布在黔东南地区凯里市、台江县、雷山县、剑河县、镇远县、施秉县等地大部分苗族乡村。妇女上装为大领左衽半长衣，两袖、领围至前襟左右边沿绣有花纹。下穿百褶长裙，前裙围或绣上花纹，或用彩色纱线织成。穿盛装时多数妇女佩戴银饰，台江县施洞口一带妇女佩戴的银饰多达二三百两。台江县巫脚交苗族妇女盛装花饰少，佩戴银饰不多，便装不绣花。民国前后凯里市挂丁镇及雷山县西江镇的苗族女装有所改变，盛装为大领左衽绣花衣和百褶长裙，头饰保持椎髻，冬天罩以毛巾；便装为大襟小领短衣，肩部绣花，长裤，外束绣花围腰。

第二，黄平式。穿着此类服饰的苗族主要分布在下列五个地区：一是黔东南地区凯里市东北部以及黄平县、施秉县、台江县革一乡；二是安顺市平坝县、镇宁县、关岭县；三是黔西南地区兴仁县、安龙县、贞丰县、册亨县；四是黔南地区福泉县东部；五是贵阳市清镇。尤以黄平县居多。妇女上装为大领右衽衣，袖背挑花刺绣，百褶桃花长裙，头顶盘发，外包头巾呈平顶形。凯里市、黄平县、施秉县等地未婚姑娘佩戴桃花平顶帽，不包头巾。

第三，舟溪式。穿着此类服饰的苗族主要分布在黔东南地区凯里市、麻江县和丹寨县毗连地段以及剑河县和台江县接壤一带，其中以凯里市舟溪镇最为集中。妇女上装为对襟短衣，下穿百褶短裙，束裙围，挽椎形发髻于肩上。丹寨县与雷山县接壤地段苗族姑娘盛装为对襟短衣，衣服上挑花刺绣；便装为大襟小领短衣，窄腰紧袖，无花饰。前裙围掩膝，内穿紧身布长裤代替绑腿；后裙围长至腓部。剑河县妇女盛装领围长至前襟边缘，双肩、两袖及前裙围都有花饰，裙长至膝，无后裙围，缠绑腿。无论穿着盛装还是便装，苗族妇女挽椎髻，髻形较大。由于丹寨县、雷山县和剑河县三地女装款式相近，故三地之间男女青年互不通婚。

第四，剑河式。穿着此类服饰的苗族主要分布在黔东南地区剑河县久仰乡、久敢乡、德威乡以及剑河县与台江县毗连地带。妇女上装为大襟衣，衣襟前短后长，前襟掩腹，后襟长至腓部。下装为百褶长裙，后襟带裙围，前襟无裙围。不论寒暑，不分老幼，苗族女性均挽椎髻，并用一块青布笼罩发髻。无论盛装还是便装，衣、裙一律不锈花饰。未婚姑娘身着盛装时上身束有几根彩色织锦腰带，颈部佩戴几根小项链和项圈，并佩戴手镯、戒指、银簪和银扇等。

第五，丹都式。穿着此类服饰的苗族主要分布在黔东南地区丹寨县和黔南地区都匀市、三都县三地接壤一带。妇女上装为绣花大领，胸前领口呈方形，从领口右下角将大襟直裁斜至左腋，边沿镶嵌绣花栏杆至下摆，衣身为窄腰宽摆。两臂、托肩部分缀有套色蜡染布。下穿百褶长裙，长裙多用花条布镶接而成，挽椎髻。着盛装时髻上插"山"字形银角，着便装时大襟短衣、穿长裤、挽发髻、髻上覆盖方巾。

第六，丹寨式。穿着此类服饰的苗族主要分布在黔东南地区丹寨县中部。未婚姑娘上穿青色大襟衣，衣长掩膝；下穿宽脚裤，与衣齐长；挽发髻于头顶。已婚妇女多穿青色枇杷襟衣，长不掩腹；裤长与婚前相同，前后各系一条裙围，腰束织棉花带，扎绑腿；发髻蓬松下坠，髻后插一枚银制蝴蝶；平时包黑头巾，节日改戴银花。

第七，雷公山式。穿着此类服饰的苗族主要分布在黔东南地区台江县、剑河县、榕江县三地接壤的雷公山东面和南面。妇女上装为大襟式，无小领，前襟短后襟长。有的衣裙无花饰，有的衣裙前裙围绣有花饰。束织锦宽腰带，挽椎髻，有小量银饰。

第八，黎从榕式。穿着此类服饰的苗族主要分布在黔东南地区榕江县、从江县、黎平县、锦屏等部分苗族村寨。妇女上穿对襟半长衣，有领无扣，下穿百褶裙。黎平县和从江县一带苗族妇女上装为对襟左衽，内拴菱形绣花胸罩。领围及襟缘绣有彩织花边，裙长掩膝。平时易裙穿裤，笼脸套。榕江县部分苗族妇女上装为大襟衣，衣领用套色蜡染做成。

2. 黔中南型

黔中南型女装指操苗语黔中方言的全部苗族服饰，分布于黔南地区福泉县、惠水县、长顺县、贵定县、龙里县、平塘县、罗甸县和安顺市平坝县、紫云县、镇宁县以及贵阳市开阳县、修文县和清镇市，有罗泊河式、花溪式、惠水式、安清式、宁安式和安贞式。

第一，罗泊河式。穿着此类服饰的苗族主要分布在独水河沿岸的黔南地区龙里县、贵定县、福泉县和贵阳市开阳县等地。妇女上装为大领对襟短衣，无纫无扣，领子和襟边各镶一布条延至下摆，穿衣时布条外翻。前襟、后背、两袖绣有几何花饰。下穿由蜡染布制成的百褶裙，裙长掩膝，前束围腰掩裙，缠绑腿。未婚姑娘头戴花帽，已婚妇女头包一张蓝底蜡染方巾，巾角缝一根白带，方巾覆于头顶后，白带缠头一周。老年妇女服饰与青年妇女服饰相同，但不缀花饰，多喜青色。

第二，花溪式。穿着此类服饰的苗族主要分布在贵阳市修文县、花溪区、乌当区、云岩区和黔西南地区安龙县、贞丰县、兴仁县以及安顺市镇宁县等地。妇女上装前短后长，前后两襟不缝合，两袖边沿各镶一条白布带。穿衣时衣领向外翻于肩上，白布带外露明显，宛如肩披两面"旗帜"。安龙县和贞丰县两地苗族妇女服饰的"旗帜"露出较大，故又称为"旗帜服"。下穿百褶裙，裙长至腓部，外系裙围。部分地区苗族穿好上装后，外披若干条披肩交叉于胸前。

第三，惠水式。穿着此类服饰的苗族主要分布在黔南地区惠水县、龙里县、贵定县、平塘县、罗甸县、长顺县以及贵阳市花溪区高坡乡，其中以惠水县摆金镇、摆榜镇和花溪区高坡乡较为集中。妇女上装为大领对襟或左、右衽，花饰少，外衣袖短，内穿长袖。下穿百褶中长裙，缠头巾。惠水苗族盛装袖口、背部和胸部有少量刺绣，长裙为玄青色，裙腰和裤脚套白色横条。平塘县、惠水县用银饰和海巴为头饰。贵定县部分苗族裤子用黑白两色方块布交叉制成，外系围裙，缠白色帽子；部分苗族穿黑围裙，束白腰带，头缠长巾，两耳挽结如大花朵。花溪区高坡乡和龙里县两地苗族妇女服饰花饰较少，头包橄榄状大头巾。新中国成立前上述地区苗族已易裙为裤，其余照旧。

第四，安清式。穿着此类服饰的苗族主要分布在安顺市平坝县、贵阳市清镇以及黔南地区长顺县等地部分苗族乡村。妇女上装为大领对襟衣，衣身青色，袖、背、摆绣有传统花纹。盛装前后襟缀有多层挑花摆，有外短内长多件衣。下穿百褶中长裙，裙边绣红色，裙子、围裙、绑腿、鞋绣有花纹。包数张头巾呈尖角状，或戴帽。佩戴少量银饰。

第五，宁安式。穿着此类服饰的苗族主要分布在安顺市镇宁县和紫云县部分苗族地区。妇女上装为高领右斜大襟短衣，窄腰宽摆，襟呈扇形，窄袖，襟、摆边缘绣有花边，肘部多用彩布镶成。下穿百褶蜡染长裙，前束黑色无花饰围裙。部分苗族围裙为深色，裙边、上端及束带均绣有花饰，下端缀红缨。挽髻包帕，青年妇女将头发编成拱形独辫，用树皮制成的发架插在辫子上，用一根一尺长的银簪将发辫与发架固定起来，额上露出银簪十余厘米，包绣花头巾，发拱外露。便装为大襟短衣，拴胸兜，着长裤。

第六，安贞式。穿着此类服饰的苗族主要分布在黔西南地区安龙县和贞丰县等地，妇女上装衣裙和头巾喜用青色。盛装为两件上衣，领口一边左开，一边右开，左右衣领边缘各镶一条白布。穿后将衣领外翻形如肩披两面"旗帜"，亦称"旗帜服"。前束围裙，与裙等长。束腰带，挽结后两端垂及踝部，腰带上绣有花饰，下缀缨须；围裙底端镶花布一条。

3. 黔东北型

黔东北型女装指操苗语湘西方言的全部苗族服饰，主要分布于铜仁市和遵义市东部，黔东南、黔西南等地区也有少量分布，有松桃式和晴隆式两种。

第一，松桃式。穿着此类服饰的苗族主要分布在铜仁市松桃县、思南县、印江县和遵义市道真县、务川县等地。妇女上装为大襟宽袖栏杆短衣，下穿全红或全黑绣花百褶中长裙，缠头巾。盛装佩戴多件银饰。清代后多易裙为裤，上装照旧，唯袖稍窄，衣身略长。民国初年不再制裙，但祭祀时仍穿裙子。改装后衣领周围、襟边、袖口、裤脚镶有栏杆型花饰。姑娘头发编成独辫垂于背上，婚后挽发髻于脑后。思南县和印江县的苗族妇女头巾大小维持不变，边远乡村苗族妇女衣裤仍镶有栏杆型花饰，穿着盛装时佩戴多件精制银饰。道真县和务川县苗族妇女穿着盛装时佩戴多件银饰，其中道真县苗族妇女缠白色长头巾，民国年间个别人家还保存百褶裙，务川县苗族妇女缠青色长头巾；便装不镶栏杆型花饰，其中务川县苗族妇女便装外加坎肩，拴绣花围腰。

　　第二，晴隆式。穿着此类服饰的苗族主要分布在黔西南地区晴隆县、普安县以及六盘水市水城县等地，以晴隆县较为集中。妇女上装为内穿长袖衣，外着大襟宽短袖半长衣，束大腰带呈左高右低形状，衣袖及襟边镶有栏杆花饰。下穿长裤和绣花布鞋。姑娘梳单辫，包白长头巾，发辫由后往前缠于巾外。婚后妇女挽髻于顶，呈圆锥形高约三寸，上罩青帕，帕的两端垂于颈后，类似风帽。据说穿着此类服饰的苗族是明洪武年间由湖广宝庆府（今邵阳地区）"搜叭苗"迁徙而来，20世纪80年代初经贵州省民族委员会与当地政府调查识别，这部分苗族与今湖南城步苗族同属一支。

　　4.川黔滇型

　　川黔滇型女装指操苗语川黔滇方言的全部苗族服饰，分布于滇黔川桂四省，有毕节式、赫纳式、普定式、织金式、安普式、江龙式、安盘式、望安式、仁怀式、威宁式和普枝式。

　　第一，毕节式。穿着此类服饰的苗族主要分布在毕节市大方县和织金县等地及安顺市、贵阳市部分苗族地区。妇女上装为披肩式对襟衣，若前襟长后襟短，两幅前襟交叉挽于腰间，后摆插于裙内；如前后襟等长，前襟交叉插于裙腰，后摆外露。披肩钉在衣袖钉上，穿后披肩与领相连，披肩及两袖绣有花饰。下穿镶有黄布条纹的蜡染百褶短裙，穿白麻布或多色布百褶裙者无围裙。挽髻于头顶，插一根长50厘米的牛角形大木梳，木梳上缠有羊毛线或假发，两尖角露于外，穿着盛装时系数条褶裙。织金县等地苗族妇女逢节日踩花坡时穿裙以多为美，有的多达30余条，重五六十斤，爬坡需人挽扶。

第二，赫纳式。穿着此类服饰的苗族主要分布在毕节市赫章县、纳雍县和六盘水市水城县等地。妇女上装为大襟短衣，外加披肩；下穿多截百褶中长裙，前系围裙。右大襟、环肩、披肩绣有花饰且长至后背。围裙上部绣花并镶有"凹"形多色布条，裙带用绣花宽布制成，外端缀有缨须。未婚姑娘用毛线缠头，已婚妇女挽髻于头顶。

第三，普定式。穿着此类服饰的苗族主要分布于安顺市普定县和镇宁县、黔西南地区安龙县以及遵义市等地。妇女上装为大襟窄袖短衣，下穿百褶多截中长裙，前拴围裙，后系飘带，缠头巾。盛装衣领、领围、右前襟、两袖、裙下截、前裙围、后飘带绣有花饰。头巾较长，宽约六厘米，包成圆盘，外围一条缀有缨须的花带，缨须下垂。

第四，织金式。穿着此类服饰的苗族主要分布在下列四个地区：一是毕节市织金县、大方县、纳雍县和黔西县；二是安顺市普定县，关岭县、平坝县和镇宁县；三是黔西南地区安龙县和晴隆县；四是贵阳市清镇。妇女上装为大领对襟或右衽衣，前后摆多为双层。短衣窄袖，衣身和两袖缀有花饰。下穿长裙，裙褶或在两侧，或在一侧，或在前面。挽髻或盘发。大方县、纳雍县和安龙县等地苗族裙褶在两侧；普定县苗族裙褶在右侧，裙长至踝部，为多截式，腰间至大腿部分用蜡染或刺绣花纹装饰，前系围裙。织金县和黔西县等地苗族裙褶在前面。围裙带挽结至后背形如飘带。已婚妇女挽偏髻于一侧，未婚姑娘挽椎髻于头顶。

第五，安普式。穿着此类服饰的苗族主要分布在安顺市普定县和平坝县等地。妇女上装为大领右衽短衣，两腋宽大，花饰很少，襟边沿竖缀有两条蜡染布，后襟腰间横缀一条蜡染布，朴素典雅，有盛装和便装之别。盛装用红缎或红布为衣身，领、背、袖、胸、摆绣满花纹，整套衣服鲜明华丽，是婚庆等重要场合的礼服；便装多用蓝布为衣料，衣领、衣肩直至衣摆镶有青色布条。下穿青色长裙，裙长至踝部。内穿小管长裤，前束裙围。裙围多用浅色白布制成，裙围顶端、两边及下沿各镶一条蜡染花，美丽素净。头挽发髻，从右耳上方向发髻插一把木梳，用细小长银链缠头十圈，在脑后银链内插一块带有五枚银铃的银片。

第六，江龙式。穿着此类服饰的苗族主要分布在安顺市镇宁县和紫云县接壤地带，以镇宁县江龙镇较为集中。妇女上装为大领右衽窄袖衣，有盛装和便装之别。盛装以织花或印花红缎为衣料，大领和两肩绣有花饰，两袖缀有数道不同颜色的缎子；便装喜用青布为衣料，袖口缀有少量花饰，外衣无衿无扣，敞胸坎肩。下穿用黑、白各两条布料拼镶而成的裙子，绣有花饰。裙不作褶，束于腰间时自然折成若干大褶长至脚踝。前束裙围，裙围为一段白布，无花饰，下端为白缨须。腰间束一根柳条纹状的腰带，腰带两端有缨须。束腰数围后挽结于腹前，两端下垂与裙齐，形如飘带。妇女发型尤为别致，在头上插一根两尺长的竹片，在竹片两端分别绑上一截木梳，木梳一端固定于发顶，挽髻，另一端外露平伸超出肩膀。将长发分为三绺分别悬挂于外端的梳齿上，吊发蓬松，掩盖两耳。

第七，安盘式。穿着此类服饰的苗族主要分布在黔西南地区安龙县和六盘水市盘县等地。妇女上装为大领左衽对襟衣，前长后短，挽发如缠巾，束宽腰带。领、袖、前襟、后背挑满花纹。前襟自腰以下为两幅蜡染长布，穿时向左右挽于腰间，束花腰带。下穿多截百褶中长裙，前系无花饰的大围裙。头挽椎髻，外缠头巾。

第八，望安式。穿着此类服饰的苗族主要分布在黔西南地区望谟县和安龙县等地。妇女上装为对襟短衣，左襟外翻，带后披领，腰缠十余米长的小花带。下穿蜡染挑花百褶长裙，前系挑花围裙。平时将头发拧为一股盘于头顶，缠青布头巾。穿盛装时在头巾上钉银泡、银链、串珠和海巴，耳戴银珠。

第九，仁怀式。穿着此类服饰的苗族主要分布在毕节市金沙县和遵义市仁怀等地。妇女上装多用青布为衣料，衣襟顶端有两颗布纽扣，穿衣时不扣纽扣，衣襟上角外翻露出衣里，束花腰带。下穿蜡染百褶中长裙，缠绑腿。缠头巾数圈。

第十，威宁式。穿着此类服饰的苗族主要分布在毕节市威宁县、赫章县、织金县以及六盘水市水城县等地。妇女上装为白麻布无领对襟短衣，外披毛、麻交织彩花披肩。下穿百褶中长裙。未婚姑娘梳辫盘头。婚后妇女挽椎髻于头顶，头后插木梳。新中国成立后上述地区苗族姑娘多剪短发，平时不戴头饰。

第十一，普枝式。穿着此类服饰的苗族主要分布在安顺市普定县、六盘水市六枝特区以及毕节市织金县等地。妇女上装为大领对襟衣，前短后长。衣服双肩、双袖和后背为彩色蜡染花纹，前襟为蜡染，后领至前襟边缘及后摆绣有彩色花饰。下穿百褶裙。头戴长60余厘米的大木梳，用重约1500克的假发缠在木梳上，发饰呈月亮型超出两肩，用白色布带缠绕于头上。

（二）男装

清代以前贵州苗族男子上穿大领左衽或右衽衣服，下穿百褶长裙。满头蓄发，头上挽椎髻。清初人们将头部四周长发剃掉，只留顶发，挽椎髻于头顶或梳辫盘头。民国时期贵州苗族男装为大襟衣，青年男子剃光头，包头巾，老年人仍留顶发。黔东苗族男装为大襟短衣，部分短衣不上小领。富裕家庭男子穿大襟长衫，外套"大袖衣"。青年男子多穿对襟布扣短衣。黔东南地区台江县、剑河县南部、从江县加鸠和宰便、榕江县八开等地由于交通闭塞，人们少与外界接触，当地苗族男装和头饰仍保持清初时期的样式，中老年男子发髻和服式保持不变。黔东南地区清水江、舞阳河两岸及铜仁市苗族男子在节日、婚庆等活动中常穿大襟长衣，包长头巾，青年男子不再佩戴蓄发头巾。黔中和黔西两地苗族男子在节日活动中仍保留着某些古装习俗，贵阳市花溪区朝阳乡和湖潮乡等地苗族男青年在参加节日芦笙舞时都穿大襟长衫，前束一幅挑满花纹的围腰，包长头巾。安顺市苗族男子穿大襟长衫，束腰带，缠头巾，戴银项圈。毕节市威宁县部分苗族男子上装为麻布长衫，外披毛、麻交织图案的大披肩，亦有部分男子衣式为对襟无扣白麻布长衫，披肩及领均绣有花饰，缠白头巾。六盘水市盘县特区滑石板等地苗族男子在节日期间仍穿盛装。毕节市赫章县、纳雍县、六盘水市水城县三地接壤一带，节日期间男青年除了穿挑花披肩外，头巾周围还插满锦鸡尾羽。除上述地区外，贵州其他地区的苗族男子在节日期间有的穿汉装，有的穿大襟长衫、包头巾。

总体上看，新中国成立前贵州省境内除少数偏远山区部分苗族男子在节日庆典中仍穿戴传统民族服装外，大部分男子在穿着上已经与当地汉族无显著区别。

四、饮食

由于生存环境不同,贵州苗族在其历史发展过程中形成了具有自身民族特色的饮食习惯,主要体现在主食和副食两个方面。

(一)主食

贵州苗族身居崇山峻岭之中,常年以农耕生产维持生计,其主食有稻谷、玉米、小麦、小米、高粱、荞麦、豆类、薯类等。因受到地理条件等多种因素的影响,各地苗族主食亦有一定差异。

黔东南地区地处云贵高原东部,海拔低,气候温和,河流纵横,雨量充沛,宜于耕种稻谷。当地苗族多以大米为主食,辅以麦类、玉米、甘薯等杂粮。部分高寒山区苗族以杂粮为主食。清朝之前该地区苗族主食为糯饭,新媳妇初见翁姑或女婿拜见岳丈,糯饭是必备礼物;逢年过节或走亲访友,糯饭又是丰收吉祥的象征。

毕节、六盘水地区地处贵州高原脊梁,当地苗族多分散居住在地势陡峭、水源缺乏的偏僻山村,这一地区的苗族以玉米、麦类、荞子、甘薯、马铃薯等为主食。

黔中南、黔西南和安顺等地海拔介于黔东南和毕节、六盘水的中间地带,当地苗族多散居偏僻山区,旱地多水田少,故以玉米、麦类、荞类、小米、甘薯、马铃薯等杂粮为主食。只有少数海拔低、雨量丰富的地区以稻谷为主食。

黔北地区平均海拔高,气温低,无霜期短,这一带苗族的主食有三种类型:一是居住在海拔较低且水源丰富地区的苗族多以大米为主食,兼食玉米、麦类等。有的人家还掺杂甘薯,单食一种粮食的家庭不多。二是居住在海拔较高地区的苗族主要种植玉米、麦类和荞类,因而多以玉米为主食,兼食麦类、荞类和大米。他们将玉米磨成小米糁,簸净后放入木甑蒸片刻,然后倒于大盆中洒清水拌匀再蒸少顷使之成块状,再将其倾出捣碎后洒水蒸熟。蒸熟后的玉米饭十分清香。荞、麦一般是直接磨粉蒸成块粑,也有洒上少量清水拌成"疙瘩"后蒸熟的。三是居住在海拔1700—1800米以上地区的苗族,因海拔高不适合种水稻，人们终年食用玉米、荞类、燕麦和马铃薯等杂粮。

黔东北地区海拔低，土肥水富，当地苗族多种水稻，种植旱粮较少。这一带苗族多以大米为主食，兼食少量旱粮。少部分地区因受到自然条件限制，以旱粮为主食，同时兼食少量大米。

（二）副食

贵州苗族副食有荤食、菜蔬、米酒和炒面四类，经济发展较好地区以荤食为主，经济落后地区常年多食用菜蔬，米酒则是当地苗族必不可少的"饮料"。

1. 荤食

贵州苗族传统荤食有猪肉、牛肉、羊肉、狗肉、兔肉、鸡肉、鸭肉、鹅肉、鱼肉等。鸡、鸭、鹅、鱼等自养自食，猪肉、牛肉、羊肉需到市场上购买。其中最能凸显贵州苗族荤食特色的是腌肉、腌鱼和烤鱼。

第一，腌肉。腌肉是贵州苗族的特色荤食之一。人们既可以将鲜肉放入坛内制作腌肉，也可以把猪肉挂置起来让其自然风干或用柴火熏烤，晾干后的腌肉味道醇香。每当客人来到，腌肉便是当地苗家待客的上等佳肴。

第二，腌鱼。腌鱼又称酸肉，是黔东南地区黎平县、从江县、榕江县一带苗族的名贵食品。其制法是：将鱼杀死去除内脏，洗净晾干，用盐、辣椒、花椒、五香、米面、甜酒搅拌均匀后放入腌坛内密封，一至二月即可取食。腌鱼可以炒吃，也可以生吃，其味咸、香、甜、酸、辣俱全，可口诱人，是招待客人的美味佳肴。过去富裕人家每年贮存腌鱼数十坛、数百斤之多，可食用数年。

第三，烤鱼。香茅草烤鱼是黔东南地区榕江县、从江县一带苗族招待嘉宾的名菜。其制法是：将鲜鱼剖开取出内脏，塞入姜、葱、蒜、辣、油、盐、花椒等调料，外扎一层厚厚的香茅草，用文火焙烤而成。焙烤时，香茅草沁出的芳香油脂渗入鱼体内，使鱼皮发黄，鱼骨酥碎，鱼肉鲜嫩，香气扑鼻。

2. 菜蔬

贵州苗族常年食用的菜蔬有自家种植的菜蔬和野生食用菜蔬两类。自家种植的菜蔬有瓜类、豆类、菜类以及佐料类。瓜类有南瓜、冬瓜、黄瓜、苦瓜、棒瓜、葫芦瓜、蕉瓜等；豆类有豇豆、扁豆、四季豆、豌豆、棒豆、黄豆、小豆、绿豆等；菜类有白菜、青菜、瓢耳菜、萝卜、胡萝卜、莴笋、莴苣、苤蓝、菜花、油菜、苋菜、天心米、韭菜、芹菜、黄花、魔芋、广菜、竹笋等；佐料类有辣椒、火葱、香葱、大蒜、生姜、花椒、芫荽等。野生食用菜蔬有蕨菜、蘑菇、野笋、木耳、折耳根、野葱（又名苦蒜）、野黄花、水芹菜、椿菜、木姜子等。在黔东南地区台江县、剑河县南部等高寒地区，当地苗族采食的野菜多达20余种。菜蔬除鲜煮外，还可经过简单加工后储藏起来常年食用。概括起来，贵州苗族经过加工后储存起来常年食用的菜蔬主要有酸汤、腌菜和糟辣椒。

第一，酸汤。酸汤是贵州苗族地区最有特色的副食之一。其制法是：用淘米水盛于陶缸中，掺进老酸汤沉淀物为酵母，密封数日后即成。用来素煮鲜嫩瓜、豆或蔬菜，味美可口。如煮鲜鱼另配佐料，味道更鲜美。"酸汤鱼"是贵州苗族传统的风味名菜，烹饪简便，四季可制。将制作好的酸汤与适量清水混合，放入少许食盐，煮沸后将割取苦胆后的活鲤鱼放入锅中煮熟即可。此种做法的"酸汤鱼"肉嫩汤鲜，清香可口。

第二，腌菜。贵州苗族腌菜醇香味美，制作方便。将收割而来的青菜、白菜、萝卜等洗净、晒干、切细，并将糯米粉、糯米饭或米汤、辣面、盐水等与之拌匀后腌于坛内数日即成。生食可作劳作午餐的下饭菜，寒冬腊月可开汤就食。平时煮新鲜蔬菜或瓜豆时掺少许腌菜，食用后既可健胃生津，又可清火祛热。暑天将腌菜煮成清汤或用凉井水泡之，则是十分可口的解渴饮料。

第三，糟辣椒。糟辣椒是贵州苗族独有的美食调味品，是每个苗族家庭必备的副食。其制法为：入秋时将已经成熟的肉质厚实的新鲜红辣椒采摘回家，洗净去蒂并晾干水分，与新鲜生姜、大蒜等配料一道放入木盆中，用砍刀砍碎并加入少量白酒和食盐拌匀，然后将其装入土坛中，坛边加水密封存放数日即可食用。既可生食，也可与其他菜蔬一道煮熟食用，味道鲜美香醇。

除此之外，贵州苗族还常在夏季将豇豆、嫩南瓜、萝卜、笋、菌等晒干，待蔬菜紧缺时食用；在冬季将黄豆加工为豆腐、豆豉、血豆腐等，以便长期保存食用。

3. 米酒

贵州苗族喜好饮酒，许多苗族家庭不仅能够自制酒曲，而且还能使用自家种植的糯米、玉米、高粱、红薯等杂粮自酿甜酒、泡酒、烧酒、刺藜酒、窖酒等各类酒水。甜酒香甜可口，老少咸宜；泡酒度数不高，方便饮用；窖酒馥郁芳香，是招待至亲好友的上等饮料。

贵州苗族秉性豪爽，热情好客，每逢婚丧、节日或宾客来到时，他们便用自家酿制的醇香米酒款待宾朋，以酒示敬，以酒传情。他们在日常生活中形成的独具民族特色的拦路酒、进寨酒、进门酒、双杯酒等酒礼文化，是我们了解贵州苗族传统饮食文化的重要内容之一。

4. 炒面

炒面是黔北、黔东北一带海拔较高地区苗族的特色食品之一，同时也是当地苗族走亲访友的必备礼物。其制法是：将燕麦炒熟，舂去麦壳，用石磨磨成粉末，再用细筛筛去粗粒即可。这样的麦粉在常温下可保存较长时间，是当地苗族招待贵宾或食品短缺时的佳肴。当客人到来时，将麦粉与辣椒或少许鲜肉爆炒即可形成炒面，味道香辣可口。

五、运输工具

新中国成立前贵州苗族居住环境沟壑纵横，层峦叠嶂，交通闭塞，人们出行不便。王阳明在《重修月潭寺建公馆记》中描绘云贵高原地形时曾写道："天下之山萃于云贵，连亘万里，际天无极。"林则徐在《黔南道中》也指出："万苪尖中路渐成，远看如削近不平。"贵州苗族民间也流传着"抬头看天是白天，弯腰望底是夜间，隔山说话听得见，走到面前要半天"的说法。在这样的生存环境中，贵州苗族传统运输工具十分简陋。

（一）陆路运输工具

在铁制运输工具尚未普及到贵州苗族地区之前，居住在山林地带的苗族使用的陆路运输工具主要是马匹和扁担。

1. 马匹

在交通条件极其匮乏的情况下，马匹是贵州苗族必备的运输工具。无论是购销货物还是运送粮食，人们都依赖于马匹的运输能力。用马匹运输物品可以极大地减轻人们的劳动负担，节省人们的劳动体力。为此，当地苗族喜好养马。

2. 扁担

扁担起源于木棒或长矛等狩猎工具。过去贵州苗族在捕获猎物后，把其中较重的部分放在木棒或长矛的一端扛在肩上。后来人们为了保持平衡，在另一端也放上猎物，于是木棒或长矛就演化成了扁担。扁担由一根两端粗细均匀的杉木树制作而成。即使在今天贵州苗族日常生活中，扁担作为一种运输工具仍然广泛存在。

（二）水路运输工具

居住在水流湍急或河流沿岸的贵州苗族，可能是受到树木漂于河流而下的启发，他们制造了木排和木船作为水上运输工具。

1. 木排

木排是用绳索将多根原木或竹材编扎成一定形状，利用自身浮力在水上漂浮形成的组合体，故又称木筏或桴。由于贵州各地水运条件和木材竹材种类的不同，木排结构存在一定差异，主要有单层平型木排、多层平型木排、木捆木排、雪茄木排和袋形木排五类。

单层平型木排由几根原木编扎成单层排节，再用索具将几个排节连成一列而成，宽度和长度依河道的宽度和弯度而定。这种木排下水浅，有良好的柔性和横向缩性，适用于滩石较多、河流弯曲较大的山区小河人工放运。

多层平型木排由多层原木编扎成长方形排节，再用索具将几个排节连成一列或两列合并成的长条形木排。这种木排坚固有柔性，适用于在通航河流、湖泊中用船拖运。

木捆木排是按航道条件将原木编扎成木捆，再将木捆编成木排。这种木排强度大，柔性好，运行阻力小，便于机械化扎捆和拆排，适于在通航河道、湖泊和水库中拖运。

雪茄木排是用索具将原木捆扎成两端细、中间粗而形成的木排。这种木排体积大，下水深，适于在大河中拖运。

袋形木排是用钢索将单层原木贯穿起来构成排框，内部用原木漂子和钢索横向分成数格，再将飘散的原木放入其中而形成的木排。这种木排经不起风吹浪袭，只能在水面平静的湖泊和水库中运行。

2. 木船

黔东南苗族古歌《运金运银》曾反映了当地苗族先民制造木船的过程。古歌中说道，苗族先民砍了雷公家的白桐树，"树根造船瓢，树干造船舱，树梢造橹摇"，最后用木船运走了金和银。可见，在很久以前贵州苗族先民就创造了木船这种水上运输工具。在传统贵州苗族社会，木船是当地苗族重要的水上运输工具。制作一艘木船需经历如下程序：

一是选材。制作木船要选择天然老龄杉木，这种木材材质好、韧性强，由其制造而成的船只轻巧、浮力大、载重力强、坚固耐用。

二是断料。断料依船体结构而定，家用小船中舱宽六尺，舱口宽四尺，船底宽二尺五寸，船帮高一尺三寸。

三是破板。根据船身尺寸用手工拉锯锯开木板，大船板厚三厘米，小船板厚二厘米。

四是刨板，即用粗、细刨将板面刨光。先用电刨打底，再用木刨加工，按实际需要的尺寸制成板材。

五是拼板。先在板上打好钉眼，然后将打好钉眼的木板用掺钉拼接成船帮、船底和隔舱板。

六是投船。将中舱底板和前后隔舱板连在一起，用麻绳、扒箍、拉夹、盘头、尖头刹等工具将船头和船艄拉紧，使其与前后挡浪板连接，中间用"爬头钉"和"扁头钉"钉紧，让船的各个部分形成一个整体。

七是打麻。将麻丝和"油石灰"打碎在船缝中，用"灰齿"将船缝刮平。

八是油船。新船下水前要上油，以保持木船的使用寿命。

随着贵州苗族社会的发展，不仅当地木船的结构和种类在不断发生变化，而且在贵州苗族地区还出现了体积更大、结构更复杂的渡船和商船。

第二节 贵州苗族传统制度文化

制度文化是人类在其历史发展过程中创造出来的有组织的规范体系，是人与人之间各种社会关系的反映。苗族传统制度文化是苗族先民在既定的社会环境中创造并承袭下来的具有准法律性质的社会规范的总和，是处于官方法律法规之外并与官方统治体系相并存的较为完备的民间社会意识形态，它与历代官方制度文化一道共同维系着苗族社会的稳定与发展。在今天看来，虽然苗族传统制度文化具有某些消极因素，但它在调适苗族人民社会生活、推动苗族社会历史发展方面仍具有积极作用。贵州苗族先民在数千年的历史发展过程中创造出了具有浓郁地方民族特色的传统制度文化，这些制度文化至今仍是我们了解苗族历史、洞悉苗族社会的重要素材。

一、社会组织制度

贵州苗族传统社会组织制度主要有鼓社制度、议榔制度和理老制度三种形式，这三种社会制度像三根支柱一样维系着当地苗族社会的生存与发展。

（一）鼓社制度

鼓社，当地苗语称为 Jang Niel（音"江略"），是苗族社会进入父系个体家庭之后形成的社会组织，是由同源于一个男性祖先结合起来的人们的共同体。传说苗族祖先西迁时，每个宗支都设置一个木鼓供大家敲击以作联络，迁至新地方后又按宗支"立鼓为社"。每个鼓社有共同的宗教节日、地域观念和习惯法规，穿戴统一的服饰，操共同的方言。一个宗族就是一个大鼓社，随着人口发展每个宗族又分为许多支系，因而又出现许多分社。在贵州苗族地区，一个鼓社由同宗的一个或数个自然村寨组成，小鼓社几十户或百余户，大鼓社几百户甚至上千户，集血缘、族缘和地缘关系为一体。鼓社内部拥有政治、经济、文化等各种权利，每个鼓社相当于一个机构俱全的小社会。鼓社与鼓社之间很少往来，如有重要事情由鼓头出面解决。社会动荡时期鼓头组织鼓社成员进行反抗斗争，社会安定时期鼓头组织鼓社成员从事生产劳动和各种民间娱乐活动。

鼓社有两个基本职责：一是组织和发展生产。鼓社中负责组织生产劳动的人叫活路头，他第一个出工并对鼓社内部每天的生产劳动进行安排。鼓社需要迁移时，首先由活路头寻找新的处所，然后大家再举族而迁。二是组织鼓社祭祖。鼓社祭祖是贵州苗族最为隆重的家族式祭祖活动，每隔十二年举行一次，由鼓头发起。祭祖既是为了缅怀先祖，同时也是为了缓解人们终年劳作的疲劳，扩大人们交往，丰富人们的精神文化生活。

（二）议榔制度

议榔又名勾夯或构榔，当地苗语称为 ghed hlangb，有议约组织和议榔会议两种形式。作为议约组织，议榔是指由不同宗的家族汇聚而成的地域性村寨组织，即由许多鼓社集合而成的农村公社组织；作为议榔会议，议榔是指由一个或若干个村寨联合聚会制定共同遵守的某种公约的议会组织形式。在传统贵州苗族社会，议榔组织大小不一，有由一个或几个村寨组成的议榔，也有由几十个村寨甚至整个地区组成的议榔。一般以一个大村寨为中心，集若干小村寨为一个议榔。大议榔组织设有总榔头一人，副榔头若干人，榔头由各鼓社鼓头和各寨寨老担任，同时设有军事首领、宗教祭司、主持司法的"行头"及"理老"若干人。各议榔组织之间互不统属，没有超出议榔之上的统一的政治组织或行政机构。议榔的最高权力机构是议榔大会，由榔头或威望最高的理老主持，每户一人参加，预先议定议榔大会需要公布和实施的榔规榔约，内容涉及土地、山林、粮食、牛马、社会伦理等问题。榔头将众人意见归纳为具体的榔款条约，在议榔大会上以刻木记事的方式宣誓通过。

议榔会议一年、两年、三年或更长时间举行一次，议榔规约的范围包括组织农业生产、防止偷盗、保护私有财产不被侵犯、规范婚恋行为和社会伦理、宗教祭祀、反对民族压迫以及死刑处置办法等。凡议榔大会通过的榔规榔约，榔头都要手持芭茅和梭镖向众人逐一宣讲条款，以此显示榔规款约的约束力。

（三）理老制度

理老，黔东南苗语称为 nfud lul（音"棒禄"），直译就是"长老"，相当于苗族社会中的"智者"或师长。理老是苗族社会古理古规的执行者，由有生产经验、明事理、通晓古规古法、办事公道、能言善辩、执法严明、热心公共事业的男性长者担任。由于理老在人们心目中享有崇高威望，因此常被人们视为本民族的自然"领袖"。贵州苗族理老分为三个等级：一是村寨理老，称为"寨老"或"勾住"，主要调解本村寨内部的纠纷。如本村寨成员与外村寨成员发生矛盾，须由双方理老协商解决。二是鼓社理老，称为"鼓公"或"娄方"，主要调解本鼓社或本氏族内部的矛盾。当本氏族成员与外氏族成员发生纠纷时，由双方理老协调解决。三是地方理老，称为"勾咖"或"大理头"，负责调解发生在本地区的重大案件。

理老解决纠纷往往都是引经据典，即朗诵苗族社会的理歌理词。例如处理离婚案件时，理老多以劝和为主，如劝和不成，便议定由谁赔偿经济损失。议定好后，理老便说："结婚有规，离婚有理，不能丢规，不可犯理，离婚理词，辈辈相传，我把它念，大家细听。"念完理词，理老拿出一尺二寸长的竹筒当着离婚双方说："你们情不投意不合，我无法劝和。男人不穿女人裤，女人不着男人衣。你们从此各自分开，男走荣华富贵，女走富贵荣华。"说完将竹筒劈成两半，离婚双方各持一半为凭，婚姻关系解除。在处理杀人放火、打架斗殴、偷盗拐卖等重大案件时，理老首先寻求合理评判使双方能够接受。对于案情不清、是非不明、当事人双方对案情分歧严重时，理老则采用砍鸡头、捞稀饭、踩犁铧、看鸡眼、捞油锅、赌咒、占卜等"神判"方法来解决是非对错。新中国成立后许多退休干部就地加入理老行列，农村土地改革后许多"乡规民约"都是通过"理老协会"制定的，理老制对维护苗族社会生产生活秩序发挥着重要作用。

二、经济制度

贵州苗族传统经济制度主要包括集体公有制经济制度、家庭私有制经济制度、财产继承制度和贸易制度四个方面的内容。

（一）集体公有制经济制度

贵州苗族公有制经济制度主要是指明清时期部分苗族村寨或家族建立在公有土地和山林之上的集体所有制经济模式。例如在台江县巫脚乡反排村，河流、族山等均属于全寨公有。该村各姓家族分别拥有"共有田"四十挑，这些"共有田"交由本村寨"娄方"[①]统一管理，如前任"娄方"去世或变更就交给后任"娄方"管理，个人不能继承，更不能出卖。该村唐、张、杨、万等家族均有自己的家族坟地，以备本族成年人去世后安葬使用。据新中国成立初期对台江县巫脚乡反排村的调查，全村唐姓家庭共有祖先传承下来的一大片族山，这些族山又被分为九大片，唐姓31户基本上依据其亲属关系分别共有一部分族山。[②] 除"共有"田地和坟山外，该村及邻近村寨还共同拥有"斗牛场""游方坡""鼓山"等土地，任何家族和个人均不能占为己有。再如榕江县计划乡苗族聚居区，新中国成立前每个苗族村寨各姓家族都保持有共同的山林、坟地、放牛坡、斗牛场、河流等。该乡潘、杨、侯、姚四大家族拥有公有山林3100亩、公有田138亩、公有地210亩、公有河滩38里，其中侯姓宗族独自拥有公有山林338亩。此外，黔东南地区凯里市、雷山县、丹寨县、剑河县、台江县、从江县以及黔南地区都匀市、荔波县、三都县、独山县等地部分苗族村寨也盛行着"公田""族山""族地""祭祀田""学田"等农村集体所有制经济形式。这些公有制土地由集体耕作经营，劳动产品归集体所有，其收入除上缴官府税费外，剩余部分用于兴办教育、传承民间传统文化、召开议榔会议、组织鼓社祭祖以及处理村社重大事情等支出。

[①] 娄方：指寨老。
[②] 石朝江：《苗学通论》，贵州民族出版社，2008年版，第641页。

(二) 家庭私有制经济制度

随着贵州苗族社会生产力的发展，当地苗族农村公社逐渐消亡，土地私有化现象出现，家庭私有制经济制度随之产生。相传在距今两百多年前台江县巫脚乡反排村苗族"娄方"养猫[①]主持大型勾夯会议，作出了重新分配田地和开田垦荒的决定。会后反排村苗族开始分配共有荒山，开垦田地141亩，并将新开垦田地与原私人占有田地合而为一，按本村现有人口平均分配土地。与此同时，本村寨还重新分配共有山林。新中国成立初期黔东南、黔南、黔中等苗族地区绝大部分土地已属于私人占有，公有土地较少。

贵州苗族家庭私有制经济制度确立后，为了保障这种私有财产权不受侵犯，各方言区苗族便通过议榔或栽岩会议的形式将这种家庭私有权利进一步制度化和合法化。

(三) 财产继承制度

财产继承制度是指实现个体家庭私有财产权利转让的一种制度体系，贵州苗族财产继承制度也是随着家庭私有制经济制度的发展而逐渐形成和发展起来的。贵州苗族家庭财产主要包括房屋、田地、牛马、生产工具和日常生活用品等。在传统贵州苗族社会，男性安排家庭生产，主持家庭事务，掌管家庭财产。在财产继承上唯有男子才享有继承权。随母亲陪嫁而来的嫁妆以及为女儿准备的嫁妆由女儿继承，其他家庭财产如土地、山林、房屋、牲畜、金钱及债权债务等均由儿子继承。孩子长大后，父母根据儿子数量将上述家庭财产平均分成若干等份，然后按其年龄大小各选一份自立门户，个人衣服以及妻子从娘家带来的"私房"物品不列入集体财产分配范围。

没有儿子者，丈夫死后由妻子继承，妻子死后由丈夫的同胞兄弟继承。老而无子可收养亲侄作为后嗣，家族中若没有合适人选时也可收养外人，但须跟随养父姓，养子享受家庭财产继承权。无子有女者，可以招婿入赘，赘婿享有财产继承权。

---

① 养猫：一寨老名，根据苗语音译所得。

部分贵州苗族家庭还留出"养老田"①和"姑娘田"②，谁负责父母死后的安葬费和未婚姑娘的出嫁费用，谁就继承这一部分财产。

（四）贸易制度

贸易制度是指人们在相互交换劳动产品过程中形成并共同遵守的制度体系，贵州苗族传统贸易制度包括概化互惠交易、平衡互惠交易、负性互惠交易和定点交易四种形式。

1. 概化互惠交易

概化互惠交易，即远古人类平均分配天然物品的一种交易方式。在传统贵州苗族社会，黔东方言区苗族凡上山打猎，在获取猎物后往往采取平均主义方式分配猎物。他们首先将猎物头部分给杀死或射中猎物者，以示对其勇敢和技能的尊敬。随后凡参加者或路过者，不分男女老幼每人均能分配到一份猎物，俗称"隔山打羊，见者有份"。

2. 平衡互惠交易

平衡互惠交易，即一种在预定时期内可获得价值相等的回报物品或服务的交换行为。在传统贵州苗族社会，人们走亲访友都要带上糯米饭、鸡鸭鱼或猪肉等礼物，俗称"杂包"。客人到家后，主人须请至亲家族前来解"杂包"，并将礼物平均分配到各家各户。客人在主家吃一餐饭后，获得"杂包"的家庭依次宴请客人吃饭喝酒。客人离开时每家每户带上酒菜到主家与客人聚餐，以示送别。临别前各家各户送给客人糯米饭或其他物品，礼物价值与客人礼物基本相当，如此礼尚往来。这种平等互惠的交换方式既是人与人之间的一种情感联络，同时也是他们相互沟通的重要纽带。

---

① 养老田：指父母生活所需的田地。父母一般同最小儿子居住，小儿子要承担养老送终的责任，因而养老田由父母赡养者继承。

② 姑娘田：指未出家姑娘在家分到的田地，是父母送给女儿的一分田，目的是为了使姑娘出嫁后能以此和娘家保持联系，让姑娘和娘家经常往来。未出嫁姑娘通常与父母一道居住，出嫁嫁妆由随同父母居住的兄弟备制，姑娘田亦由其兄弟继承，以此作为备制嫁妆的补贴。

3. 负性互惠交易

负性互惠交易，即双方在进行商品交易时实行交易的一方从对方获得价值高于自己物品或服务的交换形式。在传统贵州苗族社会，这种交易方式主要是指到当地苗族村寨串卖物品的货郎担所从事的交易活动。据《苗族社会历史调查（二）》记载，在剑河县久仰乡一带苗族村寨，经常有货郎担串寨出售生活日用品，在金钱匮乏的条件下，人们只好用稻谷或玉米换取各种生活必需品。例如50公斤稻谷换取500克食盐，一碗米（重约400克）换2—3根针，两个鸡蛋换一根针，等等。新中国成立前，在贵州苗族边远村寨货郎担这种负性互惠的交易现象较为普遍。

4. 定点交易

早在秦汉时期，随着农牧业和手工业的发展，贵州苗族地区就已经出现定点交易市场。据《贵州古代史》记载，唐蒙在南越吃到枸酱，"蒙问所从来。曰'道西北牂牁江，江广数里，出番禺城下。'蒙归至长安，问蜀贾人。贾人曰'独蜀'出枸酱，多持窃出夜市郎"。《兴仁县志》又载："山产蒌蒟，花如流藤，叶如荜拨，子如桑葚。苗家沥其油，醢为酱，味亦辛香。取其叶，裹槟榔食之，谓可辟瘴，苗女持赠所欢，以为异品。"到了近代，随着贵州苗族与当地其他民族交往的日益加深，贵州苗族地区的定点"市场交易"逐渐形成并发展起来。在黔东方言区，广大苗族以十二生肖命名赶集日，如"鸡场""狗场""马场""羊场""猴场"等，并确定相应的赶集交易地点。这些集市贸易日称谓制度表明，尽管近代贵州苗族地区商品经济不发达，但当地苗族民间已经产生了与之相应的定点贸易制度和简单的对外商品流通体系。

三、婚姻、家庭及亲属称谓制度

婚姻是建立家庭的基础，家庭建立后人们为了维系一定的家庭伦理关系必须建立男女有别、辈分相区的亲属称谓制度。

（一）婚姻制度

婚姻制度是社会生活习俗的反映，体现的是人们对于婚恋的价值判断和价值要求。从法律角度看，婚姻制度是男女双方依照法律规定确定夫妻间社会关系、经济关系、性关系的行为规范。贵州苗族传统婚姻制度主要包括婚姻缔结制度、结婚制度、离婚制度和再婚制度四个方面的内容。

1. 婚姻缔结制度

贵州苗族婚姻缔结制度表现在姨表不婚、同宗不婚、姑舅表婚、媒妁婚以及自主婚等方面。

第一，姨表不婚。姨表不婚即姨表兄弟姐妹不能通婚。在传统贵州苗族社会，姨表不婚既是一条刚性原则，同时又是当地苗族婚姻关系中的禁止性条款。这一条款从精神上表明了当地苗族先民的婚姻理念，从行动上规范了当地苗族先民的性行为，体现了当地苗族对血缘婚的科学认识。贵州苗族认为，父亲兄弟的儿女是同一氏族成员，是兄弟姐妹关系；母亲姐妹的儿女也是同一氏族成员，也是兄弟姐妹关系。他（她）们共同的子女依然是兄弟姐妹关系，既然双方是兄弟姐妹，当然就不能通婚。

第二，同宗不婚。据严如熤《苗疆风俗考》记载，贵州"苗人无同姓不婚之嫌，然同属亲族，亦不相配"。龚友德在其《中国少数民族道德史》一书中也提到："苗蛮婚嫁虽不避同姓，然九族亦不相婚配。"在传统贵州苗族社会，同宗不婚制度较为盛行，人人必须遵守，如有违犯将受到赔礼谢罪、强制离婚、开除族籍等严厉惩罚。

第三，姑舅表婚。姑舅表婚就是姑舅的儿女之间互相成婚。姑舅表婚既有双向性的，也有单向的。双向姑舅表婚即舅家儿子优先聘娶姑家女儿为妻，与此相对，姑家儿子也有优先聘娶舅家女子为妻的权利。这种姻亲关系如同一根扁担，两端一样轻重，故又称"扁担亲"。单向姑舅表婚有两种形式，一是舅家儿子单方享有聘娶姑家女子为妻的优先权，又称舅霸姑婚。据《苗防备览·风俗下》记载，苗民"姑家之女，必字舅氏。不论男女长幼，名曰酬婚。否则，讼斗纷起"。清代田雯《黔书》云，阳洞罗汉苗"婚姻先外家，不，则卜他族"。贵州清水江一带苗族把这种舅霸姑婚称为"还娘头亲"，都柳江一带苗族则称为"还老表"。舅霸姑婚主要取决于舅家单方面意愿，舅家做出何种决定往往受到下列因素的影响。其一，如外甥女人品好，家庭经济状况优越，而舅家儿子其貌不扬，甚至落下残疾婚配困难。遇此情况舅家往往按规矩要求联姻。其二，舅家若同意姑家女儿外嫁他人，外甥女婿须为其支付足够数量的"外甥钱"，作为赎金财礼，否则终身不能出嫁。据清代方亨咸《苗俗纪闻》记载，苗族"姑之女必适舅子，聘礼不能措则偿于子孙。倘外氏无相当子孙，抑或无子，姑有女必重赂于舅，谓之外甥钱，其女方与别配。若无钱贿赂于舅家者，终身不敢嫁也"。姑舅表婚是贵州苗族传统婚姻制度中的强制性规定，如有违反，由理老或族长以"破坏古礼"为由予以惩罚，或强制当事人如数支付舅家外甥钱，或强制姑家或外甥婿杀牛为舅家祭祖，向族人赔礼。由于索取财礼钱的随意性，致使诸多男女不堪重负，酿成了不少婚姻悲剧。二是姑家儿子享有聘娶舅家女儿为妻的权利。在近代以来的贵州苗族社会中，大量存在的是舅家单向享有聘娶姑母女儿为媳的姑舅表婚，姑家儿子聘娶舅父女儿为妻的单向姑舅表婚也不多见。

第四，媒妁婚。早在周朝，"父母之命、媒妁之言"就成为奴隶社会缔结婚姻的原则性规定，这种婚姻当事人与婚姻决定权相分离的婚姻制度一直延续下来并成为我国封建婚姻制度的一大特征。媒妁婚在封建时代就已经法制化和习惯化，据《白虎通·嫁娶》记载："男不自专娶，女不自专嫁，必告父母。"《唐律》中规定："诸卑幼在外，尊长后为订婚而卑幼自娶妻已成者，婚如法。未成者从尊长，违者杖一百。"《礼记·坊记》云："男女无媒不交。"《礼记·曲礼》又说："男女非有行媒不相知名。"这种封建礼教下的媒妁婚在我国诸多民族中亦有所反映，贵州苗族也不例外。

在贵州苗族媒妁婚中，有的地方将媒人称为"茍受"，有的地方将媒人称为"伊乃帽窝嘎"。凡经媒人撮合而成的婚姻叫"明媒正娶"，凡通过"明媒正娶"之女人证明自己是正派清白的，自己的婚姻是合情合理的。相反，非经"明媒正娶"的婚姻则被辱骂为"私奔"，不仅不会得到家族和社会的承认，而且还会遭到世人的鄙视，这种婚姻中的妇女常常被视为"荡妇"，其子女常常被视为"野种",她们总是处在社会的最底层。在当代贵州苗族民间,媒妁婚仍具有很强的生命力。

第五,自主婚。自主婚是指男女青年通过自由恋爱,双方自愿结合的婚姻形式。黔东南地区苗族称自主婚为"西娘"(音译),即双方偷偷结婚,其中台江县部分苗族称自主婚为"简易结婚""青年自主结婚"或"夜间结婚";黔西北地区威宁县一带苗族把自主婚称作"带婚"或"引婚"。在黔东南地区凯里市、麻江县、丹寨县一带的短裙黑苗以及安顺市平坝县和贵阳市清镇市一带的"青苗"中,自主婚比较普遍。

贵州苗族自主婚的前奏是"游方"。清代方亨咸《苗俗纪闻》记载,苗民"其婚也无媒妁,男壮而无室者……登山四望,吹树叶做呦呦声,则知为马郎至矣。未字之女,群往从之,任自相择配"。清代陈鼎在《滇黔土司婚礼记》中说,苗民"元夕立标于野,大会男女,男吹芦笙于前,女振金铎于后,盘旋跳舞,各有行列,讴歌互答有洽其心,即奔之"。平时"游方"在村外草坪、桥头、树旁、河岸或田埂上进行,节日"游方"多选择在本寨专设的游方坡或游方坪上。"游方"由男方发起,他们三五成群地前往女方游方坡,吹口哨、木叶、芦笙等呼唤女伴。女方听到呼声后便相约到场对唱情歌,一旦双方结下情谊就可互赠信物,暗示恋爱关系基本确定下来。此后双方自行商定结婚日期,背着父母暗中做好结婚准备,女方赶制嫁衣,男方筹备家具。婚期当天男方邀约好友数人乘风清月朗之夜来到约定地点,用吹木叶、打口哨的方式发出信号。姑娘闻讯后提着竹篮,带上衣服裤帽,拿着布伞,在亲密女伴陪同下前往会面并随之而去,众姐妹送上一程即刻返回。次日,男家聘请本族中一位能言善辩者到女方家报信,央请其父母认允婚事即可。

2. 结婚制度

在传统贵州苗族社会,婚礼过程虽无"六礼"之名,却必备"六礼"之仪,具体包含迎亲、送亲、吃开头饭、吃客饭和媳饭以及坐家等制度,结婚要花费人们大量的时间与精力。

第一,迎亲。结婚过程从迎亲开始,迎亲仪式在结婚前的头一天晚上举行。此时,男方邀约三至五人前往女方家迎亲,当晚女方杀鸡招待迎亲人,邀请本家族成员前来陪同迎亲客人。进餐时举行"脚客西"仪式，意为"吃新亲戚酒"。男女两家各选派两名男子共同饮酒，每人喝三碗。喝至第三碗时主人和客人互相牵手交换酒碗，表示敬酒仪式结束。之后男女双方各留下一人再度比拼酒量，直至喝到呕吐为止。"脚客西"仪式结束后，主客双方随意喝酒唱歌。青年人歌声悠扬起伏，老年人酗酒声接连不断，整个村寨热闹非凡。

第二，送亲。结婚当天清晨，新娘家举行送亲仪式。送亲人数为单数，而且要求送亲人父母双亲必须健在。新娘家随嫁礼物为一把伞，一捆棉花条，二三十碗米，一头杀死但未去毛的小猪。富裕家庭可多送，极度穷苦者可不送随嫁礼物。送亲路上，走在前面的是女家挑礼物的男子，其次是男家"扛伞人"，再次是女家为新娘打伞的"扛伞人"和新娘，最后是送亲姑娘。送亲人员到达男家门口时，男方派一青年男子迎接礼物，叫一位小姑娘迎接新娘妹妹扛来的伞。新娘到达新郎家后，新郎因害羞避而不见。

第三，吃开头饭。吃开头饭，当地苗族称为"努改替"。新娘进家后自己舂米和挑水，并与送亲姐妹、新郎姐妹一起到田里捉鱼，为吃开头饭作准备。吃开头饭时，主家将煮熟的鸡肉、猪肉、鱼肉、米饭、米酒等摆放在地上，由双方家族姑娘陪同新娘在火坑旁吃饭，每人一条鱼、一块鸡肉。姑娘们邀请新娘先吃鱼，其间大家互相邀约吃菜喝酒。随后新娘向参加酒宴的所有家族成员和亲友逐一敬酒，在旁客人则向新娘献礼。当天晚上，双方亲朋好友在男方家通宵达旦喝酒唱歌，未婚青年男女则借此机会进行游方。第二天早饭后，所有客人陆续返家。

第四，吃客饭和媳饭。婚后七、十三或二十天，贵州部分苗族地区还要举行吃客饭和媳饭。吃客饭，当地苗族称为"改客"，在女方家举行。届时男家杀一只约十斤重的小猪，配以一定数量的米酒、鱼、饭、糯米粑等礼物送至女方家，双方族人聚餐一次。之后，任意选择一个时间于男方家里举行吃媳饭仪式。届时女方准备好一定数量的礼物送到男方家，男家收到礼物后也照例集中族人或亲友前来陪同客人，大家一起吃饭喝酒。

第五，坐家。"坐家"，当地苗族称为"娘孟爸崽"，即"坐在父母家"。清代陈鼎《滇黔土司婚礼记》记载，苗族婚后"则男就于女，必生子然后归夫家"。

清代檀萃《说蛮》又说，乾隆年间新贵（今贵阳）、广顺（今贵州长顺）的花苗，女子婚后"生子然后回婿家"。近人刘介《苗荒小记·婚丧》中也提到，苗族女子"嫁后，有住夫家者；亦有于归二三年，而后始回者"。据民国初年《开阳县志稿》记述，开阳县苗族结婚时，"入新房，新郎羞涩避近。如是者三日，乃乘隙遁归母家。从此，除每岁农忙际，白昼过夫家协助播种耕耘外，辄不至。夫家亦不复过问，必候与他人交有身，或产子，始归与夫同寝处。"可见，直至新中国成立前贵州苗族妇女仍流行着婚后回娘家居住的习俗。至于坐家何时开始，各地亦不尽相同。有的地区在婚礼当天新娘就与送亲人一起返回娘家开始坐家；有的地区则在婚后二、三或七天新娘回娘家；多数地方是十三天回门后随即开始坐家；极少数地方在一两个月后新娘才返回娘家。新娘坐家时间往往持续一至二年或更长时间，待新娘回夫家定居后婚姻才算稳固。

坐家起源于苗族原始社会末期，盛行于古代和近代贵州广大苗族社区，残留于当代部分贵州苗族乡村，曾为苗族先民奉为清规，视为戒律，在苗族婚姻中产生重大影响。

3. 离婚制度

离婚是贵州苗族婚姻中经常遇到的现象。过去贵州苗族多以协议离婚为主，很少有通过官府办理的诉讼离婚。在夫妻双方或一方提出离婚请求后，须由理老根据当地习俗对婚姻当事人的离婚请求进行仲裁，仲裁结束后以刻竹简、刻木或用汉文书写凭证的方式明确规定双方的赔偿责任。在赔偿标准上，黔东南地区雷山县、台江县一带苗族规定，主动提出离婚的一方赔偿对方结婚时的经济损失，限期十三天至一个月付清，离婚即刻生效。黔东南地区从江县苗族的离婚赔偿标准有以下几种规定：一是双方自愿离婚，结婚耗费双方均退还，但双方需付给仲裁人（理老）半头牛的钱作为酬金。二是男方提出离婚，裁决男方付给女方一头牛；离婚时发现男方已有情人，裁决男方付给女方两头牛；离婚前男方动手打过女方，裁定加赔一头牛；女方已经怀孕，裁定另赔两头牛和三十把禾谷；如女方已有情人，另给男方一头牛。三是女方提出离婚，裁定女方支付给男方一定数量的"床板钱"，价值相当于男方结婚时的费用。

赔偿条件确定后，贵州各苗族地区判决离婚生效的方式也不尽相同。在黔东南苗族地区，理老在一根拇指大小、四至五厘米长的小木棒上刻上若干横纹，每道横纹表示清偿债务的期限为一天。赔偿完毕后将木棒破成两块，双方理老各执一块。这种离婚凭证称为"破木额"，有了"破木额"则离婚生效。在黔中地区惠水县一带，离婚凭证是将写好的"离婚证书"按对角分成两份，男女方各执一半后离婚生效。在黔西南地区望谟县麻山一带，离婚凭证是理老将婚姻当事人签字后的"离婚证书"揉成小纸团吞食下肚，离婚即刻生效。

4. 再婚制度

再婚也是贵州苗族婚姻中的常见现象，男子再婚的形式有半路亲和收继婚，女子再婚的形式为改嫁、转房和招夫上门。

第一，半路亲与收继婚。半路亲指妻子死亡一年后（部分地方规定三年）男子再娶的婚姻行为。男子再娶，如妻为寡妇者须付给女方兄弟礼金钱一千元。结婚仪式较为简单，男方派一至二人将女子接回，或女方派一至二人送女子到男家，随后男方邀请族人聚餐一次，婚礼即告结束。如果再娶女子为初婚，则根据当地婚姻制度举行婚礼。收继婚是指父亲或兄弟死后，将庶母、后母或寡嫂、寡弟媳接受为妻的婚姻形式。男子收继婚有以下规定：一是贯彻"兄终弟即"和"弟终兄收"的原则。黔中地区惠水县摆金一带苗族，寡妇只有在亡夫家没有适合男子要求其转房，或虽有合适男子但不愿娶其为妻时寡妇才能外嫁。在黔西南地区望谟县麻山一带，人们甚至将寡妇转房规定编成打油诗，"家里有伯伯，弟媳嫁不得，家里有叔叔，嫂嫂嫁不出"。二是对寡妇转房时间和经济补偿的规定。如亡夫家族中无转房对象，经寨老同意外嫁后寡妇须服丧二至三年。服丧期满外嫁时须支付埋葬亡夫一半的棺材费，或后夫为其亡夫还清生前所欠债务。三是结婚程序的规定。男子收继寡妇的结婚仪式比较简单，男方任选一良辰吉日后派一人将寡妇接到家中即可。四是彩礼的规定。在黔东南地区榕江县一带，收继方须送给寡妇舅家一头牛和三十元钱；在黔中地区惠水县一带，收继方要送给寡妇舅家一只公鸡和一只猪腿，并杀一只鸡祭祀亡夫。

第二，改嫁、转房和招夫上门。改嫁是指丈夫死后妻子不愿转房或夫家无人收继而另嫁他人的婚姻形式。寡妇改嫁时，男方派人将寡妇接回，然后备酒饭招待亲属一餐即可。对已生育子女的寡妇，改嫁后子女仍属原夫家族成员，其子女扶养方式由双方商讨决定。一般来说幼子跟随母亲生活，前夫家族支付抚养费，抚养费的支付有划拨田地给继父耕种或将谷物送往继父家两种形式。子女成年后回归故里，随母亲居住的现象较少。寡妇改嫁后原则上不得带走亡夫家中财产。黔东南地区从江县一带规定，凡40岁以下寡妇改嫁，亡夫家分给一头牛，以示断亲。转房是指姐（或妹）婚后死亡，同胞妹（或姐）与姐夫（或妹夫）重新结婚的婚姻形式。转房婚需男女双方自愿，其婚礼与初婚形式相同。招夫上门俗称入赘婚，即男到女家落户。在贵州苗族地区，人们认为男人出嫁意味着背叛祖宗，因此很少出现寡妇招夫上门的情况。特殊情况下寡妇招夫上门必须征得亡夫家族的同意，否则难以建立婚姻关系。

（二）家庭制度

家庭是社会的细胞，贵州苗族在其历史发展过程中经历了一个由母系氏族家庭到父系氏族家庭，再到个体家庭的发展阶段。

1.母系氏族家庭制度

恩格斯在《家庭、私有制和国家的起源》中指出："氏族制度，在绝大多数场合下，都是从普那路亚家庭中直接发生的。"而"只要存在着群婚，那么世界就只能从母亲方面来确定，因此，也只承认女系"。在这里，恩格斯给我们揭示出了人类最早的家庭形态是母系氏族家庭，即以母系血缘为纽带组成的大家庭。大量的资料表明，在公元前三四千年贵州苗族曾经历过一个相当长的母系氏族阶段，建立过母系氏族家庭。例如黔东南苗族地区广为流传的苗族古歌《留姑娘》就反映了贵州苗族社会"嫁男"的情景，歌词中唱道："远古的时候，人类的婚姻，儿子嫁出去，姑娘留下来，留下做哪样？留下讨新郎。""姑娘不出嫁，留下把家当，大小家务事，姑娘拿主张。"在苗族母系氏族家庭中，母亲被视为是首领和英雄。凡涉及男女称呼时，往往把女性置于姓名前以示尊崇，如称"爸妈"为"妈爸"，称"男女"为"女男"，称"夫妻"为"妻夫"等。时至今日，部分贵州苗族妇女生了小孩须请舅父为其取名，家中遇到婚姻、财产、丧葬等重大问题须将舅父请到场并遵循其意见，这明显就是早期母系氏族家庭生活习俗的残余。

在母系氏族社会晚期，原始农业和畜牧业逐渐发展起来并取代采集业和渔猎业居于社会生活的核心地位。在农业和畜牧业的发展过程中，由于性别差异和体力差别等原因，妇女在家庭中的主导地位丧失，男子劳动成了家庭经济的主要来源，于是苗族母系氏族家庭向父系氏族家庭转变。

2. 父系氏族家庭制度

父系氏族家庭是以父系血缘关系为纽带组成的大家庭，恩格斯将其称为由"若干数目的自由人和非自由人在家庭的父权之下组成的一个家庭"。在父系氏族家庭中，所有家庭成员在一个男性家长的领导下共同生产，共同分配劳动产品。该男性家长要么是本宗族祖父或长兄，要么是由本宗族成员推选出来的男性家庭首领，他对内指挥家庭生产、组织分配家庭生活资料，对外代表整个家庭的利益。从贵州苗族古歌中我们能够看到当地苗族曾经历了一个父系氏族家庭阶段，例如《姊妹歌》中女方经常唱道：我们是同一个母亲所生，我们是同一个母亲所养。你们长大了父母亲要你们，我们长大了父母亲赶我们，像把鸭子赶到遥远的山谷，把我们赶到遥远的村庄。我们不走也得走，……可怜可怜我们啊！哥哥弟弟们，可怜就让我们回来，跟你们住一段时间也好。[①]

贵州苗族父系氏族家庭又称鼓社，每个鼓社都有一个共同的男性祖先。每个父系氏族家庭包括三四个或七八个一夫一妻制小家庭，成员少则三四十人，多达八九十人。这种形式的家庭采用子父连名的方式计算家庭世系：一是己名在前，父名在后，即由己名加上父名构成完整的名字；二是己名在前，父名居中，祖父名在后，即由己名加上父名和祖父名构成完整的名字。这种子父连名制可追溯到数十代人，例如台江县巫脚交的张永昌老人能够背诵45

---

① 石朝江：《苗学通论》，贵州民族出版社，2008年版，第641页。

代男性祖宗的名字，从"有打——信有——昂信——昌信……到九客——送九（背诵者自己）——耶送"共计四十五代。直至新中国成立前贵州广大苗族地区几乎每个苗族村寨都有一名男性长者作为其自然领袖负责指挥本村寨的生产劳动与产品分配，负责裁定本村寨的民事纠纷，负责主持本村寨的婚丧嫁娶和祭祀活动等。

在父系氏族社会晚期，随着社会生产力的发展，父系氏族家庭把土地分配给每个小家庭耕种。当每个家庭有了自己的生产生活资料后，家庭私有制经济制度就产生了。恩格斯指出："一夫一妻制不是以自然条件为基础，而以经济条件为基础，即以私有制对原始的自然长成的公有制的胜利为基础的第一个家庭形式。"[①]家庭私有制经济出现后，苗族父系氏族家庭便发展到一夫一妻制的个体家庭时期。

3. 个体家庭制度

个体家庭即一夫一妻制家庭。贵州苗族个体家庭是按照"干基督"[②]来计算的，一个"干基督"就是一个家庭。一个完整的个体家庭须具备以下条件：一是房屋及财产。每个家庭都要有一定的房屋、衣物、耕牛、农具及土地，这是维系一个家庭生存和发展的基础。房屋由父母为儿子建造，有几个儿子父母需修建几栋房屋，谁先成婚谁就先住进新房。耕牛、农具、土地等生产资料根据家庭条件而定，家庭优越者儿子成家时父母分给儿子一部分，家庭贫困者则几位儿子共同使用旧有生产工具；土地由父亲平均分配给儿子。二是家名。每个苗族家庭要有自己的名称，通常是以父亲或丈夫的名字来命名，如父亲或丈夫的名字叫"雄久"，家名就叫"雄久基"[③]。三是家庭成员。一个苗族家庭由一对夫妻及其子女构成，缺损家庭都随父母居住而不单独成家。四是家庭成员须在一个火坑吃饭。如果已经分居，彼此间不在一个"干基督"吃饭，即使是父子母子、骨肉同胞也不能视为一个家庭。儿子成家生子后都要与父母分开居住，如果父母年老不能单独维持生计，结了婚的儿子就要留

---

① 《马克思恩格斯选集》（第4卷），人民出版社，1972年版，第60页。
② 干基督：指火坑。
③ "基"：即家庭。

在父母身边；如果有弟兄几人，父母常常与幼儿同住终老；如系独子往往不与父母分居。因此在传统贵州苗族社会，三代同堂、四代同堂的家庭十分普遍。

在贵州苗族个体家庭中，家长往往由成年男子担任。在小家庭中，丈夫便是家长；在大家庭中，如父亲年纪不大，即由其担任家长，如父亲年事已高，就由其儿子担任。如数兄弟同居，就由兄弟中经验丰富、做事公正者行使父亲职权。家长对外代表家庭出席家族会议，对内拥有买卖耕牛田地、借债放债、建造房屋、子女婚嫁、丧事办理等管理家庭事务的权力。家长与家庭成员之间地位平等，彼此共同劳动，共同享有劳动成果。在家庭事务分工上，男子主要承担政治、军事、经济、宗教等方面的社会公共事务以及铁匠、木匠、石匠、编织、建筑、犁田等体力活；妇女除了承担翻耕旱地、插秧、锄草、施肥、收割等辅助性农耕生产外，还要从事家禽饲养、赶集交易、农副产品加工、生儿育女、针线纺织等家务劳动。在家庭生育上，贵州苗族十分重视传宗接代和继承家世，具有明显的重男轻女倾向。许多家庭把拥有多子女视为吉祥兴旺的标志，认为男孩多的人家是"发"了，没有子女或没有男孩的家庭被视为"绝户"，无儿无女或有女无儿者被认为低人一等。直至新中国成立前，每个贵州苗族家庭都有四五个以上孩子，三个以下孩子的家庭比较少见。在家庭教育上，贵州苗族十分重视对子女的培养教育。孩子年幼时父母就用自己所见、所闻、所知来教育子女，常常以叙事聊天的方式把自己所知晓的知识传授给孩子；孩子稍大后，父母就教给他们为人处世的道理和基本的生存技能，教育孩子遵守本民族的传统和习惯等。

（三）亲属称谓制度

亲属称谓制度是指家庭内部各亲属之间相互称呼时所遵循的制度体系。苗族是一个讲礼仪、遵民风的民族，他们主要通过亲属称谓制度来区别不同辈分、不同性别、不同年龄群体之间的伦理关系。概括起来，贵州苗族亲属称谓制度具体包括直系亲属称谓制度、旁系亲属称谓制度和长辈双亲连称制度三个方面的内容。

1. 直系亲属称谓制度

黔中方言区苗族称曾祖父为"告尝玩",曾祖母为"务尝玩";称祖父为"告",祖母为"务";称父为"把",称母为"妹";称儿子为"呆波",女儿为"呆片";称孙子、孙女为"呆挤"。

黔东方言区苗族称祖父为"剖",祖母为"娘";称父为"玛",母为"奶";称儿为"代代",女为"代扒";称孙儿、孙女为"代街"。

2. 旁系亲属称谓制度

黔中方言区苗族称伯父为"把楼",伯母为"妹楼";称叔父为"把友",叔母为"乃姆";称兄为"波",弟为"乌";称姐为"阿",妹为"妞";称堂兄为"波流",堂妹为"阿友"。

黔东方言区苗族称姨妈为"阁",小姑为"得目";称小叔为"得约";称兄为"浪",弟为"沟你",妹为"沟扒"。

在黔东南地区台江县,男女与其姑舅表兄弟姐妹之间都互称为"嘎莫丁",意即有婚姻关系的表亲。

3. 长辈双亲连称制度

长辈双亲连称时,苗族称谓与汉语不同,汉语双亲连称为"父母",苗语则称为"奶玛"即母父。以此类推,汉语中的公婆,苗语则为婆公。平辈男女称呼也有类似的现象。这种将女性置于男性之前的称呼,或许是母系氏族的一种遗风,反映了苗族女性在苗族社会中的崇高地位。不论这种规定是否科学合理,它都是苗族家庭制度的真实记录,是考察苗族历史极为珍贵的资料。

四、丧葬制度

贵州苗族传统丧葬制度因苗族聚居地不同略有差别,尤以黔东南地区台江县苗族和黔东北地区松桃县苗族的丧葬制度最具民族特色。

(一)黔东南地区台江县苗族丧葬制度

台江县地处生苗区,据2010年第六次全国人口普查,该县苗族人口占全县总人口数的97%以上，是全国苗族聚居最集中的地区，有"天下苗族第一县""苗疆腹地"之美称。因苗族人口比例大且居住集中，当地苗族传统丧葬制度保存得较为完整。在台江县境内，老人正常死亡称为善终，丧家要为其举行隆重的丧葬仪式，其过程包括亲友送终、着衣、守灵、吊唁、挖墓穴、出丧、安葬等环节。

1. 亲友送终

老人病危，子女通知兄弟姐妹和至亲好友前来看望。家人和亲友聚集老人病床前聆听遗嘱。老人咽气前，将其移至堂屋或火塘边搭铺护理。老人即将咽气时，儿子将其扶坐于铺上，儿女在旁侍候。咽气后放炮或鸣枪为老人送终，然后为逝者整容，到井边挑水给逝者洗面、擦身，为逝者剃发或梳头等。母亲病危须通报舅家前来探望，舅家随身携带一只鸡、一罐酒、一包米饭等与病人同食。此时丧家须向舅家交付"人头钱"，钱的多少视死者家境贫富状况而定，富者多拿，贫者少拿。舅家得到这笔钱后，拿出一部分购买酒肉邀请本家族成员聚餐一次，表示通知族内兄弟，从此结束与姑家这一辈的姻亲关系。

当一个家庭有人去世时，整个家族和亲友都视为自己的事情，纷纷前来帮助办理丧事。帮忙缝制寿衣者，若是亲友除敬酒酬谢外另给一尺布致谢，如是外人则给十斤谷子作为礼物；帮忙制棺和掘墓者，如丧家杀牛则共分一个牛颈，如杀猪就共分猪胸脯肉或猪头；帮忙杀牛者献给牛肉一腿，牵牛者获得牛胸脯肉一块；为逝者更衣者，除丧家儿媳敬酒祝寿外另获一尺布和四五角钱，有的家庭将死者旧衣、旧头帕等作为酬劳。

2. 着衣

老人咽气后，家人打来清水为其洗脸、洗脚，然后请一位逝者生前好友为其更衣。富裕家庭为逝者准备新衣，家庭贫困者则让逝者穿旧衣。上衣穿一、三或五件，裤子穿一条，忌用偶数。部分富裕家庭给逝者上身穿长袍马褂，脚穿纸板布鞋，入棺时将鞋脱下，安葬时将其放在墓穴里或墓外。贫困家庭给逝者穿短衣，让逝者跣足直至安葬完毕。台江苗族历来有裹腿和包头的习惯，为逝者裹腿和包头时须由右向左缠绕，腰带和发髻也由右向左挽结，与活人装束相反。也有部分苗族给逝者穿反衣，由原来的右衽衣服变成左衽衣服。

3. 吊唁

尸体停放在堂屋或火塘边，在灵床下点一盏"长眠灯"。停丧期间，孝子和至亲好友日夜守护在灵床边直至出丧。安葬时间根据逝者出生年月和咽气时间而定，一般选择在"戌日"。安葬日期确定后，丧家派人给亲友报丧。整个吊唁过程没有磕头祭奠仪式。前来吊唁的普通亲友携带一只鸡、一罐酒、少许香纸和数碗大米，至亲好友携带厚礼如一只小猪和少数殉葬银子等。亲友送来的殉葬碎银包束在逝者腰带内，丧家家族送来的殉葬银子包在左边，亲戚送来的殉葬银子包在右边。

4. 挖墓穴

挖墓穴前要举行"莫嘎差"即挞谷仪式。由孝子或本族人员带一把谷穗到墓地，在选好的墓穴处人们每后退一步挞谷穗一下，连退三步挞三下，然后把谷穗抛向前方，意为为逝者买地。挞谷仪式结束后，掘墓人用锄头在墓地上挖出一块泥土，待坟墓堆砌好后覆盖墓顶。随后治丧人员开始掘墓，墓穴宽度和深度根据棺材大小而定，没有固定的尺寸。

5. 出丧

台江苗族在人死后临时为其制棺，棺材制好后随即举行出丧仪式。出丧有两种情况：其一，如果逝者在丧家入棺，出丧前将逝者从灵床移至门外放入棺内，然后镶棺，使用丧轿抬丧。丧轿也是临时制成，用后将其砍成两节丢掉。出丧时一人在前丢纸钱，意为买路钱。年幼孝子张雨伞，身背两个盛有糯米饭、鱼肉、辣椒和清水的竹筒，手持挂有一双新草鞋的砍牛刀走在棺前开路，其他孝子紧随其后。抬棺人分主客双方共八人，客方四人抬前扛，主方四人抬后扛，其他送葬人员跟随棺后缓缓前行。孝女由人挽扶于队伍后哭泣，送灵柩至寨边即回。其二，如果逝者不在丧家入棺，则二人在前、二人在后用绳子兜起垫尸板，将逝者尸体运送到墓地。运送尸体的人多为逝者家族男子及女婿，孝子不能参加，逝者女儿和儿媳等哭送至门外或村寨边即止步。这种出丧仪式除了轮流运送尸体和负责埋葬的人员外再无其他陪葬人员。如果逝者家庭较为富有，出丧路上有一人沿途丢钱纸、放爆竹。

6. 安葬

台江苗族实行土葬，主要有两种安葬方式：其一，如果逝者在丧家入棺，将灵柩抬到墓地后，孝子面向墓穴跪拜，旁人将灵柩放入墓穴，开棺整容后合棺。孝子从小到大依次为逝者坟墓垒土。右边垒土三锄，左边垒土三锄，垒土一次叫喊死者一声。随后女婿及其他人员一起垒土填墓。最后将掘墓时挖出的第一锄土块填至墓顶。垒坟完毕后孝子张伞执刀回家，其他人员紧随其后，巫师走在后面敲击墓脊并呼喊死者亡魂回家保佑子孙。其二，如果逝者不在丧家入棺，则先把制好的棺材分成几部分抬到墓地，放入墓穴整合，然后将逝者尸体运送到墓地入棺。入棺前由一老人手持三根芭茅草在棺材口来回横扫几下，表示将活人灵魂驱赶出去，以免被埋葬。稍后将逝者尸体放入灵柩，封上棺盖。将酒罐放在棺材一端，叮嘱逝者使用这些酒米招待阴间客人。把持芭茅草的老人用砍刀向棺材头部猛砍一刀并对逝者说"小门在这边"；向棺材尾部再猛砍一刀又对逝者说"大门在这边"，即为逝者开门。最后盖土垒坟，同时将逝者的草鞋或纸底布鞋摆在坟旁。筑墓完毕后，人们返回时对逝者齐声高喊"来，我们回家吃饭喝酒去"，表示请逝者一同回家。

安葬当天丧家设宴招待前来吊唁的亲朋好友。丧家在席旁放一盆清水让亡魂洗手洗脸，摆一张空凳让亡魂安坐。在空凳前摆放一些逝者生前喜用的器具，巫师和孝子坐在空凳两旁作陪，家人和亲友一同围坐饮酒。开宴前孝子焚香烧纸，巫师扔少许酒肉于地敬祭祖先，同时在逝者席前摆上酒碗和筷子，斟酒上菜。此时一位德高望重的老人对逝者喊道："请你来洗脸洗手，与我们吃饭；以后就不再叫你了，之后见到我们吃饭时，你就来吃吧！……"老人话音刚落，便倾酒、掐肉、扔饭在地上给逝者"吃"。稍后又叫逝者"回家"（即回墓地），并将空凳子侧放，表示送逝者远去，并叮嘱其保佑家人平安无恙。祭奠逝者结束后，大家举杯高喊——"干杯"，丧家餐宴开始。

7. 复山走客

"复山"是指孝子和房族亲友到逝者墓地填土垒坟的活动，多在安葬死者当天或第二、三天举行。举行"复山"时焚香烧纸，用一猪头和少许米酒祭祀死者，然后安设墓门并垒土坟包。回家后宴请宾客，大家商量逝者亡魂"走客"事宜。"走客"是指把亡魂引到舅家、女婿家或一些远房亲属家，也于安葬死者当天或第二、三天举行。届时丧家备一坛酒、一只公鸡、一只鸭子、一块猪肉为礼物，邀请本家族男子数人带领亡魂去走客。出发时将鸭子拴在雨伞上，由一青年扛着鸭子引路，其余随行人员提着礼物尾随其后。抵达客家后，客家在堂屋安置一根空凳请亡魂就座，凳前放有亡魂专用的碗筷和酒杯，请本家族成员前来陪伴客人饮酒吃饭。主人将丧家带去的礼物和自己准备的菜肴都摆放在桌上，焚香烧纸，斟酒、掐肉劝亡魂吃饱喝足，稍后掀翻魂座，意为"某公（奶）醉了"。接着大家聚餐，宴毕将亡魂带回丧家。

8. 送魂

送魂是指请巫师焚巾将逝者灵魂送到天堂，于安葬当晚或逝者亡魂走客回来后的某个晚上举行。届时丧家在堂屋安放一张长桌，桌上摆放一只熟鸡、一只熟鸭、三碗米酒、一竹篓米或稻谷（在竹篓口盖上两张白布）、一个木升子。桌下放一个装满清水的木盆，盆口盖一张白布巾。送魂时巫师、丧家家族成员及亲友们围坐在一起，由一长者请在座人员吟唱《焚巾曲》，不会唱者掏钱放在木升内请他人代唱，会唱者象征性地吟唱几句，最后由巫师唱完。巫师唱完后焚烧水盆上的白布巾，从白布巾灰烬落入盆中的纹样卜算吉凶和亡魂升天的情形。人们将竹篓口上的两张白布系在巫师手臂上，竹篓内的谷物用于酬谢巫师，木升内其他人投放的纸钱分发给在场人员。最后巫师将逝者阴魂送至"嘎亮"家，意即到了天堂，与前世祖宗唱歌跳舞团聚一处。

9. 骨肉团聚

骨肉团聚是指丧家准备一桌酒席邀请同胞兄弟姊妹和家族成员聚餐一次，于亡魂"走客"和"送魂"之后的数日内举行，其目的是为感谢亲友协助办理丧事，大家共饮团圆酒。届时出嫁姊妹带来一壶酒、一只鸡、一篮糯米饭赠给健在老人、哥嫂弟妹等亲人。饮宴时女儿们先将自己带来的酒敬奉在场老人、哥嫂、弟妹等，并把糯米饭分发给大家品尝，随后主人又以同样的方式回敬女儿，其间大家边饮酒边谈话，互相安慰。饮酒时出嫁女儿常常唱起《姊妹歌》倾吐感情，歌声凄凉忧伤，在场哥嫂和老人竭力劝慰，让她们不要悲伤，回去好好生活。

10. 立墓碑

安葬完毕后，台江苗族都要在一年或数年内为已故亲人立墓碑，多在清明时节举行，届时主家准备猪、羊、鹅、鸭等前往墓地作祭品。立墓碑前，巫师用一只白公鸡招龙，为新坟"祭嘎哈"[①]。尔后，人们在坟前动土，安设墓碑，给新坟添土等。事后大家就地会餐，家庭殷实者返家后还继续设宴招待客人。葬后三年内，每逢春社[②]上坟祭奠，以后每年清明节按当地习俗上坟祭奠一次。

（二）黔东北地区松桃县苗族丧葬制度

黔东北地区松桃苗族自治县是贵州省仅有的两个苗族自治县之一，是贵州省境内苗族人口聚居较为集中的地区，苗族传统丧葬习俗受外来文化的影响较小。当地苗族老人正常死亡称为"老死""死好"，子女要为其举行丧葬仪式，整个丧葬过程包括临终训嘱、净身、停尸、装棺、打绕棺、出丧、安葬、招魂和洗礼等环节。

1. 临终训嘱

老人病危，亲属子女及邻居老幼守候在病床前听训遗嘱。老人弥留之际，亲属子女大声呼喊老人直至其停止呼吸。老人身亡后丧家为其焚烧落气钱[③]，将灰烬装进布袋，扎附于逝者身上。邻居前来帮忙治丧，他们或派人请巫师，或吩咐丧家向亲友报丧，或安排众人迎接宾客等。

2. 净身

巫师来到丧家后，首先为逝者解除死神。该仪式结束后丧家老少放声恸哭，在旁治丧好友亦含泪吞声。随后一异姓老人摘取桃枝和菖蒲叶放入锅内加水煮热，为逝者沐浴净身。将水从逝者头、面、颈部淋至下肢，反复三次，每次换一盆水。第一、二盆水倾倒在人迹未到的地方，第三盆水置于隐蔽处，待为逝者招魂后将其倒出门外。此时巫师高声呼喊逝者名字："现在为您洗澡，

---

① 祭嘎哈：指一种祭祀神灵的活动，在祭祀制度部分有具体阐述。
② 春社：指立春后的第二十五天。
③ 当地苗族为死者焚烧的落气钱为一把香和三斤六两纸。

把您洗得干干净净，到阴间后，男的好认兄弟，女的好喊姊妹……"然后为死者穿上寿衣，堂屋内又是一片悲恸哭声。

3. 停尸

将尸体停放在堂屋中央铺着垫单的木板上，脚朝向左边中柱，头靠"鸡型枕头"。若逝者为男性须剃光头发，包上头帕，头帕前方缝一块红布。在逝者手掌内以男左女右的方式放一叠纸钱，手心向下。用棉线当作逝者皮带，棉线数量与逝者年龄相同。为逝者装束完毕后，待规定时辰装棺入殓。

4. 装棺

装棺时按照逝者年龄每周岁一张草纸，把所需草纸折成三角形或"八"字形铺在棺底，连同垫单一道将逝者放置棺内。用三、五或七块瓦片放在逝者头部或肢体两边，从孝子身上剪下小块布料一并装入棺内，盖上阴被并合上棺盖。棺材头部朝向神龛处，尾部朝向大门外。棺材下方点亮一盏地府灯。棺尾前竖起两扇门板，贴上灵位，点燃灯烛祭奠。

5. 打绕棺

打绕棺从开吊当晚至死者安葬前结束，由专业人员五至七人举行，备有唱本，调子基本固定，唱词内容依逝者性别而定。逝者为女性打"血盆绕"，为男性打"失亡绕"。倘若丧母，还有老母养育之恩唱段[①]。唱歌之人神情悲伤，常常引得旁人凄然泪下。打绕棺前须请神，绕棺结束后要散花送神。绕棺时守灵孝女唱丧歌，亦称哭丧。丧歌均为随口编词，内容多是诉说逝者功德、生者惦念逝者以及生者未能报答死者养育之恩的愧歉心情等。

6. 出丧

临近出丧，巫师面朝门外念颂祷词时突然大吼一声，手持板斧将置于棺盖上的饭碗敲碎，意即发丧。在场青壮年一声吆喝把棺材抬出堂屋，放在屋

---

① 在黔东北地区松桃县，打棺绕中的养育之恩唱词为："诸佛如来把人劝，为人需当孝为先，父母恩情难尽叹，好比海阔与天空，十月怀胎母受难，三年哺乳费心田……抱儿夜睡大小便，屎尿解在娘身边。右边湿了左边换，左边湿了往右边。左右湿了无处转，将儿抱在怀里眠。待儿醒来找奶舍，彻夜娘难合上眼。娘怕乳少儿可怜，口嚼饭来喂儿舔。娘的恩情似昊天，现在想来泪涟涟。""母亡来时得忙，孝子哭得泪汪汪，母亲在世多苦难，死后空手见阎王，灵前摆的好供养，未见老母动口尝。千哭万哭灯一盏，千拜万拜纸一张。灵前祭奠无娘亲，无非敬供儿心肠。"

外板凳上,将两根大杠附在棺材两旁并用粗草绳捆牢,巫师把一只公鸡放在棺盖上。此时,逝者舅父腰挎篾篓,手持镰刀勾住堂屋大门横枋高呼"Hod weit"①三声,随即出丧。出殡时逝者舅父身披白布,手持火把和"草刀"引路并抛撒纸钱,孝子紧跟其后每走三五十步转身下跪迎棺一次。抬棺青壮年逢山过山,逢水过水,荆刺遍地亦不回避。在途中适当地方休息时,大家一同呼喊"Dax shad"②"Bot hob"③"Dax lus"④,此时逝者舅父或女婿急忙散糖果、分香烟、敬酒,抬棺队伍一阵"喝喂",大家继续抬棺前往墓地。途中休息的次数视主家舅父或女婿数量多寡而定,走走停停直至墓地为止,一路上锣鼓声不断。

7. 安葬

抬棺至墓地后,巫师用白米在墓穴底部画上太极八卦图案,置少许朱砂于墓穴四周,放下公鸡啄米。逝者亲属子女绕墓穴一周,儿辈长者呼唤死者三声,棺材缓缓放入墓穴。巫师下罗盘,正方向,撒金米,孝子孝女齐跪穴前,用双手向后摺起衣摆,接受巫师撒来的金米,此过程中巫师不断念诵悼词⑤。念诵完毕,孝子孝女立即将盛有金米的衣兜勒紧,起身跑回家中,剩余在场人员铲土壅坟。凡到墓地参加葬礼之人回到丧家堂屋门外时,须在摆放好的米碗中抓几颗米抛向身后,或口嚼几粒米后吐出,意即与逝者断绝关系。

8. 招魂和洗礼

葬后三至五日内的某一个晚上举行招魂和洗礼仪式。招魂由巫师主持,

---

① Hod weit:苗语方言,汉音为"喝喂"。
② Dax shad:苗语方言,汉音为"达沙"。
③ Bot hob:苗语方言,汉音为"饱贺"。
④ Dax lus:苗语方言,汉音为"达鲁"。
⑤ 在黔东北地区松桃县,此仪式中巫师念诵的悼词为:"脚踏亡人棺,子孙发万千,寻得真龙地,儿孙有大贵。此米不是非凡金米,昔日西天去取经,带得金砂米二升,东主将米画顺卦,西主将米庆先神。庆得龙神龙开口,五龙在地胡孙孙。从今亡者安葬后,家发世代斗量金。二十四山听吾言,七十二龙听君宣。吾均不是寻常客,乃是江南白鹤仙。今日神仙来点穴,拨开龙口葬先贤,听师撒animation金砂米,儿孙世代有余钱。手拿金米撒向东,东方龙神听吾封。手拿金米撒向北,北方龙神听吾日。手拿金米撒中央,中央神龙赐棋祥。米撒上,富贵荣华家兴旺;米撒下,百子千孙多发达。借问孝家要富要贵?(孝家即答:富也要,贵也要)要富赐你富,富如石崇;要贵赐你贵,贵比陶公。左右两山风水好,前后俱是贵人逢。一赐一品当朝,二赐加官晋爵,三赐连升三级,四赐四季发财,五赐五子登科,六赐禄位高升,七赐七子团圆,八赐八仙过海,九赐久长久远,十赐十全十美。孝男孝女,财发人心,大哭三声,答报亲恩。"

场所设在丧家火坑边。招魂祭具有一个打击乐器、一支金属轻铃、一把锄板（用一截白布捆绑一束水菖蒲在锄板上）和一只盛有火灰的瓷碗。巫师面前摆放打击乐器和一碗火灰，碗内燃烧黄腊钱纸，屋内烟雾缭绕，一人紧握锄板并与巫师并排而坐，气氛严肃。招魂时，巫师双手在碗上旋转两圈，口念祭词，叩请祖师及全家先灵帮助寻找逝者漂泊不定的灵魂。巫师顺着阴灵的指点一会找到日出东方，一会找回日落西边，一会寻找田边土角，一会寻往溪边河畔。找遍人间大地，最后转向虚无缥缈的"天堂"。若锄板频频抖动，则视为已经找到逝者灵魂。此时巫师高喊死者名字并说道："您与人间阴阳异路，原来您是阳间人，现在您是阴间鬼，不信看您头上戴着的'红令'，看您手中拿着纸钱，全家老少在为您哭泣。现在您已经离开人世，与家人阴阳两分，为了您在阴间得到快乐，凭我祖师和您祖宗的阴灵，把您指引到安乐的地方。一魂引向东方故土，回居我们老家，借着冉冉升起的日光，关照人间的儿孙；一魂引向西天极乐天堂，让您享受所有愉快；一魂留住夯果和祖宗阴灵团聚，早晚享受儿孙供奉。"念毕，帮忙者煮饭给逝者灵魂吃，煮饭时须将铁三角倒置。巫师一边手拿一条五六厘米长的白布念咒，为丧家问卜；一边探察吉凶祸福，祈求亡灵祛除瘟疫，消灾赐福。然后用酒肉敬奉亡灵。

午夜举行洗礼仪式。巫师将糯米粑摆放在夯果处祭奠祖宗灵魂，请祖宗入座，把为逝者沐身的第三盆水倒掉。然后将干净水和一件银器装进盆内，让摸过逝者尸体的人洗手，并用此盆水喷洒安葬用过的搭粑、锄头等工具，表示洗礼。

翌日早晨，丧家用竹篾编制一只简易背篼，装上祭奠用过的糯米粑，将逝者遗物中最好的一件衣服搭盖在背篼上，给逝者舅家送去，以作安慰或纪念。

五、祭祀制度

贵州苗族传统祭祀制度是当地苗族先民在长期历史发展过程中自发形成的一种以祭祀神灵为核心的制度体系，主要借助神灵信仰仪式表现出来，具体包括祭祀自然神灵、祭祀图腾、祭祀鬼神和祭祀祖先四个方面的内容。

（一）祭祀自然神灵

在传统贵州苗族社会，由于生产力水平和人们认识能力低下，当苗族先民对风雨雷电、日月星辰、生老病死等自然现象无法作出正确解释时，他们便将这些自然现象神秘化并通过举行一定的祭祀活动对其予以崇拜。贵州苗族祭祀自然神灵的活动有祭祀枫树、祭祀桥、祭祀岩石、祭祀竹子和祭祀五谷。

1. 祭祀枫树

大量史实记载了苗族有祭祀枫树的历史，《云笈七笺》卷一百《轩辕本纪》记载：“黄帝杀蚩尤于黎山之丘，掷械于大荒之中，送山之上，后化为枫木之林。"《山海经·大荒南经》云："枫木，蚩尤所弃之桎梏，是为枫木。"《南方草木状》说："五岭之间多枫木，岁久则生瘿瘤，一夕遇暴雷骤雨，其树赘暗长三五尺，谓之枫树。越巫取之作术，有通神之验，取之不以法，则能化去。"或许是因为枫木是苗族先祖蚩尤的精气所化身，抑或是枫木有通灵之功能，苗族格外崇拜枫树。

贵州苗族亦有祭祀枫树的习俗，例如黔东南苗族古歌《枫木歌》中唱道，"枫树生妹榜，枫树生妹留……榜留河水泡，……成双十二夜，怀十二个蛋，生十二个宝"，最后孵化出苗族祖先——姜央。由于这一传说，贵州苗族认为自身与枫树有着血缘关系。他们坚信天地生枫木，枫木变蝴蝶妈妈，蝴蝶妈妈生出祖先姜央，然后才有了苗族和人类。

贵州苗族称枫树为"道荞"，"道"即树，"荞"即妈妈。在当地广大苗族村寨，人们十分崇敬枫树，祭祖木鼓要用枫树制成，修建房屋要用枫木作中柱，井边寨旁亦种植苍劲挺拔的枫树。逢年过节，人们纷纷到树下焚香烧纸，供奉酒肉，许下心愿或祈求树神保佑。如家有病人或遭遇不幸，须请巫师携带祭品到枫树下祭奠，希图树神赐福消灾。

2. 祭祀桥

祭桥，当地苗族称为"拖久"，"久"即桥，"拖久"直译为"热桥"，于农历每年二月初二举行。祭桥首先要架桥，即由父亲或祖父用三根杉木或一块石头架在溪沟上供人行走。如无水沟，亦可在路中或自己房屋大门内挖一个坑，用三根三尺长、三厘米宽的杉木铺嵌在坑内即可。在架桥三年内，人们每年都要举行祭桥仪式。祭桥既有全寨共祭的"寨桥"、各家族共祭的"家族桥"，同时也有各家各户为求子架设的"家桥"以及个人为祈求发财富贵所架设的"阴桥"，祭桥要用鸭蛋和香纸作供品。

祭桥时全寨或全家携带祭品到桥边，向本村寨或自家方向抛食倾酒，用石头把部分"纸钱"压在桥上。若所祭之桥是新桥，须杀鸭或猪作祭品，请巫师念咒祭词。参加祭桥人员在桥边就地聚餐，遇上行人请其食之。若祭桥三年内生男孩，主家便取名为"桥生"或"桥保"。在小孩出生后三年到桥边举行"啥九"即谢桥仪式，意为感谢桥神送子。祭桥当天小村寨踩鼓、吹笙跳舞三至五天，大村寨七到九天。部分家庭在祭桥的同时还要祭祀自家设立的木凳、石凳或村边寨旁的水井、岩石、岩洞、大树等。

3. 祭祀岩石

崇拜岩石是世界各古老民族较为普遍的现象。在石器时代，岩石是人们铸造生产工具和武器的重要原料，一旦人们寻找到适于制造工具的岩石并将其加工为工具后，该岩石就被当作神物加以崇拜。

苗族迁徙贵州后傍山而居，山区岩石体积巨大，形状怪异。尤其是那些被风化后形成的具有各种人和动物形象的岩石，当地苗族更是对其产生神秘之感。平日人们走到这样的岩石前不敢放声喧哗，唯恐惊动上天。有的苗族将岩石当作孩子的保护神，小孩生病须请巫师祭石消灾，用岩石给孩子命名；有的苗族将孩子拜寄于奇山异石下，称其为"岩妈"。逢年过节，人们到村边巨石下烧香燃烛祭供，祈求"岩妈"保佑。

4. 祭祀竹子

"祭竹"是黔南地区苗族为家庭中体弱多病成员举行的"保健康、促增寿"的祭祀活动。在黔南地区都匀市和三都县以及黔东南地区丹寨县和麻江县等地苗族村寨，"祭竹"被称为"栽花树"。祭竹前，主家挖取两棵连根带叶的金竹作为"祭竹"，自备米酒、鱼、糯米饭、小猪、鸡鸭等祭品。祭竹当天，宾客随身携带谷穗、大米、钱币等"添寿"赠礼如约而来。傍晚，巫师用黏土将"祭竹"栽在主家堂屋东方中柱下，将客人送来的"添寿"礼物和主家准备的祭祀食品一齐堆放在"祭竹"下。晚饭后，巫师将黑色包头帕盖住面部，口念巫词，双脚平放并不断抖动，在其"阴崽"的"护送"下"直奔天宇"，专程到天庭请求掌管人寿的天神"嘎里嘎对"降临人间领受祭品。请到天神后，巫师将竹卦站立在一个装满大米的碗中，在竹卦上方放置一只碗，向碗中缓缓倒酒，俗称"讨寿"。倒多少酒即意味着"讨"到了多少"寿"，同时将"寿酒"递给被添寿之人当场喝下。此时在场人员齐声欢呼："讨得啦！"巫师随即封赠延寿词。随后巫师在装满大米的碗中放置一个鸡蛋，让宾客逐一在鸡蛋上添米，一旦鸡蛋上粘有米粒即意味着"添寿"成功。此时巫师将蛋上的米粒倒入一个事先缝制好的布袋内，并代替主人逐一向来宾敬酒三杯。喝酒完毕，巫师把米袋挂在"祭竹"上，祭祀活动结束。

事后，主家将宾客送来的钱、米等赠礼兑换成白银，请当地银匠打制一只寿"银手镯"或寿"银项链"佩戴在"讨寿"者身上。主家将"祭竹"直立在堂屋中柱旁永久保存下来。

5. 祭祀五谷

祭五谷，当地苗语称为 Liot nongt（汉音：略弄），于春耕播种前举行。祭场设在主家中堂大门处，门外悬挂一串纸花，门内横放一张方桌，桌上陈列酒、肉、豆腐、糖果、糯米粑等祭品。桌旁摆放锄头、镰刀、撮箕等农用工具，象征农耕生产源远流长。祭祀时，巫师燃烧纸钱，焚香点烛，念诵祭词，其意为迎接五谷神祇，追述往古先人辛勤劳作，教育后人如何播种五谷等。祭毕，在场人员集体聚餐与神同乐。

(二) 祭祀图腾

图腾（totem）系印第安语，意为"他的亲族"，就是"相信人们的某一血缘联合体和动物的某一种类之间存在着血缘关系"。[①] 在远古社会，人们相信人与某种动物有着特殊关系，甚至认为自己的氏族部落起源于某种动物，因而把这种动物视为氏族部落的象征和神物加以崇拜。可见，祭祀图腾的对象主要是动物灵魂。贵州苗族在其历史发展过程中也形成了自己的图腾崇拜

---

① 《普列汉诺夫哲学著作选集》（第3卷），三联书店出版社，1962年版，第383页。

体系，尤以黔东南和黔东北两地苗族村寨的祭祀龙神最为典型。这两地苗族民众把龙视为圣物，将其看作是一个家庭、一个宗族甚至一个村寨的保护神，对其虔诚崇拜。

1. 黔东南苗族的祭龙活动

在黔东南苗族地区，祭龙被称为"董勇必"，意为"聚山神"，即招龙，这是一项以家族或村社为单位而举行的大型祭祀活动。当地苗族认为龙是吉祥幸福的象征，龙能给人们带来好运和安宁。当地祭龙活动既可以单独举行，也可以在逢年过节或其他祭祀活动中举行。如单独举行时间为农历每年二月初二；如在祭祖之年举行时间为祭祖第一年（子年）的农历二月初二；如在龙船节期间举行，须在龙舟下水之前举行。由于祭龙是一项集体性活动，其祭品由公众筹集，一般为一头牛（猪）、一只白公鸡、五尾鲤鱼、数十斤米酒、若干纸人和三角彩旗等。

祭龙当天，全家族或全村寨成年男子分成若干小组，在夜间鸡鸣时带上祭品、芦笙、木鼓分赴村寨附近的山峰上举行祭祀龙神的活动。祭祀主峰由巫师主持，祭祀其他山峰由理老负责。到达祭祀地点后，人们将牛（猪）、白公鸡和鱼杀死煮熟，与其他祭品一道分成12等分摆放在地上，由巫师和理老举行祭祀仪式。祭毕，留出一部分祭品分给各户带回家继续祭祀自己的祖先，其余祭品供在场人员就地食用。用餐完毕，在场青年男子分成若干小组吹笙击鼓，结队来到附近的水塘边和山峰上高声呼喊龙神和山神，并在山坳和岔路口处插上三角彩旗给龙神和山神引路，将龙神和山神引回寨中。若遇祭祖之年，则把龙神和山神带到鼓头家或停鼓坪，场面非常热闹。

2. 黔东北苗族的祭龙活动

在黔东北苗族地区,祭龙被称为"燃绒"，有独家举行和全寨举行两种方式。如独家举行祭品由独家提供，若全寨举行祭品由全寨捐资。人们根据某种迹象判断某地龙神将要外迁，害怕失去保护力量，因而大家联合起来用祭祀龙神的方式诚心挽留龙神，祭祀时间为一天。祭祀前邀请若干年轻美貌的姑娘或妇女作为陪祭人。

祭祀当天，巫师在主家堂屋设立祭场。堂屋右上方及厅口两旁分别倒置一只背篼，堂屋中央陈放祭品。陪祭姑娘穿着盛装，佩戴银饰，共同托起一张象征龙神的白布丝绸在堂屋中央分排站定。巫师口念咒语，其间突然向一位男青年喷洒神水，使其神志恍惚。男青年手持木钩向屋外狂奔，沿河堤、田埂寻找"龙神"。巫师、陪祭人紧随其后，越溪过河毫无懈怠。当看到该男子在井边或河旁停下并示意发现了龙神时，姑娘们拿出事先备好的陶罐，在龙神所在地装满清水，一手提着水罐、一手托起龙布在蜿蜒的山道上载歌载舞，缓步返回表示已接到了龙神。接龙队伍走进村口时，主人身着新衣带领全寨老少到门外迎接龙神。姑娘们托着龙布进入堂屋，按照龙的形象将龙布盘旋在堂屋中柱上。巫师念诵安龙辞安定五方龙神，将姑娘们带回的清水倾倒在一只陶罐里，在主家堂屋掘坑安放，表示龙神归位，万事吉祥。

（三）祭祀鬼神

贵州苗族普遍信仰鬼神，他们深信鬼神力量对现实生活的巨大作用。一旦遭遇灾祸或不幸便宴请巫师祭神驱鬼祈求平安。在贵州广大苗族村寨，巫师祭神驱鬼的现象比比皆是。

1. 祭祀太阳神

这种祭祀鬼神的活动主要流行于黔西北苗族地区。当地苗族称太阳为"天神"，认为太阳是世界之主，它创造出了天地、山川、河流、树木、虫鸟等，因此对太阳神格外崇拜。当地苗族还认为，凡人间刮大风、下冰雹、打雷、山体滑坡、河水暴涨等一切自然现象和灾难都是冒犯了太阳神的结果。遇此情况，他们都要宰鸡杀鸭、梵香化纸，虔诚地祭祀太阳神，祈求太阳神的保佑。

2. 打洞求雨

在贵州广大苗族地区，如遇久旱无雨或田裂禾枯，人们便以村寨为单位按户集资捐米，请巫师主持祭祀雨神活动。祭祀开始前，一男子倒背蓑衣，头戴斗笠，手持鸡粪撒向被人们视为邪恶的山洞里。据说洞神喜好干净，人们向洞内抛撒鸡粪，洞神唯有请求天上雷公降雨冲洗。如果此举未能达到降雨目的，人们便举行打洞求雨活动。

打洞求雨前，巫师在每家屋外搭建一个雨台（一张八仙桌），桌上陈列雷神、五方、龙神、三园洞等神灵牌位和一碗"净水"，用羊肉、糯米粑及豆腐等供品祭祀神灵。祭毕，巫师选一忠厚男子为"童子"，用黑布蒙其头部，巫师在锣鼓声中"施法"，当看到"童子"浑身颤抖几近昏迷后，令人用红布拴住"童子"腰部。此时该"童子"突然起身向外狂奔，在场人员与巫师一道手持农具、鸟枪、土炮等紧随其后，一同向某一石洞进发，一路上呐喊声鞭炮声震耳欲聋。走进洞口时，"童子"抓少许鱼、鳖等水生动物放进装有清水的牛角内，意即捉龙。随后人们回至雨台，将"龙"放置于陶缸内饲养。巫师向"童子"喷水，使其恢复神智，名曰"退车"。随后在场人员集中聚餐，祭品留出一部分献给巫师外，剩余部分当即食用。尔后某天降雨，众人便捐资购买一头猪及相应供品，请巫师主持酬谢雷公、洞公和雨神仪式，并将陶缸中的水生动物放到河里，意即放龙。同时拆掉雨台，打洞求雨仪式结束。

3. 祭祀神树

祭祀神树流行于六盘水市水城县一带苗族村寨，于农历每年龙月龙日举行。居住在六盘水市水城县的小花苗，每个村寨甚至每个家庭都供奉有自己的神树。这样的神树不仅生长旺盛，而且材身较好，人们认为它既能保佑家庭或村寨出"能人"，同时又能使大家居住平安、生活幸福。平日里人们不能擅自拍打和砍伐神树，不能进入神树山林拾取柴火。违者轻则遭到责难，重则受到惩罚。

农历每年龙月的第一个龙日，水城县苗族都要在寨老的带领下到山林中去祭祀神树。到达山林后，大家在神树前点燃香烛，作揖祭拜，在神树上捆上一个草人。然后杀鸡，用鸡毛蘸取少许鸡血沾在神树和草人上，并将白酒、米饭、鸡蛋、肉等祭品摆放在神树前，表示给神树食用。祭祀当天大家停止干活，如同过节一般。如今尽管水城县苗族村寨余存的神树林已不多见，但是当地苗族关于龙日祭祀神树的习俗仍十分流行。

4. 祭祀山神

祭祀山神活动主要流行于六盘水市和黔西北两地苗族村寨。在六盘水市水城县南开一带，当地苗族以村寨为单位于农历每年三月初三举行祭祀山神的活动。祭祀前，两名男性于正月初五到各户搜集谷米，一部分用于酿酒，另一部分用于交换一头猪。祭祀当天,本村寨男女老幼聚集在山脚下架锅煮肉。巫师烧香点烛,把酒、肉、饭等摆放在地上,同时宰杀一只公鸡和母鸡,将鸡血洒在山林中。巫师将麻绳拴在一棵树上,手执燃香和酒碗绕树祝告:"山王神王请听,酒已供上,肉饭已煮熟,请您吃完,不让白雨和灾难降临,保佑苗家人畜兴旺,庄稼丰收。"如此正三转、反三转后,泼洒少许酒水于地,祭祀山神仪式完毕。随后大家席地而坐分食酒肉,孩子们互相嬉戏,有的捉迷藏,有的摔跤,有的翻筋斗,人们仿佛回到了远古时代的部落生活之中。聚餐过程中大家商议第二年祭祀山神的地点和筹办人,筹办地点确定后,人们便在该处栽上茅草禁止人畜践踏,违者受到惩罚;筹办人确定后,理老当即赠予猪头,整个祭祀山神活动结束。散场后人们走村串寨,各自探亲访友。

在黔西北地区,当地苗族以家族或村寨为单位举行祭祀山神的活动。逢年过节人们携带酒肉、香纸到山上许愿,宰杀牲畜祭祀山神。当地苗族将山神分为鸡山和狗山,祭祀鸡山杀鸡作为祭品,祭祀狗山杀狗作为祭品。经过祭祀的鸡山和狗山,山上树木不能随意砍伐。

5. 祭祀土地神

在贵州苗族地区,凡家中有人生病,常常请巫师上门占卜,在得知自家某处土地神作祟后,主家请巫师对其进行祭拜,祭品有鸡、鸭、猪肉、糯米饭、香烛、三包碎碗片和一把木质简易秤。祭祀时巫师口念祭词,将碎碗片称给土地神;用白纸做成无数张三角旗子给土地神插界,把界内庄稼砍掉,祭祀土地神的仪式结束。

6. 祭祀土地菩萨

贵州广大苗族地区都盛行着祭祀土地菩萨的习俗。每个苗族村寨的村边寨脚、桥头、三岔路口等处都设有土地菩萨。人们在这些地方用石块或砖头堆砌成一个简陋的土地庙,庙内用奇形怪状的岩石作为菩萨替身。逢年过节人们带上酒、肉、鱼、米饭等祭品到土地庙敬祭,祈求土地菩萨保佑人畜平安。

7. 祭嘎哈

嘎哈是一种善神，神通广大，能祛除恶鬼、庇护人畜平安。嘎哈有"相达"[①]和"独呆"[②]两种善神随从。"相达"嗓门高，能呼唤神门，"独呆"飞得快，能驮驾"嘎哈"。祭嘎哈是黔东南地区苗族在举行祭龙、洗寨、谢土、立房、划船、祭"化裸"[③]等活动前举行的一种规模较小的祭神仪式。该仪式由巫师主持，多在夜晚或凌晨举行，地点在家中、野外或固定祭鬼场所均可。祭物为一只白公鸡、三杯米酒、三个纸人、三条鱼、一棵带枝丫的五倍树、一束茅草、一把雨伞、一碗大米、一元二角钱、一张桌子和少许米饭。祭祀完毕人们将祭品当场煮熟食用，表示神灵保佑，灾难消除。

8. 洗寨

洗寨流行于贵州广大苗族地区，是当地苗族为清除火灾火警、防范盗窃和惩治奸淫等而举行的一种祭神活动，祭物为黄牛或猪。洗寨前按惯例举行祭龙仪式，派人把守村寨路口不许外人进寨。洗寨当天家家户户提前做好早饭，中午全寨扑灭火种。洗寨地点为本村寨的议榔坪，参与人群为全村十三四岁以上的青年男子。

若是清除火灾火警的洗寨，人们把猪牵至河边，由巫师行祭，表示送走"灾星"，然后将猪杀死，让血流入河中。用稻草扎成船，由两人抬至寨中，巫师跟随其后念诵经词。每到一户门前，户主舀少许火灰放于船中。串寨完毕巫师将草船丢进河里，表示"灾星"随波漂走。若是防范盗窃及惩治奸淫的洗寨，将祭牛牵至议榔坪，巫师扫牛，念诵榔规。随后杀牛，用盆盛酒接血，将"血酒"分装于若干酒碗中。参加祭祀的所有男子轮流饮血酒牢记榔规，不许随意逾犯。无论是何种类型的洗寨，祭品均就地煮熟食用。聚餐完毕在场人员洗手漱口，洗净器具后各自带回家中，洗寨活动结束。

9. 祭祀傩头

祭傩头，当地苗族称为"朝傩"，即"还愿"之意，是黔东北地区苗族

[①] 相达：指土地神。
[②] 独呆：指天神。
[③] 化裸：指恶鬼。

普遍流行的一种祭祀鬼神的活动。该活动祭祀的主神为东南二圣，即傩公傩母。在当地苗族村寨，凡人们运气不佳、灾祸频繁，或家人久病不愈、缺孙少子，或家庭五谷不丰、六畜不旺等，都要向傩神许愿，祈求免灾赐福。一旦愿望实现，人们便大摆祭品敬奉傩公傩母还愿。祭祀前须请巫师择吉日良辰，祭期为三、五或七天不等，多数情况为三天。

第一天早上，巫师来到主家设坛、剪纸、撰写疏文装点傩公傩母画像。子夜时分举行迎神仪式，巫师身披法衣、头戴冠扎、肩挞绺巾，右手执牛角，左手舞司刀，肃穆毕敬地恭迎诸神。祭堂灯烛辉煌，香烟缭绕，锣鼓响起。随后举行"行坛隔界""安营扎寨"和"交牲"仪式。交牲时除宰杀鸡鱼外，有的地方还要宰杀两头猪，有的地方另杀一猪一羊。

第二天，巫师代替主人向玉皇大帝请愿，祈求消灾赐福，家道中兴，人丁兴旺。

第三天，主家亲朋云集庆贺，晚上举行"讨告""开洞"及"上熟"仪式。"讨告"即巫师为主家卜求"东南二圣"护佑，确保主人生活清洁，五谷丰登，万事如意。"开洞"即巫师打开桃园山洞请出洞中诸神，此时在场苗族青年乔装为"先锋""开山""花匠""师娘""琴童""八郎""和尚"等一系列傩神，有的戴面具，有的化浓妆，美丑俱全，动作滑稽可笑。"上熟"即巫师将煮熟的猪肉、羊肉、鸡肉、鱼肉及米酒等祭品陈列在堂屋桌上，敬请傩公傩母品尝佳肴美酒，领受主人供奉心意。最后巫师带领众人到村外烧烛化纸辞神送鬼，祭祀傩神的仪式结束。

10. 跳神

跳神，苗语称为 Nbud gheud（汉音：布勾），是一种与凶神恶鬼搏战的祭神活动，主要流行于黔西北地区广大苗族村寨。在当地，凡家中有人患病，人们便认为是凶神恶鬼摄取魂魄所致，唯有宴请巫师与凶神恶鬼搏斗才能重新夺回魂魄，使病人康复。祭场设在主家院坝，祭祀前主人在院坝内插一面红色战旗，邀请数名青壮年男子手持长矛、马刀、鸟枪等站立场内，准备酒、肉、香纸等祭品，随时听候巫师调用。祭祀时巫师敲响锣鼓，口念祭词，调遣一位手持木勾的青年男子站到祭场中央。巫师口含神水喷洒在男子身上，男子浑身颤抖、神志恍惚地在场内旋转几圈,意为检阅在场兵将。随后该男子跑出院坝,朝向岩山荒坎狂奔。此时祭场内一人拔起战旗大喊一声,与巫师一道沿着男子奔跑的路线追去,不论翻山越岭还是跳沟跨涧均无所惧怕。尽管巫师气喘吁吁,但仍坚持念诵祭词并指挥手持武器者向凶神恶鬼居所冲杀。一路上锣鼓喧天,喊杀声响彻山谷,犹如一场真实的决战。待巫师在途中捉到蜘蛛、蚂蚁等某一小动物时即意味着打败了凶神恶鬼,为病患者夺回了魂魄。众人与巫师满怀喜悦地回到祭场,跳神仪式结束。随后主家邀请众人聚餐,大家酒足饭饱后各自返家。

(四)祭祀祖先

贵州苗族相信祖先神灵的存在,认为祖先"虽死犹生",他们对祖先神灵崇拜有加。在贵州苗族祭祖习俗中,尤以地处生苗区中心的黔东南地区台江县苗族祭祖活动最具特色。台江县苗族祭祖又称吃鼓藏,以家族为单位每十三年举行一次,每次祭祖开始于子年,历经丑年,结束于寅年。这种祭祖习俗形成于改土归流前,至新中国成立前已经初具规模并日益规范化。

1. 第一年(子年)祭祖:推选鼓头和购买牯牛

第一,推选鼓头。祭祖活动由鼓头、执事人和唱歌郎组成。鼓头共五人,他们分别是:第一鼓头"嘎纽",即鼓的头子;第二鼓头"嘎雄",即发财的头子;第三鼓头"嘎劳",即桌子的头子;第四鼓头"顶汪",即服侍的人;第五鼓头"顶播",即保卫的人。执事人员四名,他们分别是:"嘎两",祭祖时接待"虐两"[①];"嘎当",负责供给木头做长板凳;"嘎耶",祭祖时吹芦笙引路开道;"嘎抑",负责秘密保管"玉碗"。第一鼓头为已婚且为人朴实的青壮年男子,其父辈或祖辈须在上届祭祖活动后去世。第一鼓头确定后,人们结队吹芦笙上家庆贺,当场杀鸡看眼验证推选结果。如果鸡眼紧闭视为不吉利,可另选他人;如果双眼睁开意味着吉利,此人必须担任鼓头一职,不可推辞。此时上届鼓头将保存在自家屋梁上的凉帽移交给新鼓头,

---

① 虐两:指女婿。

并杀鸭一只为之祝贺。随后由第一鼓头按照相应条件确定第二、三、四、五鼓头和其他四名执事人员。唱歌郎四名，他们都是本家族成员，负责在祭祖过程中辅助鼓头念诵鼓藏经祭告祖先。祭祖人员确定后，祭祖来临前大家集聚到第一鼓头家听取其安排。

第二，购买牯牛。首先由鼓头买回牯牛，然后群众依次凑钱购买。购买牯牛以力大、身壮和善斗为基本标准。家庭殷实者每户购买一头，家庭贫困者可几户或十几户合资购买。牯牛买回后对其精心喂养，一般喂养三年，即到第三年杀牛祭祖为止。

2. 第二年（丑年）祭祖：接双鼓、翻鼓和制鼓

第一，接双鼓。台江苗族祭祖使用的鼓有两种：一种是双鼓，当地苗族称为"牛朋"，即两面鼓。此鼓平时放在已婚未育的人家里，逢年过节须向木鼓敬酒。另一种是单鼓，当地苗族称为"牛操"。进行一次祭祖需要制作一个单鼓，祭祖完毕将其送到鼓山洞收藏。接双鼓于农历二月的某个辰日进行，人们将双鼓从上届鼓头家搬至新鼓头家里。接鼓之日，五个鼓头、四位唱歌郎及部分群众十数人依次到五个鼓头家喝酒品茶，告诉鼓头祖宗人们准备举行祭祖了。喝酒品茶完毕，大家一同到"嘎纽"家领取长衣和高帽并前往藏双鼓者家里。藏鼓者用一只鸭、一盘糯米饭和一罐米酒敬祭祖先，将鸭分成头、翅、腿五个部分，"嘎纽""嘎雄"各取一腿，"嘎稍"取头，"顶往"和"顶播"取两翅。五位鼓头略吃一点，剩余部分由在旁人员分吃，大家互相敬酒，颇为热闹。五位鼓头穿长衣、戴高帽，唱歌郎唱歌祭告祖先，众人将双鼓接往"嘎纽"家，抬鼓者为有妻儿的青壮年。"嘎耶"吹奏芦笙引领，五位鼓头、四位唱歌郎和抬双鼓者一同前行，一路上各户家庭或出来凑热闹，或参加到接鼓队伍当中。安置双鼓后鼓头脱衣回家，自带一只鸭子、一盘糯米饭和一罐泡酒前来祭祖，唱歌郎继续唱歌祭告祖先。鸭子和糯米饭平均分为两份，鼓头取一份，另一半大家分食。接鼓活动从上午持续到深夜，在大家充满醉意的欢笑声中结束。

第二，翻鼓。翻鼓也就是到鼓山洞去翻单鼓，即祭鼓，此举是为了告诉祖先子孙要杀牛祭祖了。翻鼓共进行两次，分别于祭祖当年和次年的十月子

日下午举行。祭祖当年翻鼓时，参加人员有五位鼓头、四个唱歌郎和本族男女老少。唱歌郎唱歌祭告祖先后，五位鼓头各执一把砍牛刀在岩洞前晃动片刻，"顶往"走进鼓山洞翻鼓，群众将杉树皮蒙在鼓上敲击几下。祭鼓时不烧香纸，只需杀鸭一只并备制少许酒饭即可。将鸭分成头、翅、腿五个部分分别赠予鼓头，其余部分由大家分食。寅年祭祖前还须按此方式到鼓山洞举行第二次翻鼓。

第三，制鼓。台江苗族采用楠木、枫木或樟木制作木鼓。丑年五月寅日早上，人们上山将树砍倒并搬运到本村寨附近的坳上。次日五位鼓头穿长衣、戴高帽前往坳上，每人用砍牛刀在树上砍一下，将少许木屑带回家，此举象征吉祥如意。五位鼓头和喂有祭祖牯牛的家庭，每家准备一只鸭、一盘糯米饭、一罐米酒作为祭物。四位唱歌郎唱歌祭树，祭祀时不焚香化纸。祭毕人们就地分吃食物，随后将树制作成木鼓停放在坳上。祭祖之年人们用皮蒙鼓，抬至新推选的第一鼓头家。

3. 第三年（寅年）祭祖：斗牛、杀牛和祭祖

第一，斗牛。斗牛活动于寅年十月举行。斗牛前鼓头戴藤帽、穿长衣、张雨伞，与四位唱歌郎结队而行，迈着庄重的步伐缓缓走到斗牛坪。待他们在斗牛坪看台前依次站好后，斗牛大赛开始。斗牛当天鼓头不开口说话、不随便行动、禁止吃喝，汗水鼻涕由"顶往"和"顶播"代为揩干，直到杀牛后这些禁忌才能解除。

第二，杀牛。杀牛前需请审牛师审牛和扫牛。审牛就是看牛的毛旋是否符合祭牛标准，如眼角、眼下有毛旋者不能宰杀，否则会有悲伤失望之事发生。腹下或生殖器附近有毛旋者也不能宰杀，否则主家会死人破财。同时，审牛师还根据祭祖牯牛的毛旋情况决定鸡、鸭、鱼、小猪等供物。扫牛时，审牛师在牛背上放一团棉花，将一碗凉水、一碗酒倒在牛鼻任其舔食。用一把青草扫牛角，念诵扫牛经，切取供物的毛或鳞片贴在牛头上。当场宰杀供物，将其煮熟后各取一点给牛吃，扫牛仪式结束。

杀牛在祭祖当年农历十月乙、亥两日凌晨举行，其地点选择在本村寨附近的河沟边或平坝上。杀牛者除了自带牛刀外，还需另备一只小猪、一定数

量的爆竹、米酒、糯米粑、一段红布、一块银元、二至三只鸡等礼品送给牛主。前来参加祝贺者，于斗牛之日或杀牛前夕带上礼物来到牛主家。鼓头家先杀牛，然后群众逐一宰杀自己的牛。鼓头家的牛由鼓头本人砍杀，一刀砍死为佳。杀牛时不烧香纸，但可放爆竹。群众的牛由牛主女婿或舅父砍杀，合购之牛由出钱最多者的亲戚砍杀，牛角由出钱最多者保存。杀牛者除了获得牛肉一腿外，还与掌杆者平分牛胸脯肉一块。审牛师和四个唱歌郎各获得牛肉一斤。杀牛当天并未向祖宗献牛，人们将牛头、牛尾和牛腿摆放到牛圈里，在牛口处放三根草，表示牛仍然活着。当天主家不能欢宴客人，前来祝贺的客人及亲朋好友随意休息、喝酒、踩芦笙或"游方"等。

第三，祭祖。这是吃鼓藏的主要内容，历时14天方能完成。

第一天，子日。早晨各家各户例行祭祖，将牛肝、肺、心、腰、肚、肠、肉切成小块，包成七包或用竹条串成七串，连同糯米饭、茶、酒等敬祭祖先，祭毕宴请客人吃早饭。中午，第一鼓头迎接每家祖宗到自家陪鼓，每家选派一人到第一鼓头家聚餐。第二、三、四、五鼓头依次以此方式宴请客人。亲朋好友提前一至二日携带礼物前来祝贺，路途近者早来晚回，远者多在戌日和亥日留宿。至亲好友送重礼，普通客人送一只鸭子、一罐酒、几斤糯米粑等。客人在主家聚餐后陆续回家，返回时可得到主家回礼肉一至三斤。

第二天，丑日。清晨，唱歌郎轮流在五个鼓头家唱歌祭祖，从第二鼓头家起唱，五位鼓头和本村寨老人均须到场聚餐一天。前来参加聚餐的亲戚，每人携带一壶米酒与主人一起进餐。当天下午各家各户砍牛头、烧牛脚炖食。牛主将牛角安放在自己家中。

第三天，寅日。早上在第三鼓头家唱歌祭祖，情况与第二天相同。下午，唱歌郎唱歌祭牛角。第一、二鼓头家的牛角分别放在自家门前闲置的木桩上，第三、四鼓头家的牛角放在第一鼓头家门前，第五鼓头的牛角放在第二鼓头家门前，群众的牛角随意摆放在自家门口。唱歌郎依次到各户牛角前唱歌祝贺牛主多子多孙，六畜兴旺。牛主赠送一二角钱给唱歌郎作为酬礼。

第四天，卯日。在第四鼓头家唱歌祭祖。当天青年男女踩芦笙和"游方"，老人小孩则上山砍柴、背草等。

第五天，辰日。上午在第五鼓头家唱歌祭祖，下午分"角形排骨"。杀牛后主家留下与牛角相似且带有牛皮的角形排骨一块，从第一鼓头家开始每户依次将角形排骨摆放在芦笙坪上。两位唱歌郎手持牛角酒站在桌上念诵鼓藏经，念毕将所有角形排骨砍成两段。牛主一段；另一段分成三份，鼓头、唱歌郎和群众各分一份，群众的一份当即在芦笙坪上煮吃。

第六天，巳日。上午在第一鼓头家唱歌祭祖。下午各牛主将放置在第一、二鼓头家门前的牛角取回，唱歌郎到各牛主家唱歌祈祷祖宗保佑家宅平安、世代清吉。

第七天，午日。迎接"修一康"。"修一康"指的是用竹条编成的鸟窝。鸟窝事前编好放在坡上，到了午日"嘎耶"带着鼓头和唱歌郎吹芦笙前往迎娶。"嘎耶"将一个煮熟的鸡蛋摆放在鸟窝边，用脚挪动鸡蛋围着鸟窝旋转三圈，然后把鸡蛋踢向本寨方向。用破衣布包一块四五斤重的岩石放在鸟窝内带到第一鼓头家，安放在事前预制好的一棵叉木树上。将鸟窝内岩石取出，放入四五斤糯谷。晚上，青年男女从本村寨神树下手持火把跑到第一鼓头家，一进门便将火把投入鸟窝内。旁人随即用水将火扑灭，这种投掷火把的活动连续进行三晚。每次投掷火把后，青年男女可以随意去邻里索取肉、米酒、盐、辣椒等食物，该活动也要连续举行三晚。晚饭后唱歌郎到第一鼓头家唱歌，唱歌也要连续进行三晚，五位鼓头供给唱歌郎一定的酒肉等食品。

第八天，未日。除晚间唱歌郎在第一鼓头家唱歌外，没有其他特别的祭祖活动，人们如同往常一样生活。

第九日，申日。早饭后"嘎当"将一高一矮两条长凳安放在第一鼓头家中，高凳上摆放供物，夜间唱歌郎继续唱歌。

第十天，酉日。上午，将五位鼓头筹备的糯米做成糯米粑，先做五斤重的糯米粑三个，其中一个糯米粑中部留一个洞以便挂在颈上，这个糯米粑主要送给第一鼓头的女婿；另外两个糯米粑送给两个"背水"的已婚女儿。然后将剩下的糯米做成两性生殖器模型的糯米粑贴在第一鼓头家堂屋中柱和墙壁上。同时另做两个木质的两性生殖器摆放在第一鼓头家的鼓房里，第一鼓头家杀一只小猪放在长凳上敬供祖先，众人搓草绳把第一鼓头家的房子捆一圈。当天晚上唱歌郎装扮成客人唱鼓藏歌，歌词中常常提到人们搓草绳捆房的故事。下午举行接女婿仪式，第一鼓头女婿携带一两斤炒米，连同随行人员共九人前来做客。其中一人抬一个木桶，木桶内放着七只已杀好的鸭子；另一人挑着一只活鸭、一壶酒和一篮米饭；其余六人分别携带一棵有根的竹子。五位鼓头和"嘎两"的妻子来到寨前路口迎接，"顶汪""顶播"之妻敬茶，其他鼓头之妻敬酒，大家一道把客人迎接到"嘎两"家。当天所有客人都到五位鼓头家里轮流吃饭喝酒。

第十一天，戌日。这一天的祭祖活动最多最复杂。

早上，凡家有亲人在上次祭祖活动中去世者，由其子孙将逝者头巾、衣服按其生前的穿戴样式摆放在河边，用瓦片和树皮搭建一个小屋邀请已故亲人洗头、换衣和进屋就座。稍后，第一鼓头女婿将一只木桶捆在中柱上，鼓头之妻用木棒在女婿臀部打一下便跑开。女婿照例要骂一声："鼓藏头的婆娘，为啥要打我，我×你的妈！"据说这样辱骂全家族成员都会发财。

中午，五位鼓头之妻分别穿着丈夫的长衣，提着篮子从一个门走进第一鼓头家，依次从矮凳上走过，然后从另一个门出去。在走过凳子时，第一鼓头预请一人拿着葫芦向她们洒酒，唱歌郎附和着唱歌引起围观群众阵阵欢笑。鼓头妻子出门后，一妇女带领她们到"嘎两"家。该妇女将女婿送来的木桶打开，取出七只鸭，五位鼓头的妻子各拿一只鸭放在篮子里，妇女本人自取一只，最后一只留给主人"嘎两"。"嘎两"宰杀自家一只鸭宴请在场人员喝酒。喝酒完毕，鼓头妻子沿路返回第一鼓头家，按相反方向从原来的出口进门，走过一次矮凳后从原来入口走出，脱去长衣。随后举行"背水喂鱼"和"竹战抹花脸"仪式。"背水喂鱼"由第一鼓头已婚女儿一人背水，第二鼓头已婚女儿一人取水，从河边用水桶背水三次，依次将水倒在第一鼓头家装有五条鱼的水缸内。每次取水三瓢，妇女在前，第一鼓头女婿在后，五位鼓头穿衣、戴帽、张伞，跟随其后三趟，背水完毕将水桶放在第一鼓头家堂屋中柱下。"竹战抹花脸"游戏的双方是第一鼓头女婿的六个客人与鼓头家人。主客双方每人拿着带根的竹子打架嬉戏，双方用锅烟互相涂抹脸部三次，随后用锅烟往旁人脸上涂抹，不断引起旁人欢笑。

下午，举行"放狗牵寨"仪式。人们预先聘请一男子拿着木制的两性生殖器从第一鼓头家跑出，第一鼓头手持弓箭在后尾追，一前一后围绕村寨跑一圈，回到第一鼓头家后该男子立即躲到双鼓后面。第一鼓头即问："你要生男还是生女？"他回答："生男。"又问："你想吃什么？"他回答："想吃鸡？"回答完毕，该男子将木质生殖器放在鼓下并走出鼓房。

晚上，上届祭祖期间已故亲人的家庭，将摆放在河坝上的逝者衣服和头巾取回，拿到第一鼓头家火坑上晃动片刻后带回家中保存。随后用牛肝、肺、心、腰、肚、肠、肉与大米混合煮成稀饭带到第一鼓头家高凳上祭祖，不烧香纸不念经。接着举行"藏单鼓"仪式，主人将单鼓藏在本村寨附近较为隐蔽的地方，次日由女婿家的人去寻找。如果找不到，惩罚女婿15斤稻谷；如果找到了，由女婿藏鼓，主人次日去找，奖惩方法同上。晚饭后在"嘎仰"家举行捧"玉碗"饮酒仪式，"嘎仰"和唱歌郎捧起玉碗，唱歌并饮酒一碗。随后他们来到第一鼓头家继续饮酒，"嘎仰"手捧玉碗，第二、三、四、五、一鼓头的手依次紧握在他的手下。唱歌郎吟唱鼓藏歌，每人用玉碗喝一碗酒后，把玉碗交给"嘎两"保存。唱歌郎装扮成两位亲戚带着鸡和猪腿来到寨上敲击第一鼓头家的门，第一鼓头随声问道："你们是哪里来的？"客人回答："从七十二寨①来。"主人问："你们来干什么？"客人说："我们来吃鼓藏。"主人说："我们来参加好不好？"客人说："欢迎、欢迎。"客人进门便吟唱鼓藏歌，唱毕"客人"告辞出门。尔后"嘎耶"请人到第一鼓头家吹芦笙给祖先听，连续吹奏两天三夜，至子日晚间停止。

第十二天，亥日。在第一鼓头家日夜吹芦笙。女婿等人去找鼓，如果找到了，他们晚间藏鼓让主人次日寻找。大家都对藏鼓一事颇感兴趣，往往藏得十分巧妙，使对方难于发现。

第十三天，子日。在第一鼓头家继续吹芦笙。上午主人找鼓，下午用牛皮蒙住单鼓，半夜人们将单鼓抬到鼓山洞收藏起来，此后停止吹奏芦笙。

第十四天，丑日。早上每家每户如同过年一般敬鼓。四位鼓头穿衣戴帽

---

① 七十二寨：旧时指榕江县。

来到第一鼓头家踩鼓、吹木叶和唱歌，随后全寨青年男女自由踩鼓、吹木叶和唱歌，场景极为热闹。踩鼓时，未生育妇女趁人不备将挂在第一鼓头家墙壁上形如男性生殖器的糯米粑取下带回家煮给自己和丈夫吃，期望自己能够生儿育女。最后人们将双鼓存放在第一鼓头家，整个鼓藏祭祖活动结束。

六、禁忌制度

禁忌制度是告诫人们言行举止所不能违背的一系列制度体系的总和。在传统贵州苗族社会，当地苗族先民有许多禁忌制度，这些禁忌制度在规范人们日常生活行为方面发挥着重要作用。

（一）祭祀禁忌

黔东南地区苗族举行鼓藏祭祖时，外人进寨后须至祭祖结束方能离开本村寨。凡参与祭祖活动者无论主客均不能随意言谈，其间要用某些特别语词代替平日话语。如"吃饱了"平时称"秀呢"，祭祖期间必说"的央"，即"吃肥了"；"吃肉"平时称"记额"，祭祖期间则说"记相类"，即"吃象肉"，等等。男女青年游方时皆以姓氏或房族划分专门的游方场地，不能随意走错。进错游方场地又不听劝告者被视为破坏规矩，除罚一头牛和一头猪外，勒令当事者当众认错。

贵州部分苗族家庭有人生病时，须请巫师于牛日或马日卜卦祭祀门神，该活动只能在晚上进行。子时宰杀一头纯黑毛小母猪，于火塘边褪毛，在门轴下挖一小坑将猪毛和脏水掩埋其中。然后把小猪剖成五块，与洗净的肠、肝、肚、肺一起煮熟作为供品。次日凌晨全家男子起床吃肉时只能用木勺舀，整个祭祀过程不能说一句汉话，只能用苗语问答。

（二）生活起居禁忌

忌坐"夯告"和门槛。贵州苗族住房一般为三间，正中一间是堂屋，堂屋两侧其中一间为火塘，从堂屋走向火塘正面相对的中柱位置为"夯告"。在紧靠"夯告"的火塘边，外人、妇女或小孩不能入座，认为谁坐了门槛其臀部会生疮，此处是自家或本族长者的专门位置。

忌踩三脚架和吹口哨。三脚架是贵州苗族用来架锅吃饭的器具，人们认为脚踩三脚架不吉利；同时认为晚上吹口哨会招来鬼怪。出嫁姑娘首次回门禁止接触娘家锅灶，姑娘出嫁前到夫家亦不能接触锅灶。

忌震龙岩。贵州苗族家庭堂屋中央经常安放一块石板，称为龙岩。龙岩下有一小坑，坑内放置一碗清水，主家把龙接回来后将其安置于此处。人们相信龙能给主人带来福寿，震动龙岩生怕龙神受到惊吓而离去。

忌太阳落山后将孩子尿布和衣物挂置屋外。贵州苗族认为太阳下山后会有鬼怪出现，此时将孩子尿布和衣物挂置屋外会导致孩子人气不强，对孩子不利。

忌听到部分鸟雀和家禽鸣叫。一是忌听到乌鸦叫。人们认为乌鸦是不祥之鸟，听到乌鸦叫是不祥征兆，不久会有死人之灾。二是忌听到阳雀叫。阳春三月人们如厕时如果听到阳雀叫被认为必患麻风病，遇此情况须假装乞丐乞讨百家饭食之方可解除病患。三是忌晚间听到公鸡叫。晚间听到家里公鸡啼叫被认为将会发生火灾，遇此情况立即用水泼向公鸡或宰杀公鸡以解除灾难。

出行禁忌。一是忌重要出行遇上妇女。贵州苗族社会重男轻女，妇女在家庭中的地位极其低下，人们认为出行办事遇上妇女是不祥的征兆，遇此情况必返家择日再行。二是忌出门在外遇见两蛇交合或众蛇集会。如此情况人们认为家中必有人死，须请巫师施法禳解。三是忌出行路上随意喝水。在黔东南地区从江县一带，人们在出行路上口渴遇到泉水或沟水时不能随意乱喝，须结"草标"抛入水中后才能喝水，否则会触犯"龙王"引来肚子疼痛。四是忌出门看到流星。若见到流星掉地，流星掉向何方预示着何方村寨必遭火灾，遇此情况须请巫师施法解灾。

忌狗迁居或产单仔。狗自行迁居别人家被认为是自家家败变穷，对方兴旺富裕的征兆；若狗产仔数为一、三、七只被认为有凶险，最好将其打死。

忌在"黑月头"期间操办喜事或过节。在黔东南一带苗族村寨，"黑月头"是指农历每月初三以前及十六以后，人们认为在这些日子操办喜事或过节不吉利。

（三）饮食禁忌

荤食禁忌。一是忌吃狗肉和鸡肉。黔西北一带石、施二姓苗族认为狗是自己的恩人，无论身处何处他们都禁止吃狗肉。贵州省部分苗族地区田姓忌吃狗肉和鸡肉。相传田姓祖先田好、田亥两兄弟在一个漆黑的夜里遭仇杀，当天晚上因鸡不鸣狗不吠而幸免。于是两兄弟约定田好一支子孙不吃狗肉，田亥一支后嗣不吃鸡肉，并认为违反规定将断子绝孙，遵守规约则发达兴旺。二是忌食五爪类动物。在贵州苗族地区，凡从事巫师、苗医之人一律忌食龟、鳖、虎、狗等五爪类动物，认为食用此类食物之后行法或行医不显灵。三是忌吃母猪肠和鸡肠。在黔东南地区台江县一带，未出嫁的苗族姑娘忌吃母猪肠和鸡肠，认为吃了母猪肠不能生育子女，吃了鸡肠织不好花带，当地苗族青年男子还忌食公鸡睾丸。四是忌食蛇肉和猫肉。在黔东南地区榕江县水尾一带，当地苗族忌食蛇肉和猫肉，其中时姓苗族忌食乌鸦肉，麻姓苗族忌食狗肉。五是忌吃动物心脏。在黔西南地区望谟县麻山一带，杨、梁等姓苗族家庭不吃动物心脏，认为吃了动物心脏会瞎眼。老人去世办丧事期间忌吃荤，丧祭杀牛时丧家及亲友不能食用牛肉。六是忌吃鸡血、鸡脚和猪蹄。在安顺市镇宁县革利一带，小孩不能吃鸡血，认为吃了鸡血长大后说话和讲理时脸会变红；不能吃鸡脚和猪蹄，认为吃了鸡脚和猪蹄长大后娶媳妇难以成功。七是忌炒食猎物。在黔南地区贵定县仰望一带，人们上山获得猎物后只能煮熟而吃，忌炒食。煮时不能盖锅盖，否则以后会捕不到猎物。猎物和狗肉不能当供品，产妇食用鸡蛋后须将蛋壳扔到河里，乱丢小孩会生"干疙瘩"①。

素食禁忌。一是忌吃斋粑。斋粑即祭祖用过的糯米粑。黔东北一带吴姓苗族姑娘忌吃斋粑，认为吃了斋粑后不能生育，即使已经生育过的妇女亦须遵循此规定。二是忌用蛋、韭菜和酸汤等招待游方客。在黔东南地区台江县一带，苗族姑娘"游方"时忌用煮蛋、韭菜和酸汤菜招待游方客人，认为这

---

① 干疙瘩：指一种皮肤病。

样做将不能与游方客恋爱成家。姑娘炒菜放辣椒时要用手将其撕破，不能用钵舂碎，认为游方客吃了舂碎的辣椒以后结成夫妻感情不好。三是忌手摘黄瓜。在毕节市赫章县等地苗族村寨，黄瓜成熟时须用木叉挑落地下带回家中，用其祭祖后方能食用。

（四）时令禁忌

大年正月禁忌。在黔东北一带，正月立春后忌在戊日动土和挑水，认为违反此规定会触怒土神，春社日之后该禁忌自然解除。在黔东南地区锦平县苗族村寨，正月初一和初三不能挑泉水，不能到公共取水处洗涤，认为此举会惊动龙神。正月初一不能扫地、做针线等家务活。在黔南地区贵定县仰望一带，正月初一至十五逢单日不能挑水和扫地，不能动锄头镰刀；正月初一至十五不能在寨内晾晒粮食衣物等，洗脸水不能倒于屋外，否则当年会打凶雷、刮大风吹垮房屋；不能挑粪肥放于田中，否则当年会天旱。在黔西南地区望谟麻山等地苗族村寨，从大年初一起不能出工种地和扫地，不能泼水出门，妇女不能做针线活。小寨忌七天，大寨忌九天。在安顺市镇宁县革利一带，大年初一至初五不能看到劳动工具，认为见到锄头挖地时锄把易断碎，见到镰刀割草会伤手，见到犁耕地时犁杠易断，见到扁担挑东西时扁担易断。

清明节禁忌。在黔东南地区锦平县一带苗族村寨，清明节当天不能上坟祭祖，此活动须在清明节前三天或后七天进行。

封斋日禁忌。黔西北地区威宁县一带苗族有封斋日禁忌的习俗。封斋日是指每年小暑前辰日至小暑后巳日的一段时间，相传这一段日子是白帝天王遇难日。封斋日期间当地苗族不能吃鸡肉、鸭肉、鱼肉、虾、鳖、蟹等；遇见山禽、野兽、虫类避讳直呼其名，皆不能打杀；斋期内亲人出生或死亡须杀猪祭祀忏悔；开斋日由村民共同集资杀猪祭神，出嫁姑娘和女婿回娘家宴饮共享开斋之乐。

其他时日禁忌。在黔东北一带，戌年和九月不能接龙，传说狗克龙，认为这些年份和月份对接龙不利。农历每月初五、十四、二十三不能办喜事。在黔东南地区锦平县一带，一年中逢戊日不能动土和挑水。

(五) 生产劳动禁忌

忌起粪遇见他人。起粪,即送粪上田。春季二三月,部分贵州苗族家庭由一名男子选择与自己生日相同的时间举行送粪上田。黎明时分,该男子挑粪,带上三根芭茅草到自家田地,插上芭茅草并施肥于田中,表示庄稼长得像芭茅草一样高大茂盛,让鬼神见到芭茅草后深感害怕,不会来损害庄稼。在起粪过程中不能遇见他人,假如遇见亦不能与之打招呼,对方呼喊也不能答应,否则当年庄稼长势不好。在黔东南地区雷山县一带,当地苗族禁忌在过大年至"开活路"期间挑粪下田,"开活路"时先由"活路头"抬粪下田,尔后其他群众方能照办。年初打春雷三次后人们才能从事生产劳动。

忌马日、鼠日干农活。在黔东南一带苗族村寨,春耕播种时节逢马日、鼠日两天不能从事挑粪、挖土、薅土等劳动。当地苗族认为马日是虫天,鼠日是鼠天,这两天进行生产劳动农作物会被虫鼠吃光。

忌抢先插秧。在黔东南地区台江县方白一带,每年插秧要先"开秧门","秧头"举行"开秧门"之前任何人不能抢先插秧。"秧头"开秧门时如在路上遇到他人,对方不能问及此事。在黔东北地区从江县加勉乡一带,人们到"祖公田"插秧时须杀鸡鸭敬供田地,而且只能说吉利语,否则当年禾谷无收。田中如有老虎走过或老虎进田洗澡,谓之"虎鬼进田",须请巫师退鬼方能耕种,否则只能让其荒废。

忌农忙时节吹芦笙。在贵州省广大苗族地区,农忙时节禁止吹芦笙,害怕因其影响生产。

(六) 婚姻生育禁忌

忌同宗同姓结婚。贵州苗族都有自己的姓氏,是否同姓主要看苗姓,同一苗姓一般都同属于一个氏族。清水江流域一带苗族有同姓同宗不婚的规定,如有违反,同宗族各苗族村寨就会约集寨老以破坏宗族习俗为名对婚姻当事人进行问罪。到达当事人家中后,不论对方同意与否先杀猪宰羊大吃一餐,然后进行审判。有的强迫婚姻双方杀猪宰羊向族人赔礼,有的强迫当事人一方改姓,有的强迫拆散婚姻,有的把双方当事人捉拿捆打一顿并驱逐到外地居住。

忌命运相克。贵州苗族测算命运是否相克有三种方法：一是属相，人们普遍认为牛马相克，猪虎相克；二是生辰八字，请巫师测算男女双方生辰八字是否相克；三是鸡卜和蛋卜，通过杀鸡看眼和蛋卜的方式测算婚姻凶吉。一旦命理相克则不能婚配。

忌立春后结婚。立春后雷雨较多，唯恐结婚路上遇到打雷下雨。如结婚路上遇到蛇、黄鼠狼等动物，婚期要顺延一天。如结婚路上遇到丧事，婚事自动解除。在黔东南一带苗族乡村，月亮山区部分苗族禁止在农历每月初三、十三、二十三等"单日"结婚，雷公山区部分苗族禁止在农历每月初七、十七、二十七日结婚，丹寨县部分苗族禁止在农历二月子日、午日、寅日结婚。人们认为上述日子对结婚不利，生怕给婚后生活带来影响。在黔南地区贵定县一带，接新娘当天忌打雷下雨，接亲路上忌遇到其他新娘，若意外遇上要绕道行走或互换手巾。姑娘出嫁时其母或兄嫂如有身孕须回避，若兄嫂有身孕兄长不能扶妹出门。新娘到夫家后孕妇不能进入洞房，否则会带来煞气，使新娘今后不能生育。

忌孕妇吃猪蹄、产妇串门等。未婚妇女，特别是孕妇不能吃猪蹄和分叉的萝卜，认为吃了之后生下的孩子会长出六个指头。妇女生产未满月母子不能出门和串门，认为此举对孩子不利，而且他人也不喜欢。在黔东南地区从江县加勉乡一带，妇女生孩子后不能进入跳月场与男子跳舞，认为这样会触犯祖宗或得暴病。

忌家畜吃坐月婆掉到地上的乳汁。在黔南地区贵定县一带，如发生此类现象须将家畜卖掉或打死丢到泥塘中，并请巫师施法解灾。

婚食禁忌。在黔东南地区台江县巫脚交一带，结婚当天女方送到男方家的糯米饭和肉鱼等食品，女方送亲客不能食用。反之，新娘回门时男方送给女方家的肉、鱼、酒和糯米粑等食物，男方陪送亲友亦不能食用。

(七) 丧葬禁忌

凶死禁忌。在黔东北一带苗族地区，家有凶死者主人不能吃家里剩余的酸菜和泡菜。安葬凶死者只能一次祭送，以后不再复祭，不再给坟添土，否则会给子孙带来不利。平时不能呼喊凶死者名字。

治丧禁忌。在黔东北一带苗族乡村，妇女哭丧时眼泪不能掉在死者身上。守灵时忌猫、狗走近尸体旁。给死者穿衣忌双数，给死者带头帕忌与活人同方向，给死者穿鞋须左右反穿。如死者父母健在，其子女不能佩戴白头帕和白头巾；如死者父母已去世，其子女则要佩戴白头帕和白头巾，否则认为对死者不孝。家中有老人去世，家长一个月内不能洗头、理发、出远门，不能参加吹芦笙、赛马、斗牛等活动。在黔东南、黔南一带苗族地区，治丧期间丧家忌吃荤，待埋葬死者后方可开荤；治丧由年长者担任，青年人忌讳参与其中；杀牛祭祀死者时丧家及亲友不能吃牛肉；入殓随葬物品不能用铜质或铁质器物，人们认为携带这些器物会使死者亡灵更加强壮有力进而危害活人，故当地苗族有"埋铜埋铁，全家死绝"的说法。

安葬日禁忌。在黔东南广大苗族地区，人们对安葬日期的选择有一定限制。凯里市部分苗族忌农历每月初五、十四、二十三日安葬，雷公山区部分苗族忌农历每月初二、十二、二十二日安葬，丹寨县部分苗族忌农历每月寅日安葬，雷山县西江一带苗族忌农历每月初九、十九、二十九日安葬。在雷山县和丹寨县一带苗族地区，如老人在四十九、五十九、六十九、七十九、八十九等带有"九"的寿年上去世，忌当年安葬入土，须实行"二次葬"。

第三节 贵州苗族传统精神文化

精神文化是人类精神生产的成果，一个民族的精神文化既包括该民族的哲学、道德、文学艺术等上层建筑方面的内容，同时也包括该民族的思维方式和语言习惯等层面的知识。世代生息于山区的贵州苗族在长期的历史发展中不仅创造出了丰富多彩的物质文化和制度文化，同时也创造了令世上惊叹的精神文化成果，为丰富中华民族乃至世界文化宝库作出了积极贡献。贵州苗族传统精神文化是当地苗族先民集体智慧的结晶，是维系当地苗族社会生存和发展的精神纽带，其内容主要表现在文学、音乐、舞蹈、戏曲和节日五个方面。

一、文学

贵州苗族传统文学包括诗歌、理词、神话传说和谚语等，具有鲜明的民间文化特色。

（一）诗歌

这里所说的诗歌是指贵州苗族先民在长期历史发展过程中形成的民间歌谣，体现在古歌、佳和叙事诗三个方面。

1. 古歌

古歌，贵州苗族称为"夏娄夏告"，流传于黔东南地区台江县全境及周边的凯里市、雷山县、榕江县、施秉县、黄平县和镇远县等地，是一种以口传心记为传承手段、以全体民族为传承载体、以盘问对唱为媒介，集苗族世界观、人生观、道德观、价值观为一体的文化体系，由"开天辟地歌""枫木歌""洪水滔天歌"和"跋山涉水歌"四个部分组成。

第一，开天辟地歌。开天辟地歌反映的是苗族先民在"万物有灵论"观念支配下对宇宙万物的认识和理解，是他们对天地形成的幻想。贵州苗族开天辟地歌流行于黔东南广大苗族地区，包括《开天辟地》《运金运银》《打柱擎天》和《铸日造月》四个部分，主要歌颂"府方""养优""火耐""剖帕""黄虎"五位巨人开天辟地勇创新生活以及巨兽——"修狃"射落日月的勇敢过程。相传在很久以前，天地刚创立时相连在一起。筷子戳不进，老鼠住不下，水也不能流。在这样的混沌世界里，五位巨人举斧把天劈开，用蒿子把天撑住，让地塌下来。由于蒿秆不结实，天常常垮，地时时崩。后来出现"宝""雄""旦""当"四位祖公，他们设法到东方运来金银铸造成四根擎天柱，把天撑上太空，把地耙平整。与此同时，他们还运用金银铸造了子、丑、寅、卯、辰、巳、午、未、申、酉、戌、亥各12个太阳和月亮，白天晒得大地一片焦黄，夜晚照得大地一片白光，人们无以为生。于是修狃爬上玉树，用弓箭分别射落 11 个太阳和月亮，命令剩余的一个太阳和月亮轮番照明天下。从此白天有太阳，夜里有月亮，照得高山和深谷日夜亮堂堂。有了太阳和月亮，人们饿了有饭吃，冷了有衣穿。江略①九千个，遍地喜洋洋。例如《开天辟地》②中唱道：

> 我们看古时，哪个生最早？哪个算最老？他来把天开，他来把地造，造山生野菜，造水生浮漂，造坡生蚱蜢，造井生钢蝌③，造狗来撵山，造鸡来报晓，造牛来拉犁，造田来种稻，才生下你我，做活养老小。姜央生最早，姜央算最老，他来把天开，他来把地造，造山生野菜，造水生浮漂，造坡生蚱蜢，造井生钢蝌，造狗来撵山，造鸡来报晓，造牛来拉犁，造田来种稻，才生下你我，做活养老小。姜央生最早？姜央算最老？姜央生得晚，姜央不算老。哪个生最早？哪个算最老？府方生最早，府方算最老。府方生最早？府方算最老？府方生得晚，府方不算老。哪个生最早？哪个算最老？养优生最早，养优算最老。养优生最早？养优算最老？养优生得晚，养优不算老。哪个生最早？哪个算最老？火耐生最早，火耐算最老。火耐生最早？火耐算最老？火耐生得晚，火耐不算老。哪个生最早？哪个算最老？剥帕生最早，剥帕算最老。剥帕生最早？剥帕算最老？剥帕生得晚，剥帕不算老。哪个生最早？哪个算最老？修狃生最早，修狃算最老。修狃生最早？修狃算最老？修狃生得晚，修狃不算老。哪个生最早？哪个算最老？黄虎生最早，黄虎算最老。黄虎生最早？黄虎算最老？黄虎生得晚，黄虎不算老。哪个生最早？哪个算最老？黄虎爹和妈，才算生最早。黄虎爹和妈，才算是最老。黄虎老妈妈，哪个来生她？黄虎老爸爸，哪个来养他？扒山扒岭的，扒开到西方，生下黄虎妈，钻山潜水的，钻通到东方，养大黄虎爹。扒山扒岭的，才算生最早。钻山潜水的，才算是最老。扒山扒岭的，出生算最早？钻山潜水的，年纪算最老？扒山扒岭的，不算生最早；钻山潜水的，年纪不算老。哪个生最早？哪个算最老？云雾生最早，云雾算最老。云来诳呀诳，

---

① 江略：即苗族的一个支系或一个部落。
② 贵州省民间文学组整理、田兵编选：《苗族古歌》，贵州人民出版社，1979年版，第1—16页。
③ 钢蝌，苗族音译，指水里的一种黑壳虫，形状如金龟子。

雾来抱呀抱，哪个和哪个，同时生下了？云来诳呀诳，雾来抱呀抱，科啼和乐啼，同时生下了。科啼诳呀诳，乐啼抱呀抱，哪个和哪个，又出生来了？科啼诳呀诳，乐啼抱呀抱，天上和地下，又出生来了。天刚刚生来，天是什么呢？地刚刚生来，地是什么呢？天刚刚生来，天是白色泥；地刚刚生来，地是黑色泥。天刚刚生来，像个什么样？地刚刚生来，像个什么样？天刚刚生来，像个大撮箕；地刚刚生来，像张大晒席。刚刚生下天，刚刚生下地，两个相重迭？还是各分离？天地刚生下，相迭在一起，筷子戳不进，耗子住不下，虫虫亚里头，水也不能留。天地刚生下，相迭在一起，哪个是好汉？辟开天和地。剖帕是好汉，打从东方来，举斧猛一砍，天地两分开。天地两分开，天地还不圆，哪个心灵活？用口什么锅？煮天圆罗罗，煮地圆罗罗。往吾心灵活，用口大天锅，煮天圆罗罗，煮地圆罗罗。天地两分开，天小地不宽，哪个巴掌大？哪个臂力强？把天拍三拍，把地捏三捏，天才这样大，地才这样宽。把公和样公，把婆和廖婆，他们巴掌大，他们臂力强，把天拍三拍，把地捏三捏，天才这样大，地才这样宽。我们看现在，天是这么高，地是这么矮，相隔千万里，永远不相挨。回头看古时，天地虽分开，天还压着地，地还顶着天，坐起低头看，脑壳靠膝盖。哪个是好汉？来把天一顶，来把地一踩，天才升上去，地才降下来？府方老人家，脚杆有九节，手臂有八双，能吃九篓鱼，能吃九槽粑，嘴巴咬死马，腰杆硬像钢，来把天一顶，来把地一踩，天才升上去，地才降下来，风才来回吹，鸟才自由飞，雨才往下降，树才往上长，人在地上住，再不弯腰杆。天地已长大，天地已长宽，哪个是好汉，来把天地量？量来又量去，量得怎么样？老鹰是好汉，来往乱飞翔，他来当尺子，来把天地量；量来又量去，天地同样宽。现在才有山，以前没有山，哪个本领大？哪个来造山？养优本领大，养优来造山，高的压它矮，弯的拉它直，山头像帽子，山坳像鞍子，山腰像椅子，山梁像手指，山谷互相通，有弯又有直。现在才有江，现在才有河，以前没有江，以前没有河，哪个来造江，哪个来造河？修狃力气大，头上长对角，一撬山崩垮，再撬地陷落，大水滚滚流，到处有江河，人人掌着船，往来像穿梭，找穿又找吃，日子才好过。哪些老公公，哪些老婆婆，整好上方土，修好下方河，填好坪子地，砌好斜土坡，才有土开田，才有地做活，才有山种树，庄稼绿满坡？耙公整山岭，秋婆修江山，绍公填平地，绍婆砌斜坡，才有土开田，才有地做活，才有山种树，庄稼绿满坡。

现在才有火，以前没有火，菜饭不过煮，得肉就生嚼。哪个心聪明，拿啥互相敲，迸出红火苗，人人搭锅灶，菜饭才过煮，得肉才过烧？火耐老公公，心灵手又巧，用石互相敲，迸出红火苗，人人搭锅灶，菜饭才过煮，得肉才过烧，吃得喷喷香，大家眯眯笑。哪个生最晚，哪个算最小，他来造什么，客人可知道？姜央生最晚，姜央算最小，造狗来撵山，造鸡来报晓，造牛来拉犁，造田来种稻，才生下你我，做活养老小。

第二，枫木歌。枫木歌是苗族关于人类起源的神话传说，讲述苗族始祖来源和万物起源。贵州苗族枫木歌流传于黔东南广大苗族地区，包括《枫香树种》《犁东耙西》《栽枫香树》《砍枫香树》《妹榜妹留》和《十二个蛋》六个部分。相传枫树种最初生在天上，是"仙风"把它吹下人间，神兽——修狃用大山作轭，用旋风作犁索，犁东耙西平整大地，把枫树种播栽在村边水塘岸上。鹭鸶和白鹤偷吃完"榜香"老人喂养在水塘里的鱼后，飞到已经长大的枫树上做窝，"榜香"老人一气之下把枫树砍倒。枫树被砍倒后，树心长出妹榜妹留[①]，榜留与水泡"游方"生下12个蛋，鹋宇鸟孵化16个冬春生出雷公、水龙、老虎、蜈蚣等十二兄弟以及人类祖先——姜央。最后这十二兄弟各奔四方，雷公上天管雨水，水龙下海管鱼虾，老虎上山称霸王，姜央守得大地喜洋洋。例如《枫香树种》[②]中唱道：

我们看现在，树子满山坡，树子满山谷，开花又结果，树种多又多，回头看远古，山坡没有树，山谷没有树，树子在何方？树种在何处？远古那时候，山坡光秃秃，只有一棵树，生在天角角，洪水淹不到，野火烧不着。那是什么树，生在天角角？那是白枫树，生在天角角，雷公拿帽遮，雷公用链缚，洪水淹不到，野火烧不着。枫树在天家，枝丫漫天涯，结了几样种，开了几样花？枫树在天家，枝丫漫天涯，结出千样种，开出百样花，各色花相应，天边飞彩霞，千样百样种，挂满树枝丫。九十九种鸟，最大哪种鸟？九十九种鸟，最大九头鸟。九十九种鱼，最大哪种鱼？

---

① 妹榜妹留：指苗族始祖蝴蝶妈妈。
② 贵州省民间文学组整理、田兵编选：《苗族古歌》，贵州人民出版社，1979年版，第117—141页。

九十九种鱼，最大黄鲤鱼。九十九种饭，最大哪种饭？九十九种饭，最大糯米饭。
九十九样种，最大哪样种？九十九样种，最大枫树种。树子在天家，树种在天涯，
天家远又高，我们拿不到。哪个心肠好，身体很轻巧，他能到天家，他能拿得到？
仙风心肠好，身体很轻巧，他能到天家，他能拿得到。仙风到天家，爬上树枝丫，
一枝一枝踩，一桠一桠踏。九十九样种，纷纷往下落，九百九样种，纷纷往下落。
树种落下地，没有房子住，拥挤在哪里，个个气鼓鼓？树种落下地，没有房子住，
拥在石窝窝，挤在岩脚脚。石窝窄又小，岩脚冷风大，一个挤一个，个个开口骂：
早知是这样，不该来地下，天上多好玩，天上多好耍，妈家房屋窄，窄就窄点吧，
妈妈住得下，我就住得下！在家陪妈妈，妈妈心喜欢，妈家吃食苦，苦点也没啥，
妈妈吃得下，我也吃得下！树种心失悔，要想回天上，哪个像爹娘，一副好心肠，
来造树种屋，来盖树种房？我们看现在，妈妈要盖房，汉人作师傅，角尺来比量，
墨斗牵墨线，弹墨直又长。盖好妈妈屋，妈妈喜洋洋。回头看当初，悠悠古时候，
固劳老公公，要盖树种房，哪个作师傅？什么当尺量？哪个牵墨线？弹墨直又长？
固劳老公公，要盖树种房，养优作师傅，闪电当尺量，太阳牵墨线，弹墨直又长，
盖成树种房，树种喜洋洋。说到树种屋，唱到树种房，来赞树种屋，来夸树种房。
要是妈妈屋，要是妈妈房，枫木作中柱，梓木作屋梁，屋顶盖灰瓦，檐下吊脚梁，
鳌头像牛角，前后多门窗。房屋宽又大，屋里亮堂堂。来看树种屋，来看树种房。
什么作中柱？什么作屋梁？山峰作中柱，山岭作屋梁。什么当瓦盖？什么作吊梁？
蓝天当瓦盖，绿水作吊梁。鳌头像什么？什么当门窗？鳌头像龙角，山凹当门窗。
房屋宽又大，四面通阳光。树种进新屋，树种住新房，屋里闹嚷嚷，像个踩鼓场。
哪个手臂长，扶天春高粱？妞香手臂长，扶天春高粱，天边摇晃晃，抖落三块瓦，
打出三朵花，火苗三尺长，燃着树种屋，烧着树种房。火烧树种房，树种心惊惶，
拼命往外跑，挤破门和窗。到底是哪个，起个啥心肠？旋风老公公，起个坏心肠，
声声诳树种：你们莫心慌，跟我上天去，回家看爹娘。树种乘旋风，跑回蓝天上。
树种到天家，回去看妈妈，妈家在天边，娘家在天角。树种忙忙走，雷公门口过，
看见雷公屋，九间是一幢，屋脊像鱼背，鳌头闪红光，屋梁银子作，屋壁金子装。
树种心着迷，停脚呆呆望。雷公见树种，好言来诳哄：外边天太冷，外边风太大，
快快进屋来，坐起烧烤吧。树种不回家，走进雷公屋，雷公拿铁锁，雷公拿扫把，

树种扫进柜，树种锁进仓。树种回天家，大家心发慌，这个没主意，那个失主张。
哪个心明亮，笑笑把话讲？蜜蜂心明亮，笑笑把话讲。大家莫着急，大家莫心慌，
等我上天去，看看怎么样。蜜蜂到天上，飞进雷公家，听树种讲话，抱怨一啪啦：
铁柜黑洞洞，铁仓冷飕飕，关了三年半，三个秋对秋。早知是这样，不进雷公家，
天冷随它冷，风大也不怕。哪个心灵巧，出个好主张？蜜蜂心灵巧，出个好主张。
哄着雷公说，哄着雷公讲：老鼠咬破柜，老鼠咬破仓，树种都跑完，仓柜空荡荡。
雷公刚睡醒，一听就慌张，抬手掀开被，翻身跳下床，忘了把脸洗，忘了去梳妆，
急忙开铁柜，急忙开铁仓。树种见开柜，树种见开仓，跑出雷公屋，跳出雷公房，
跑得团团转，好像纺车样。天上宽又敞，处处歌舞场，姑娘多又美，寨寨歌声扬，
花衣套新裙，银花亮晃晃；青年多又俊，芦笙日夜响，新衣青又亮，裤筒直又长，
黄铜丝烟盒，系在腰带上，一步一甩手，闪闪放金光；姑娘手拉手，青年肩靠肩，
对对在跳舞，双双把歌唱。天上太好玩，树种四处逛，游方过日子，不想回地上。
树种满天游，天上闹嚷嚷，哪个冒火了，打他一耳光？太阳冒火了，打他一耳光。
树种心害怕，才肯回地上。虫儿回来时，天是什么天？鱼儿回来时，天是什么天？
树种回来时，又是什么天？虫儿回来时，茫茫大雾天；鱼儿回来时，蒙蒙细雨天；
树种回来时，洪水浪滔天。爱情做索子，拿来拴姑娘，姑娘往外走，寨边来游方，
唱歌又跳舞，满寨闹嚷嚷。什么做索子，拿来拴树种，从天往下放，绿树满山冈？
阳光做索子，拿来拴树种，从天往下放，绿树满山冈？牛来牛鞭赶，鼓来鼓棒跟，
树种从天降，哪个并肩行？牛来牛鞭赶，鼓来鼓棒跟，树种从天降，鱼儿并肩行？
树种从天降，轰轰隆隆响，哪个在坡上，吓得心发慌？树种从天降，轰轰隆隆响，
孩子在坡上，吓得心发慌。柴捆不敢要，进洞去躲藏。树种下来了，没有落地上，
卡在悬崖边，挂在高岩上。哪个好心肠？猴子好心肠。他从东方来，走到悬崖上，
看见树种子，把脚扬一扬，树种往下落，掉在平地上，树种跌得重，陷进九拃深。
哪个眼力好，见了就去搬？哪个力气大，见了就去咬？蚂蚁眼力好，见了就去搬；
老鼠力气大，见了就去咬。金子和银子，陷进泥土里，不会生根根，不会发芽芽。
只有树种子，陷进泥土里，很快就生根，很快就发芽。根粗像脚杆，扎得深又稳，
蚂蚁没法搬，老鼠没法啃。六月涨大水，大水西方来，树根和泥土，两下被冲开，
只见树种子，纷纷冒出来。树种冒出来，大水又冲散，随着大水走，随着江河下。

哪个是好汉？公鸭是好汉。腰间挂宝剑，一手一把叉，这边扬一剑，那边摔一叉，呷呷吼树种，把它赶上岸。树种太多了，鸭子没法赶，只有用网围，只有用网拦。要是捕雀鸟，姑娘绩麻线，后生织成网，织成拦山网，上山拦麻雀。来看捕树种，哪个绩麻线？哪个编织网？香两绩麻线，固劳编织网，织成拦河网，下河拦树种，树种沿路走，才肯走上岸。树种走向岸，来到漩水滩，看见谁跳舞，听见谁唱歌？树种走向岸，来到漩水滩，水泡在跳舞，水泡在唱歌，树种也想玩，忘记走上岸。树种贪心玩，不愿走上岸。哪个是好汉，来把树种赶？水牛是好汉，头上两把剑，他从东方来，走到漩水滩，树种吓一跳，急忙跑上岸。哪个前面走？哪个后边跟？水牛前面走，树种后边跟，踏着牛脚印，步步跟着行。来到宽平坝，平坝绿茵茵，青草当坐垫，凉风把扇扇，树种要休息，轻轻躺下地。七十七个女，八十八个男，个个跑来瞧，人人跑来看，没有一个人，认出枫树种。到底是哪个，认出枫树种？榜香老人家，有个大姑娘，天天摘蒿菜。走过宽平坝，认出枫树种，拾得一大篮。姑娘回家转，提个大篮篮，篮口放蒿菜，篮底藏树种，急急来到家，悄悄对妈说：这是枫树种，最古老树种。树种在东方，住在榜香家，哪个好心肠，引它来西方？榜香好心肠，引它来西方。榜香引树种，越岭又翻山，绕过一坳坳，翻过一弯弯，爬上高山头，举目四方看：西方高山坡，到处光秃秃，树种心焦愁，树种心难过。哪个来织布，缝衣山坡穿？细尼来织布，缝衣山坡穿，山坡青幽幽，树种心喜欢。九十九样种，走到山边边，九十九样种，走到山脚脚，山边光溜溜，一片黄泥土，山脚光秃秃，一片黄泥土，树种心焦愁，树种心难过。哪个顶聪明，翻下黄泥土，刨上黑泥沙？榜香顶聪明，翻下黄泥土，刨上黑泥沙：这里泥土肥，这里泥脚深，牛踩陷齐背，马踩陷齐颈。九十九样种，心里喜盈盈；九百九样种，心里喜盈盈。哪个好心肠，这山那山唱，树种听见了，树种乐陶陶？阳雀好心肠，这山那山唱，他唱这样歌，他说这样话：这里地方宽，这里泥土好，栽种枫木树，长得高又高。九十九样种，安心住下了；九百九样种，安心住下了。

第三，洪水滔天歌。洪水滔天歌是关于苗族洪水神话的故事，贵州苗族洪水滔天歌包括《洪水滔天》和《兄妹结婚》两部分，讲述的是十二兄弟分家后雷公得牛马，姜央得条狗不能耕田插秧，于是姜央上天向雷公借牛犁田。

犁好田后，姜央将牛杀食，把牛尾插在田坎下戏耍雷公。雷公气恨之下用板斧砍劈姜央，不料却被姜央施计关进铁仓里。雷公求救"相两""相芒"兄妹给其酸水喝，喝完酸水后雷公力气倍增炸开铁仓，到天上发洪水淹没姜央和大地。临别时雷公送给兄妹一粒葫芦瓜种让其种下，不久即长有谷仓大，兄妹坐在葫芦瓜里随水漂流到天上保住了性命。待水消失后兄妹下到人间睁眼一看，发现洪水已经淹没大地一万年，侵腐了老松树，泡烂了老枫木，大地变了样。有的地方变成沟壑，有的地方变成山坡，山中绝鸟兽，寨上断人烟，只剩"相两"和"相芒"兄妹俩。为了传宗接代兄妹俩到处寻偶，问遍了竹子、冬瓜、南瓜、枊甲①、芯扭②等，它们都异口同声地回答：水已经淹绝了人种，你俩就结伴把人类造出来吧。兄妹俩无奈之下只好结婚，婚后生出一个肉疙瘩。兄妹俩随即将肉疙瘩砍成十二份撒在五层坡变成了五支公和六支婆，公婆分家繁衍子孙有了人类后代。例如《洪水滔天》③中唱道：

  唱完十二蛋，说完十二蛋，现在唱什么，客人来接了。唱完十二蛋，说完十二蛋，洪水滔天歌，现在该唱了。藤长要分叉，树大要分桠，姜央与龙虎，吵闹分了家：龙王下水去，深潭去安家；雷公上天去，天上去安家；老虎深山去，坡岭去安家；姜央得平地，开田种庄稼。哪个最心狠，拉牛又拉马，捉鸡又捉鸭？剩下一条啥，姜央留下它？雷公最心狠，拉牛又拉马，捉鸡又捉鸭；剩下一条狗，姜央留下它。雷公得牛马，种田把家发，隆隆把谷砻，格格把桌拉，吃喝闹盈盈，得意笑哈哈。姜央得条狗，犁田犁不动，插秧插不下，心里要气炸。姜央气得很，姜央怎么办？姜央气得很，上天找雷公：黄狗力气小，不能把田犁，把牛借给我，犁完就还你。姜央借得牛，拉来到地上，犁完田和地，杀来祭祖先。牛血央喝了，牛肉央吃了，剩下牛头尾，埋在田坎脚，后露一条尾，前露两只脚。哪个计策高？姜央计策高。急忙上天去，假装哭嗷嗷：雷公呀雷公，事情不凑巧，田里烂泥深，牛身又笨重，刚把地犁完，牛陷烂泥了。雷公心发慌，急忙跳下床，身穿绿绸衣，头挽黑发髻，

---
① 枊甲：指生长在山坳里的一种枫木。
② 芯扭：指生长在水塘里的一种植物。
③ 贵州省民间文学组整理、田兵编选：《苗族古歌》，贵州人民出版社，1979年版，第219—251页。

走下九天云，看牛在哪里。来到田坎脚，只见尾和角，姜央指着它，雷公动手拉。
姜央拉牛角，雷公拉牛尾。姜央玩心计，脚踏牛尾根，雷公扯不出，雷公扯不动，
雷公气吁吁，汗水如急雨。哪个心暗喜？姜央心暗喜：回回我让你，这回我整你。
姜央一松脚，雷公往后跌。倒在烂田里，摔个仰八叉，四角全朝天，一身烂泥巴。
姜央故惊讶：你太用劲啦，牛身没拉起，扯断牛尾巴。雷公两眼红，又恨又害羞，
顾上理绸衣，忘了挽发髻，仔细看牛尾，牛尾不出血。情知是受骗，虎地变了脸。
老虎咬死你，恶鬼打死你，犁田借我牛，杀死当吃新[①]，犁田借我牛，杀吃当过年。
杀牛过不小，戏我罪更大，弄脏我绸衣，弄乱我头发。等我回天上，待我转到家，
铁斧拿一把，铜锤拿一双，劈你成肉块，捶你成肉酱。雷公要打架，姜央怕不怕？
雷公要打架，姜央并不怕。姜央有主意，姜央笑嘻嘻：你回天上去，三年来打我？
三月来打我？三天来打我？三年我不等，三月也不等，三天更不等，换了脏衣服，
挽好乱发髻，回来就劈你。换衣你就来，我才不怕你。如果你回来，养足力和气，
那时你来劈，我才真怕你。雷公吼一声，急忙改主意：三年我不等，三月也不等，
今天我回去，在家养力气，力壮气又足，下来劈死你。雷公你劈我，先从偏房来？
先从正房来？先劈偏房顶？先劈正房梁？先从偏房来，劈破偏房顶，打死我花猪，
空空跑一趟；若从正房来，先劈正房梁，打死我姜央，算你是好汉。下来劈死你，
我会选地方，后上偏房顶，先上正房梁，后劈你花猪，先劈你姜央。我们看现在，
皇帝要打仗，上阵有军队，杀敌用刀枪。我们看从前，姜央要打仗，身边无军队，
手上没刀枪，姜央和雷公，怎样来打仗？姜央心聪明，姜央有主张，水里捞青苔，
涂抹正房梁，木杈拿一把，屋角把身藏。雷公劈姜央，心里急忙忙，睡觉养力气，
三天翻下床。雷公劈姜央，发威在天上：三趟往西方，三趟往东方，寒光亮闪闪，
劈斧明晃晃。不去偏房顶，不去谷仓上，看中正房顶，飞落正房梁，脚踏滑青苔，
摔倒在地上。姜央跳出来，先拿汽盆[②]扣，后用木杈叉，叉住雷公脖，绳子绑手脚，
拖他进铁仓，反把铁锁上：这回你劈我，中了我的计。别的没什么，罚你搓棕索，
搓满三谷仓，放你回天上。假若搓不满，九年也要关，十年也要关。哪个好心计，
姜央好心计，仓角挖个洞，仓底穿个眼。雷公上面搓，姜央下面拉，搓成十尺索，

---

① 吃新：黔东南苗族在农历六月逢卯日欢度的节日，这时青黄不接，尝试新谷，谓之吃新。
② 汽盆：贵州苗族农村的蒸饭用具。

一拃都不见，雷公累又慌，汗水横竖淌。从卯搓到卯，从寅搓到寅①，磨破手板心，搓烂膝盖皮。姜央估一估，上头长齐天，下头拖齐地，姜央才放心，出门做活去。两个小娃娃，哥哥叫什么？妹妹叫什么？姜央出门时，如何来叮嘱？两个小娃娃，哥哥叫相两，妹妹叫相芒。姜央出门时，这样对他/她讲："你俩要听话，不要进铁仓，仓里那雷公，诡计实在多，假若听他话，你俩会上当。"雷公搓索子，呔呔吐口水，嘴上迸火花，闪烁又闪烁。相两和相芒，在玩水刚蝌②。回头看雷公，仓里变把戏，越变越好看，越变越稀奇，哥哥拉妹妹，跑到仓边看。雷公见娃崽，来把稀奇看，使劲抖抖手，擦擦胳肢窝，阵阵红光现，道道白光闪。相两和相芒，看得入了迷。看见两娃崽，已经上当了，雷公抹抹嘴，满嘴笑盈盈：还有另一套，耍得更好看。回去问你妈，可有大劈斧？可有酸汤水？可有坛口水？给我一碗汤，给我一把斧，耍给你们看。相两和相芒，喜得心花放，早把姜央话，忘得净光光。舀了坛口水，又去舀酸汤，还送一把斧，雷公拿手上。雷公喝了汤，力气千倍长；雷公喷口水，炸啦一声响；斧头四边砍，铁仓碎四方。雷公跳出仓，感谢兄妹俩，拿出葫芦种，送给兄妹俩：这颗葫芦种，赶快拿去种，两天结葫芦，长得比仓大，凿空当屋住，挖空当船划。雷公交代好，劈头遇哪个？一个怎么讲？一个怎么说？雷公交代好，劈头遇姜央，顿脚又捶胸，骂声连天响：你这恶姜央，坏透心和肠。今天我回去，一不降大雪，二不降冰霜，三不出太阳，四不出月亮，堵住消水洞，打开天肚脐，降下漫天雨，冲垮你寨子，淹死你姜央。姜央急不急？姜央不着急，脸上色不变，说话笑嘻嘻：堵住消水洞，打开天肚脐，你要降大雨，你要造洪水，是要等三年，还是等三月？是要等三天，还是等一天？堵住消水洞，打开天肚脐，我降漫天雨，我造滔天水，不用等三年，不用等三月，不用等三天，只要过一夜，只要过一天。姜央仰着头，捧肚笑哈哈：但愿你回去，叫云遮黑天，马上就下雨，我才不怕你。只怕你回去，蒙头睡三天。先去养力气，后来降大雨，我才算倒霉，死在你手里。雷公口不说，心里改主意：睡足三日夜，涨水淹死你。姜央收笑脸，心里暗计算，抱来大棕绳，假装抹眼泪：这根大棕绳，本是你搓的，一头长齐天，一头拖齐地，一头拴着我，一头拴着你。洪水滔天后，念我是兄弟，你把索子改，埋葬我尸体。

---

① 卯到卯、寅到寅：贵州苗族方言，习惯上指一昼夜，也有指十三天或十三年的。
② 水刚蝌：漂浮在水面上的一种小甲壳虫。

假若是现在，漫天洪水涨，大船和舰板，一齐来帮忙，抢救钱和物，生命不伤亡。回头看过去，没有大铁船，没有小舰板，洪水滔天涨，姜央怎么办？姜央在门外，看见两兄弟，抓泥下种子，种瓜园坎上，姜央问明白，心里喜洋洋。一天秧生藤，两天藤开花，三天花结果，得个葫芦瓜。好像谷仓大，如何把它挖？假若是现在，妈妈有菜刀，爸爸有铁锉，挖挖又凿凿，瓜肚就空了。回头看过去，妈妈没菜刀，爸爸没铁锉，水鼠请来挖，地鼠叫来凿。水鼠不肯挖，地鼠不愿凿，相两相芒说：偿你碓边糠，赐你簸边米，替你牛工价，替你马工钱。水鼠才来挖，地鼠才来凿，咯咯又咯咯，凿成葫芦屋。姜央和娃崽，欢喜在心上，忙带百样种，忙收千样粮，装在葫芦里，等着洪水涨。雷公和姜央，越结仇越深：起初那时候，仇恨有多大？稍后那时候，仇恨有多大？到了最后么，仇恨有多大？雷公和姜央，越结仇越深：起初那时候，仇恨鹌鹑大；稍后那时候，仇恨公鹅大；到了最后么，仇恨水牛大，粗有十七抱，大有十九围。雷公恨姜央，恨到骨髓里，手里拿棕索，心里打主意：洪水滔天后，我把索子收，找到姜央尸，寻到姜央骨，铁斧来砍断，铜锤来捶碎，东边丢一块，西边丢一片，叫他尸和骨，不能在一起。睡了三日夜，雷公急忙起，堵住消水洞，打开天肚脐，天黑像锅底，漫天落大雨。天上哗哗下，地上无路消，洪水满地流，一浪翻一浪。水小浪滚滚，水大浪翻浪，日日往上升，夜夜朝天涨。姜央老公公，相两和相芒，同坐葫芦里，葫芦随水起：水淹过屋顶，葫芦漂屋顶；水淹过坡脚，葫芦漂坡脚；水淹过坡腰，葫芦漂坡腰；水漫过山顶，葫芦漂山顶；水淹到云脚，水浸到天门，天水相连接，葫芦隐又现。淹没千条岭，沉没万条冲；淹没千年杉，沉没万年松；淹没千支奶，沉没万支公；寨边朋友绝，楼门伴侣空。只有姜央公，相两和相芒，坐在葫芦里，漂呀漂向西，流呀流向东。哪个有主意？姜央有主意，拉着大棕索，向着天门划，心想到天上，抓住老雷公，同他把账算，和他把理讲。洪水浪滔天，雷公喜不喜？洪水浪滔天，雷公多欢喜：一天七炸雷，七夜漫天雨，水漫到天门，水淹齐天底。姜央呀姜央，回回中你计，这回该死你。再等两三天，我把索子收，得到你骨尸，捶烂你尸体，才消我冤仇，才散我怒气。洪水浪滔滔，姜央心不焦，拉着大棕索，向着天门漂。雷公心欢喜，转身找鸭子。鸭子会游水，鸭子你去瞧，姜央是活着，还是淹死了？鸭子出门望，进门把话讲：大雨柱自落，洪水柱自涨，姜央坐葫芦，划到天门上。雷公气乎乎，拍腿把鸭骂：实情你不讲，对我说谎话。越骂气越大，揪住鸭嘴巴，用力捏一把，鸭嘴扁沓沓。

雷公心不服，转身叫公鹅：你去看姜央，是死还是活？公鹅出门看，进门又来讲：
大雨枉自落，洪水枉自涨，姜央坐葫芦，来到天门上。雷公气乎乎，拍腿把鹅骂：
实情你不讲，对我说瞎话。说着伸出手，送鹅几磕宰①，鹅头起个包，永远消不了。
把鹅撵出去，雷公气难消，又降三天雨，又涨三夜水。回身找公鸡，对着公鸡讲：
你去看姜央，到底怎么样，真的死去了，还是活世上？看见鸭被捏，看见鹅被磕，
公鸡很着急，心里抖嗦嗦。鸭鹅走过来，替他出主意，叫鸡把谎撒，真情说成假。
公鸡走出门，水里打个滚，周身湿淋淋，进门说谎话：漫天大洪水，姜央淹死啦！
胀得像个鼓，胀得像个瓜。雷公笑哈哈，抚摸鸡嘴巴：说话不撒谎，我真喜欢你，
摸尖你的嘴，让你好吃米；给你大红梳，戴在头顶上。鸭子嘴巴扁，公鹅头起包，
公鸡头上冠，来由是这样。听说姜央死，雷公怎么样？听说姜央死，雷公喜欢啦，
隆隆奔出门，轰轰跑进家。找来大铜锤，拿来大铁斧，要分姜央尸，要捶姜央骨。
雷公准备好，动手把索拉，收呀收呀收，拉呀拉呀拉，越收越得意，越拉越欢喜，
索子一收完，姜央现眼前。雷公吓一跳，急忙跑回家，先关大楼门，后上小门闩。
姜央在门外，擂门大声喊。越喊门越紧，姜央怎么办？姜央在门外，姜央气冲冲，
拿出蜜蜂筒，放出两筒蜂。蜜蜂放出去，飞去螫雷公。雷公不发怒，得意笑盈盈：
不如虱子咬，不如跳蚤叮。蜜蜂叮不痛，又放大马蜂，马蜂嗡嗡嗡，飞去螫雷公，
螫了雷公脸，又螫雷公胸，身肿像胖猪，脸肿像饭盆，雷公满屋跳，雷公满屋跑：
不要再螫了，不要再叮了，我愿认输了，我们来和好。姜央推开门，闯进雷公房：
你的心肠坏，想害我姜央，今天我来了，看你怎么样，还有啥本领，拿来亮一亮？
雷公心发慌，赔礼把位让：你既到天上，就住我地方。雷公输了理，姜央又开言：
快开消水洞，快堵天肚脐！雷公斗败了，耷拉大脑袋。九网撒西方，堵住天肚脐，
七叉朝东方，拆开消水洞。姜央来吩咐，相两和相芒：你俩坐葫芦，赶快下人间，
找伴造人种，结婚造人烟，不准门楼冷，不让鼓声停。漫天大洪水，渐渐往下消，
水消离天门，葫芦离天门，水消到云脚，葫芦漂云脚，水消到山顶，葫芦漂山顶，
水消到坡腰，葫芦漂坡腰，水小归山谷，水大归江河，葫芦载兄弟，降落沙滩上。
水淹多少年？水漫多少载？水淹一万年，水漫一万载。浸腐老松树，浸烂老枫木，
千双朋友死，万对伙伴亡，只剩葫芦崽，相两和相芒。兄妹出来望，大地怎么样？

---

① 磕宰：贵州苗族方言，即五指合拢、半握拳、食指突出，向对方敲击。

兄妹出来望，大地变了样：有的成深谷，有的平洋洋，有的成山包，有的成水凼，淙淙小河流，哗哗大江淌。相两和相芒，拿出千样种，掏出百样粮，撒在平地上，播在山坡旁。五谷才生长，百花才开放，大地结瓜果，山岭披绿装。洪水滔天歌，这里算落脚，下面唱哪首，客人你来说。洪水滔天歌，这里算落脚，下面唱的是，兄妹结婚歌。

第四，跋山涉水歌。跋山涉水歌是苗族古歌的续篇，与开天辟地歌、枫木歌和洪水滔天歌相隔的年代较远。贵州苗族跋山涉水歌主要歌唱黔东南境内清水江、雷公山一带苗族祖先原来居住在东方，后因子孙繁衍逐步分支并向西方迁徙寻找美好生活的艰辛历程。歌词中唱道[①]：

来唱五支奶，来唱六支祖，歌唱远祖先，经历万般苦，迁徙来西方，寻找好生活。从前五支奶，居住在哪里？从前六支祖，居住在哪里？从前五支奶，居住在东方，从前六支祖，居住在东方：挨近海边边，天水紧相连，波浪滚滚翻，眼望不到边。东方虽然宽，好地耕种完，剩些空地方，像个什么样？剩些空地方，宽处像席子，窄处像马圈，陡处像屋檐。奶奶住的村，像个什么样？公公住的村，像个什么样？奶奶住的村，又小又狭窄，公公住的村，房屋都不大，像个小蜂窝，挤得黑麻麻。麻雀生多了，窝窝挤不下，子孙生多了，寨子住不下。我们五支奶，共用几口灶？我们五支奶，共有一口灶。早上做早饭，一个让一个。晚上做晚饭，一个等一个：先做早吃过，后做饿着等。我们六支公，火炕共几个？我们六支公，火坑共一个，烤得身上暖，等得身上寒。我们五家嫂，几个舂米房？我们五家嫂，一个舂米房，一个忙又忙，四个站一旁。我们六家姑，几对挑水桶？我们六家姑，一对挑水桶，一个担水吃，五个等水用。子孙太少了，奶奶不欢喜，公公不欢喜，子孙太多了，日子怎么样？子孙太多了，吃的找不到，穿的找不到，蕨根当饭吃，树叶做衣穿。蕨根当饭吃，实在饿得快，一天吃几次？几天就吃完？一天吃九次，九天就吃完，奶瘦如蚂蚱，公瘦如蚂蚱。树叶做衣穿，实在破得快，一天补几次？几天不能补？

---

① 贵州省民间文学组整理、田兵编选：《苗族古歌》，贵州人民出版社，1979年版，第281—324页。

一天补九次，九天不能补，挑水怕出门，烤火怕蹲下。住的太狭窄，吃的没办法，穿的不像话，日子怎过法？奶奶问公公，公公没话答，公公问奶奶，奶奶没话答。哪个最聪明，心灵主意多？雄公最聪明，心灵主意多：邀约五支奶，邀约六支祖，商议迁地方，寻找好生活。奶奶和公公，商议迁地方，有的怎样说？有的怎样讲？奶奶和公公，商议迁地方，有的奶奶说，有的公公讲，搬家是要搬，要找好地方！有的奶又说，有的公又讲：东方虽然苦，好歹是老家，挨着老祖先，苦点也没啥！有的说要走，有的说不走，哪个最聪明，悄悄上高山，嗡嗡吹箫筒？怎样哄奶奶？怎样哄公公？雄公最聪明，悄悄上高山，嗡嗡吹箫筒，哄着奶奶讲，哄着公公说：龙王叫嗡嗡，龙王要出山，出山山就垮，地方不能住，我们快搬家。奶奶要搬家，哪里地方好，奶奶不知道；公公要搬家，哪里地方好，公公不知道。哪个和哪个，挑鸡去赶场，处处都走到，见个好地方，急急转回来，悄悄对人讲？燕子和喜鹊，挑鸡去赶场，处处都走到，见个好地方，急急转回来，悄悄这样讲：就在山那边，日落那地方，谷粒柿子大，谷穗马尾长，要吃用手剥，碓子用不上。听了喜鹊话，听了燕子话，奶奶怎样讲？公公怎样说？听了喜鹊话，听了燕子话，奶奶说走走，公公说走走。这个串寨子，那个串寨子，三个成一群，五个合一伙，一个对一个，到底怎样说？你来跟我讲，我去对他说：快到西方去，寻找好生活。寨子像蜂窝，早晚哄哄闹，一个催一个，赶快收拾好。妈妈对爸爸，说句什么话？爸爸对妈妈，说句什么话？妈妈叫爸爸，记住带犁耙；爸爸叫妈妈，记住带棉花。姑姑对嫂嫂，说句什么话？嫂嫂对姑姑，说句什么话？姑姑叫嫂嫂，莫忘带针线；嫂嫂叫姑姑，莫忘带剪花[1]。临到要走了，奶奶为啥慌？忘记带什么？后来变哪样？临到要走了，一个催一个，奶奶心里慌，忘记带手杖，后来变石条，躺在大路上；夜里不见亮，走路绊一跤，跌倒在地上，摸着那石条，想到奶手杖，还喊一声娘[2]。临到要走了，妈妈为啥慌？忘记带什么？后来变哪样？临到要走了，一个催一个，妈妈心里慌，忘记带纺车，年代久远了，变成纺织娘，月下喳喳叫，纺纱织布忙。奶奶离东方，队伍长又长；公公离东方，队伍长又长。后生挑担子，老人背包包，扶老又携幼，跋山又涉水，迁徙来西方，寻找好生活。走走又走走，爬上高山头，回头看家乡，

---

[1] 剪花：用纸剪成的花样，苗族妇女用于刺绣时称为剪纸。
[2] 一般人走路绊倒时，不自觉地说声"妈咦！"有愤怒之意。

138

第二章 贵州苗族传统文化的主要内容

留在白云后，奶奶和公公，心里真难受。行行重行行，来到天坳口，抬头看西方，相隔万重山，越去路越远，哪天走到头？奶奶和公公，心里好发愁。哪个最聪明，笑着把话说？雄公最聪明，笑着把话说：要说好地方，就在天那边；要过好生活，就去山那面。奶奶听见了，奶奶笑开颜；公公听见了，公公笑开颜。大家手牵手，翻过高山巅。爬过一座山，绕过一个弯；又爬一座山，又绕一个弯。来到什么山，路滑上山难，奶奶没法上，公公没法翻？来到细石山，路滑上山难，奶奶没法上，公公没法翻。哪个是好汉，一声一声喊？雄公是好汉，一声一声喊：后边顶前边，互相推着走；爬上高山巅，回头来拉手。壮年扶老人，大人拉小孩，一个牵一个，攀登细石山。翻过细石山，走到刀石冲，石子像锯齿，鞋子全戳通，奶奶踮脚走，越走脚越痛；公公踮脚走，越走脚越痛。哪个心明亮，说出啥主张，奶奶和公公，心里喜洋洋？雄公心明亮，心里有主张，一边叫雄扎，一边喊东勇：快去割茅草，铺垫在路中。奶奶听见了，心里暖烘烘；公公听见了，心里暖烘烘。东勇真英俊，雄扎真英勇，一个一把刀，割草在山中，镰刀唰唰响，割光五条冲。东勇在前走，边走边铺路；雄扎在前走，边走边铺路。踏着草铺路，好像踩被窝，奶奶心里乐，公公笑呵呵，快乐不觉累，步子快如梭。走过刀石冲，爬上螺蛳山，山路如蛇盘，白云把路拦，奶奶向前走，盘旋千道弯；公公向前走，盘旋千道弯。走上白云山，拐拐又弯弯，白天云雾多，夜里月光暗，白天怎么走？夜里怎么办？白天摸着走，夜里跨步难，幸有萤火虫，山中亮闪闪，奶奶和公公，步步跟上山。翻山又越岭，越岭又翻山，从晚走到早，从早走到晚，奶奶累得很，坐下不想起，公公累得很，坐下不想起。哪个力气大，拉了奶奶起？哪个本领强，拉了公公起？凉水力气大，拉了奶奶起，烟叶本领强，拉了公公起；凉水喝一口，烟叶吸一杆，奶奶和公公，有力爬高山。行行又走走，来到啥山头？为个什么事，寸步不能走？行行又走走，来到冰山头，冰山滑如油，寸步不能走。奶奶拿锄头，挖冰开路走；公公拿锄头，挖冰开路走。冰山像岩石，锄头卷了口，奶奶心发愁，公公心发愁。哪个好心肠，走下高山头？太阳好心肠，走下高山头，奶奶不要焦，公公不要愁，今天养力气，明天就好走。太阳下山头，山坡山岭游，冰雪看见了，变成清水流。大家手牵手，翻过冰山头。翻过冰山头，来到风雪坳，大雪纷纷飘，北风呼呼叫。奶奶和公公，冰凌结眉梢，弟弟和妹妹，头发都白了。大家呵呵笑，笑掉眼睫毛。行行又走走，遇到三条江，滔滔向东流，水色不一样：一条白生生，一条黄央央，一条清幽幽，

139

飘着稻花香。三条大河水，滚滚流东方，为了啥原因，水色不一样？三条大河水，滚滚流东方，因为不同源，水色不一样。河水黄央央，来自啥地方？河水白生生，来自啥地方？河水稻花香，来自啥地方？奶奶问公公，公公没话讲；公公问奶奶，奶奶没话讲。哪个心明亮，笑着把话讲？雄公心明亮，笑着把话讲：三条大河流，水色不一样，源头两岸地，都是好地方。河水白生生，源远水流长，来自银地方；河水黄央央，源远水流长，来自金地方；河水清幽幽，飘着稻花香，源远水流长，那里出棉粮。奶奶听见了，奶奶喜洋洋；公公听见了，公公喜洋洋。沿着黄水河，走到金地方。沿着白水河，走到银地方。沿着稻花河，走进米粮仓。奶奶这样想，奶奶喜如狂；公公那样想，公公喜如狂。要走哪条河，要去哪地方，奶有奶的说，公有公的讲。雄公问奶奶，要走哪条江？雄公问公公，要去哪地方？我们五支奶，开口把话讲：银子白生生，好镶银衣裳，姑娘穿银衣，又白又漂亮。依照我们想，银子最贵重，沿白水河上，去找银地方。我们六支公，另外出主张：金子比银贵，一两抵十两。沿黄水河上，去找金地方。雄公有主意，高声把话讲：要去银地方，丢下金地方；要去金地方，丢下米粮仓。金子淘得尽，银子挖得光，有米做饭吃，子孙才兴旺。沿稻花河上，去找米粮仓。奶奶听这话，奶奶喜如狂。公公听这话，公公喜如狂。奶奶和公公，沿着稻花河，歌声夹着笑，笑声带着歌。河道曲又折，河水拐又弯，两岸怪石拦，河中多险滩。奶奶和公公，哈哈走过来，怪石来拦路，推石滚下滩。鱼在河里游，水獭滩边走，奶奶和公公，来到河渡口。渡口水流急，哗哗卷漩涡，漩涡像什么，鸭子不敢过？渡口水流急，哗哗卷漩涡，漩涡像山口，鸭子不敢过。渡口上下滩，波浪大如山，后浪推前浪，滚地又动天。河岸是陡岩，喜鹊飞不过，燕子飞上去，风吹往下落。岩壁洞儿多，迭连像蜂窝，猕猴盘洞住，岩背叫猴坡，猴坡翻不过，河水不能渡，奶奶和公公，搭桥来过河，搭桥过了河，沿河又上走，没有多少路，又是大渡口。渡口这样多，搭桥难上难，奶奶心发愁，公公没法办。哪个有主意，心里不着急？雄公有主意，心里不着急；河岸没路走，渡口千百个；搭桥太麻烦，我们来造船。奶奶要造船，公公要造船，洪水滔天后，山中树死绝，到处光秃秃，哪里有大树？只有一棵树，生长在猴坡，洪水冲不到，野火烧不着。那是什么树，生长在猴坡，洪水冲不倒，野火烧不着？那是白桐树，生长在猴坡，树干七十抱，枝丫百丈高，洪水冲不倒，野火烧不着。奶奶和公公，要砍白桐树，哪个在树颠？哪个在树脚？老鹰在树颠，虾蟆在树脚，老鹰凶又凶，

140

虾蟆恶又恶。我们看现在，老鹰草鞋大，绕村绕寨飞，叼吃小鸡鸭。回头看远古，老鹰云块大，绕山绕岭飞，老虎都怕它。我们看现在，虾蟆碗口大，蹲在田坎边，吃些小蚂蚱。回头看远古，虾蟆谷仓大，钻山又钻水，野猪都怕它。老鹰住树颠，虾蟆住树脚，奶奶和公公，怎砍白桐树？奶奶和公公，心灵主意多：东山放水牛，西山放母猪。老鹰抓水牛，老鹰飞出窝；虾蟆抓母猪，虾蟆离树脚。奶奶扛锯子，公公带斧头，攀缘上猴坡，砍伐白桐树。奶奶拉锯子，公公挥斧头，树子太大了，树子太硬了，一天砍不断，两天锯不倒。老鹰抓水牛，虾蟆抓母猪，水牛跳下河，母猪钻洞躲，一天抓不住，两天抓不住。奶奶白天锯，公公晚上砍。日日夜夜锯，日日夜夜砍，多锯树就倒，多砍树就断。树子锯断了，哗啦一声倒，山冈都震动，砸烂一坡草。老鹰飞来了，盘旋头上叫：你们砍树子，毁了我的巢，摔死我的崽，我要把仇报！虾蟆回来了，一跳几丈高：你们砍树子，砸烂我的巢，压死我的崽，我要把仇报！老鹰舞起爪，爪长像什么？虾蟆张开嘴，嘴大像什么？老鹰舞起爪，爪长像竹竿；虾蟆张开嘴，嘴大如箩筐。哪个是好汉，开口大声喊？雄公是好汉，开口大声喊：东勇快张弓，雄扎快搭箭，射死凶老鹰，射死猛虾蟆！东勇射老鹰，雄扎射虾蟆；瞄准老鹰头，射掉老鹰眼；瞄准虾蟆胸，射穿虾蟆心。东勇射九箭，老鹰坠地死；雄扎射九箭，虾蟆就断气。射死凶老鹰，射死恶虾蟆，奶奶和公公，要把桐树拉。桐树长又大，桐树粗又重，东勇好气力，东勇拖不动，雄扎好气力，雄扎拖不动。哪个主意好，想出好办法？雄公主意好，想出好办法，对着高山喊，请猴来帮拉。请猴用什么？请猴用金银。猴子不要金。猴子不要银。请猴用什么？请猴用鸡鸭。猴子不要鸡，猴子不要鸭。请猴用什么？请猴用黄瓜。猴子笑哈哈，下山把树拉。一伙猴子推，一伙猴子拉，桐木辘轳滚，滚到河沙坝。公公锯树干，奶奶砍树枝；公公造船舱，奶奶造橹桨。从早造到晚，从晚造到早，造了多少天？造了多少夜？造成几只船？一船几个舱？造了十三天，造了十三夜，造成百只船，一船百个舱，摆满河岸边，人人笑开颜。大船造好了，哪个登上船，双手撑篙竿，开口大声喊？大船造好了，雄公登上船，双手撑篙竿，开口大声喊：马上就开走，大家快上船！奶奶摇桨橹，公公撑篙竿，一划过三湾，三划上九滩。桨如鸭脚板，排水前后翻；橹如鱼尾鳍，拨水左右摆。船行如飞箭，桨橹抛浪圈，浪中看人影，水里打秋千。船行如飞箭，来到险滩前，水浪像山头，滩里多暗礁，两边悬岩陡，纤索没处抛。哪个站船头，对着船里喊？雄公站船头，对着船里喊：东勇和雄扎，快快射岩山！哪个拿绳子？哪个拴箭杆？奶奶拿绳子，公公拴箭杆。东勇拉开弓，弓开像月圆，左边射九箭，岩壁火花溅。雄扎拉开弓，弓圆如铜鼓，右边射九箭，岩壁火花落。箭头钻岩壁，扎得深又深，奶奶拉绳子，公公撑篙竿，嗨哟嗨哟嗨，大船上险滩，眼看山在前，转眼山在后。日行一千里，夜走六百三。太阳落西山，月亮出东山，昼夜都开船，来到窄口滩，流水哗哗泻，划船上滩难。燕子飞过来：越上河越窄，丢船快爬山。喜鹊飞过来：西方快到了，山巅看得见。奶奶和公公，呵呵笑颜开。奶奶撩裙子，公公挽裤筒，大家手牵手，一齐爬上山。站在山巅上，举眼望西方，奶奶和公公，心热像滚汤。燕子飞来说：那个好地方，名字叫方先①。喜鹊飞来讲：方先产棉粮，白米喷喷香；一个大棉桃，裹腿②织一双，两个大棉桃，套头③五丈长。奶奶和公公，相望喜洋洋，大家手挽手，一齐下山冈。山中野藤多，刺蓬拦着路；奶奶走下山，花裙被挂住；公公走下山，野藤把腿缚。哪个和哪个，割藤砍刺柯？东勇和雄扎，割藤砍刺树，奶奶和公公，心里滋滋乐。割藤砍刺柯，边割边前走，走到山梁子，两边岩壁陡。山梁陡又窄，路像巴掌宽，低头看陡岩，心惊腿儿颤。哪个心亮堂，路边栽木桩？雄公心亮堂，路边栽木桩。奶奶攀着走，缓缓过山梁；公公攀着走，缓缓过山冈。进入西方境，道路一坦平，奶奶和公公，心里喜盈盈。奶奶缓缓走，留心四面看；公公缓缓走，留心四面看。方先好地方，绿树满山冈：坝子宽又长，四边三条江。两山兜一水，两水抱一山，山光青幽幽，水色似天蓝。山弯深又深，好造大楼房；河弯平又平，好种棉和粮。奶奶这样想，奶奶喜洋洋；公公这样想，公公喜洋洋。走到大河弯，挖挖泥土看，泥土黝黝黑，泥土松松软，奶奶和公公，心里好喜欢。公抓一把土，鼻子闻又闻：真是好地方，泥土香喷喷。奶掐一叶草，嘴里嚼一嚼：真是好地方，草木甜又香！河水清亮亮，奶奶洗洗头，头发亮如油；河水清幽幽，公公喝一口，甜到心里头。走到山弯前，小溪流涓涓，两边枫香树，桃花红艳艳。山弯枫树颠，喜鹊荡秋千；山弯小溪前，燕子飞翩翩。奶奶笑哈哈，公公笑哈哈：河坝好种田，山弯好住家，我们不走了，安家来住下！找到好土地，大家心欢喜，个个笑着问，我们住哪里？雄公心里乐，

---

① 方先：贵州苗族称现在的榕江县为"方先"。
② 裹腿：即裹腿布，旧时贵州苗族妇女喜欢围裹腿，有些地方将其当作装饰，十分讲究。
③ 套头：旧时贵州苗族男子喜好包套头，不仅能够御寒，而且还有装饰的作用。

笑着把话说：我们来议榔，议榔怎么住。奶奶回答说：大家分开居，才好建村寨！公公回答说：大家分开住，才好开田土！雄公来议榔，榔约这样说：一支住方先，一支住方尼，一支住者雄，一支住希陇，一支住春整，分开过生活。分支分好了，大家乐呵呵，五支奶和公，互相来庆贺：找到好地方，找到好生活。我们五支奶，我们六支祖，经过千般难，受过万般苦，前来到西方，创造好生活。奶奶多勤劳，公公最艰辛，造物建村落，开田又劈土：大田一坝坝，小田一坡坡；地方八百寨，九千大村落；鸡儿串满寨，鸭儿飘满河；猪儿关满圈，牛儿放满坡。

2. 佳

贵州苗族诗歌——"佳"是苗语音译，意即"道"或"道理"，即讲道理的歌，也有人直接称作"道理歌"，主要流传于黔东南地区麻江县、丹寨县等地苗族村寨。"佳"与议榔词、理词的体裁大致相同，句子有长有短，分节不拘句数，每节叙述一个完整事件，既可背诵也可歌唱，有一定格律。就歌词内容而言，"佳"像是苗族的通史。"佳"的原资料约为79节，每节歌唱一事，有的几十行，有的几百行，长短不一，节与节之间在内容上没有联系。可见，"佳"是一部由几十个故事汇集而成的故事集，这些故事集经过一番剪裁形成了统一的体裁，最终成为一部通史似的诗歌。

1—37节共约6500行，是古歌的汇集，先后讲述道理来源→鬼神来源→天地、日月星辰来源→物种来源→人类起源→民族来源等，内容涵盖古代神话、理歌、理词、巫词、童话、寓言、儿歌、传说故事等。例如37节刻画了一个卑鄙恶毒的人物形象，故事开头叙述"米老人"与"劳叨"恋爱成婚生下记约迷，尔后歌词对记约迷的阴谋诡计进行了生动描写："地方是你们的地方，寨子是你们的寨子，我是吃饭没有秧桩，我是烧火没有树桩，不知道怎么办？我只有一条长尾巴公狗，用它换你们一节沟来屙屎[①]。"[②] 理老与记约迷立下誓言进行交换，但到了次年春耕饮水灌田时，记约迷去找理老说理并对其进

[①] 屙屎，贵州苗族方言，意为解大便。
[②] 贵州省民间文学工作组编著：《苗族文学史》，贵州人民出版社，1981年版，第190页。

行诈骗:"你们喂你们的牛,你们又割我的草;你们砍你们的柴,你们又扯我的藤;你们开你们的田,又饮水过我的沟。"① 面对这种不合理现象,理老却站到了记约迷一边,歌词中唱道:"来,我们分地方一个一半;来,我们分寨子一个一边。"② 这样,在理老的维护下记约迷只用一只狗就换来了一半地方,占有了一半寨子。

38—79节至79节约8500行,叙述苗族宗支演变及其民族发展等内容。例如53节记述了一个官家抢劫苗族妇女的故事,歌词一开始就唱苗族在斗争中败北逃走的场景:"剩下告夭乱老人,剩下酿书孟老人,才领七十个妇人,才带七十个小孩,携手爬上苗岭,牵衣滚下蒙坳,到江辽生下辽,到江蒙生下蒙。……"③ 紧接着歌唱苗族反抗官家压迫的情形:"乜公的女儿叫宝娃,嫁给格别的客家,嫁给格别的亚省。她在嘎囊牙河边洗布,她去芬囊敬沟边洗线。荣烧半的官家,安腊劳的老爷,从东方收粮回来,从西方收债回来:你这个漂亮的姑娘,你这个美丽的妇女,你捶一天的布,共得多少千捶?你捶一天的线,共得多少百捶?"④ 宝娃姑娘反问官家:骑马一天走多少步路?官家意识到宝娃姑娘很聪明,于是起贪心将其抢走。歌唱中唱道:"你比我多知道,你比我更能干。就捉宝娃在马鞍上,就捆宝娃在马背上,用长衫子包,用短马褂盖,抢去方你⑤地方,抢去方赏地方。"⑥ 亚省不知其妻被官家抢走,反而认为是乜公悔婚,欲找乜公论理。乜公恳劝亚省做针线生意四处访问。结果亚省走到方你一路高唱:"卖针啊卖针,卖线啊卖线,大的送一颗,小的送两颗,只要你肯说真话,我完全送都可以,你们寨子藏有媳妇没有?你们寨子藏有妇女没有?"⑦ 方你的人告诉亚省官家楼下藏有一个妇女,宝娃听到叫卖针线声推窗探看,歌词中唱道:"推窗来看,开窗来瞧,我以为是

---

① 贵州省民间文学工作组编著:《苗族文学史》,贵州人民出版社,1981年版,第191页。
② 贵州省民间文学工作组编著:《苗族文学史》,贵州人民出版社,1981年版,第191页。
③ 贵州省民间文学工作组编著:《苗族文学史》,贵州人民出版社,1981年版,第188页。
④ 贵州省民间文学工作组编著:《苗族文学史》,贵州人民出版社,1981年版,第188—189页。
⑤ 方你、方赏:均为某一地名。
⑥ 贵州省民间文学工作组编著:《苗族文学史》,贵州人民出版社,1981年版,第189页。
⑦ 贵州省民间文学工作组编著:《苗族文学史》,贵州人民出版社,1981年版,第189页。

哪个，是你啊格别亚省！是九年吹的九阵风？还是九年吹的一阵风？是九条河水冲一堤，才把你冲来了，亚省？我想你得很呀！"① 这个故事深刻地反映了一定历史时期苗族人民被官家剥削压迫的痛苦生活和英勇不屈的斗争精神。

据目前掌握的资料，流行于黔东南各地的最短的"佳"约3000行，有的6000行，最长的约14000行。从流传地区看，麻江县和丹寨县的"佳"内容较为完整和丰富，凯里市、雷山县和黄平县一带的"佳"内容较为简要。

3. 叙事诗

贵州苗族叙事诗通常以歌词的形式表现出来，因此人们也将其称为叙事歌，歌词内容以颂扬爱情、生产劳动以及长寿等为主题。

第一，爱情叙事诗。贵州苗族爱情叙事诗主要流传于黔东南和黔西北两地广大苗族乡村，多以鞭挞父母包办婚姻、赞美自由恋爱为内容。

在黔东南苗族爱情叙事诗中，最有影响的是《娥姣与金丹》《娘阿莎》《久宜和欧金》《贞芙和秀尤》《多往颂和哥想共》《九哥和珍福》以及《阿蓉和略刚》等。其中《娥姣与金丹》的大意是：娥姣与金丹原属于同一氏族，但年代久远血亲关系疏远，双方通过"游方"产生爱情，但却因家族和舅权势力的反对被迫分开。娥姣嫁到舅家后，因坚决反抗终以刻木支付"娘头钱"的方式返家，重新与金丹相爱。最后人们提出买白牛祭祖，同宗分支开亲，娥姣与金丹终于结为夫妻。在描述族长阻止娥姣与金丹恋爱时，歌词中唱道："蒋千气虎虎，蒋千骂娥姣，蒋千骂金丹：'娥姣和金丹，同一江略②祭祖宗，娥姣是妹妹，金丹是哥哥，你们不能'游方'，你们在相好，除非一个在力倒③，一个在方你。你们不遵守规矩，我要你们杀牛给江略赔礼。'"④ 在娥姣被逼迫嫁到舅家时，歌词中唱道："娥姣要出嫁了，娥姣好伤心；有话向谁说，有泪向谁流？话向东风说，风叫呜呜呜；泪向床边流，棉被湿漉漉。……娥

---

① 贵州省民间文学工作组编著：《苗族文学史》，贵州人民出版社，1981年版，第190页。
② 江略：指氏族或宗支。
③ 力倒、方你均为地名。
④ 贵州省民间文学工作组编著：《苗族文学史》，贵州人民出版社，1981年版，第104—105页。

姣出嫁了，走过碎石路，碎石抵脚板，脚板痛连心，心疼如刀割。……娥姣出嫁了，走过青草坪，草长遮眼帘，泪流眼迷路。"①

在黔西北地区纳雍县、大方县、威宁县、赫章县一带的苗族爱情叙事诗中，极具代表性的是《盖绕与玛柔》以及《娥扎和召觉思那》等。《盖绕与玛柔》描写盖绕与玛柔为了冲破旧势力束缚逃入深山野岭与猛兽搏斗，尔后跳入火海殉情变成了映红天边的彩霞。《娥扎和召觉思那》叙述的是：尼波布伴②擅长织布和读书绘画，生下一女儿娥扎学会了母亲的本领。爷伴利彼③精通耕田种地和打猎射箭，生下一儿子召觉思那学会了父亲的技能。女儿绣花比母亲好，儿子射箭比父亲强。姑娘们争着爱上英俊的召觉思那，男孩子抢着与美丽的娥扎相好。有一天娥扎在山脚下画画，召觉思那在山坡上撵山，娥扎描画的野兽被召觉思那一箭射死，吓得她丢下画笔跑回家。娥扎回忆其箭法，猜测是召觉思那所为；召觉思那仔细审视那画笔，断定是娥扎所有。这样一来，娥扎宣布与召觉思那成婚，召觉思那因不舍离开美丽的妻子不再上山打猎干活。于是娥扎对镜自描两张画像给召觉思那，让他随身携带。不料一时疏忽，有一张画像被风吹到皇帝宫廷里了，皇帝沉迷于图画中的人物，派人到苗族地区把娥扎抢走了。召觉思那要与官兵战斗，娥扎告诉他尽快打猎捕兽制成羽衣为其带去。召觉思那照例去做，最后把皇帝杀死了，在解救娥扎的同时自己当上了皇帝。歌词中唱到："尼波布伴勤织布，尼波布伴勤绩麻，娥扎学着干；尼波布伴好读书，尼波布伴爱画画，娥扎学着办。爷伴利彼勤耕田，爷伴利彼忙种地，召觉思那跟着去；爷伴利彼好打猎，爷伴利彼爱射箭，召觉思那也喜欢。……娥扎挑的花哟，蜜蜂飞来绕；娥扎织的布哟，白雪耀花眼。苗家青年个个夸，苗家地方远近传。召觉思那走到画画地方，'哟！画得真正好，鹿子活鲜鲜，岩羊乱蹦跳'。召觉思那细细想，只有娥扎姑娘，才生得这么漂亮，才画得这么美好。……皇帝用画像逼娥扎笑，娥扎不看不笑；皇帝叫娥扎挑花捻线，娥扎不理不挑；皇帝叫娥扎为他画像，娥扎把画笔

---

① 贵州省民间文学工作组编著：《苗族文学史》，贵州人民出版社，1981年版，第105页。
② 尼波布伴：指一苗族先祖。
③ 爷伴利彼：指一苗族先祖。

远远一抛。送白米饭给娥扎，娥扎饿了不吃；端肥猪肉给娥扎，娥扎闻也不闻；丝绸衣服摆满身边，娥扎不稀罕；渴了不喝皇帝的水，累了不睡皇帝的床。……"①

第二，起义斗争叙事诗。贵州苗族起义斗争叙事诗是一种英雄神话传说，较有影响的有《苗王张老岩》《独戈王》《甸丢依》《告刚》《张秀梅之歌》《吴八月》《石柳邓》《肯胧拔朵造反歌》等，主要阐述苗族先民与封建朝廷以及毒蛇猛兽斗争的过程。

《苗王张老岩》流传于清水江沿岸苗族村寨，讲述的是：相传苗家出了一个会种地、爱打猎、善捕鱼、喜唱歌的苗王张老岩，皇帝听说后害怕苗家起来造反，于是派兵前来捉他。由于苗王张老岩拥有一把力大无比的宝刀，官兵每一次进攻都失败而归。后来官家设下计策，利用张老岩爱劳动、善助人的特点引导他去砍树，按照事先设下的圈套让大树嵌住他，后来树越长越高，连人带树飞上了天空。歌词中描绘道："有一个苗王上山砍柴，见一个白胡子告老②，使力砍一棵大枫树，砍了一整天，树皮都没脱。……苗王心好人忠厚，可怜告老太费力：'明天我两爷崽③换活路，你来帮我整田坎'。……"④

《独戈王》流传于清水江沿岸苗族村寨，讲述古时候有一个苗族头领独戈王牧守七头白牛堵断河水，天地赐予其宝刀一把。于是独戈王带领苗族民众反官，皇帝见势与之求和并将公主嫁给独戈王，皇帝在破除宝刀秘诀后打败了独戈王。歌词开篇唱道："从前世道坏，卯年苗家反。独戈王反官，杀敌像砍柴。……"⑤

《电丢依》流传于都柳江上游苗族村寨，讲述的是马鞍匠的儿子——同养用马鞍换来四只鹅，在回家途中不幸遭到官家抢劫身亡。马鞍匠在前往京

---

① 贵州省民间文学工作组编著：《苗族文学史》，贵州人民出版社，1981年版，第301—303页。
② 告老：苗族对年长者的尊称。
③ 两爷崽，贵州苗族地方方言，是两父子的意思。
④ 贵州省民间文学工作组编著：《苗族文学史》，贵州人民出版社，1981年版，第196页。
⑤ 贵州省地方志编撰委员会编：《贵州省志·民族志》，贵州民族出版社，2002年版，第109页。

城告状途中被劝阻，他在返家为儿子办理丧事过程中一苗族青年电丢依拉开同养的弓，射出同养的箭，为同养报了仇。马鞍匠因崇敬电丢依，将同养的未婚妻嫁给了他。后来因官家烧杀抢掠，电丢依便带领苗族人民起义，一直打到京城当上皇帝。歌词中这样描绘电丢依的英勇善战："他的包头巾是野藤结成的，项戴一串鸟头。颈戴一百二十只鹰爪，身穿各种兽皮。他拈弓搭箭，箭杆飞上九重天。把官兵打退了，从此地方得太平。"①

《告刚》流传于清水江沿岸苗族村寨，讲述的是苗族英雄告刚反对封建苛捐杂税为民救命的事迹。告刚因看到人们被苛捐杂税所逼，于是率领群众打土司、捉王爷，坚决反抗封建统治。但因大财主事先报信，告刚不幸被官兵俘虏遇害。后来人们每年都要举行祭祀活动追忆自己的民族英雄，歌词中唱道："人要上人头税，走路要拿买路钱。逼得穷人不能活，死得尸骨遍山野。……告刚催马杀进城，砸烂吃人的衙门。夺回救命粮，赎回买路钱。……"②

《张秀眉之歌》流传于清水江沿岸苗族村寨，反映的是咸丰年间张秀眉、杨大六等苗族首领率领民众进行起义斗争的悲壮事迹。歌词中唱道："大家齐拢来，来到展梅尼③，来选英雄汉，来选带头人。勇敢的才是英雄汉，胆小的不是带头人。选去又选来，选来又选去，选得了英雄汉，找到了带头人，他就是不高不矮的张秀梅，他就是和我们一样的张秀梅。……秀梅领导打官兵，仗仗都是打得赢，撵走官兵干干净，恶龙回到大海里，害鸟飞进大森林；官兵一齐逃跑了，地方从此得安宁。再也没人来逼粮，再也没人来催款，闹寨做活都放心，日子越过越高兴。游方场上闹嚷嚷，月琴弹得响叮当，歌声一寨传一寨，唱的唱来讲的讲。春来麦子绿油油，秋到谷子金黄黄，一吊穗儿两尺长，一块大田万担粮。粑粑做得铜鼓大，美酒酿得喷喷香，村村杀猪庆胜利，处处过年喜洋洋。"④

---

① 贵州省地方志编撰委员会编：《贵州省志·民族志》，贵州民族出版社，2002年版，第109页。
② 贵州省地方志编撰委员会编：《贵州省志·民族志》，贵州民族出版社，2002年版，第109页。
③ 展梅尼：一地名，在今贵州省台江县境内。
④ 贵州省民间文学工作组编著：《苗族文学史》，贵州人民出版社，1981年版，第238页。

《吴八月》和《石柳邓》流传于黔东一带苗族村寨,歌颂乾嘉起义中苗族农民首领吴八月和石柳邓率领当地民众进行反抗斗争的英雄故事。《吴八月》中唱道:"坪垅有个吴八月,胆壮气豪本领高;骑着木凳漫天跑,山擒虎豹水擒蛟。闹得清廷心胆跳,魂飞魄散竖毫毛;七省兵力打败仗,卷起尾巴鼠羊逃。八月虽死神犹在,留下英名万古标。"[1]《石柳邓》中唱道:"肆官打马跑不停,十万火急报京城,苗家反了石柳邓。乾隆皇帝吃一惊,忙下圣旨传七省,十万大军围苗岭。联络三保和八月,还有精干吴半生。紧紧扭成一股绳,四下埋伏等官兵。"[2]

《肯胧拔朵造反歌》流传于黔西北地区威宁县一带,主要叙述苗族首领陶兴春率领当地民众进行起义斗争的英勇事迹。

第三,长寿叙事诗。贵州苗族长寿叙事诗以流传于黔东南地区台江县、施秉县、黄平县以及黔西南地区贞丰县的《榜香由》最为有名,歌词赞颂了一个1200岁的几经返老孩童——榜香由的长寿经历。当地苗族常常在酒席中吟唱该歌曲,借以感谢主人的盛情,赞扬主人像榜香由一样健康长寿。

(二)理词

贵州苗族理词是指巫师主持祭祀时所说的话或理老在调解矛盾纠纷时要求人们所共同遵循的基本法则,主要有议榔理词、祭祀理词、婚姻理词、生计理词和烧汤理词。

1. 议榔理词

议榔理词是用来规范男女关系、处理偷盗行为、组织反抗斗争等的议榔规约,在国家法律尚未渗透到广大苗族乡村的情况下,贵州苗族议榔理词如同地方性"法典",在维护当地苗族社会稳定与发展过程中发挥着巨大作用。

第一,规范男女关系的议榔理词。在规范男女关系方面,议榔理词中唱道:"九公公来议榔,记婆婆来议榔,上节是谷子,下节是稻秆;老的是鱼鳞,

---

[1] 贵州省民间文学工作组编著:《苗族文学史》,贵州人民出版社,1981年版,第205页。
[2] 贵州省地方志编撰委员会编:《贵州省志·民族志》,贵州民族出版社,2002年版,第110页。

少的是画皮。公公是公公，婆婆是婆婆，父亲是父亲，母亲是母亲，丈夫是丈夫，妻子是妻子。……要有区分才成体统，要有区别才各得其所。"① 这些议榔理词充分体现了贵州苗族先民朴素的人伦观念。

　　第二，处理偷盗行为的议榔理词。在处理偷盗行为方面，议榔理词中唱道："议榔防盗，议榔防贼。议榔不准偷柴，议榔不准偷菜，议榔不准烧山，议榔封山育林。谁要起恶意，谁要起歪心，烧寨子里房子，砍地方树子，在山坳抢劫，在半路杀人，我们就起立河边榔寨，团拢山上榔村。我们撵他越高山，赶他翻大岭，杀他的身，要他的命，教乖十五寨，警告十六村。……哪个都不能拉别人圈里的牛，偷别人圈里的猪。"② "议榔不准开别人田水，议榔不准盗别人谷仓，议榔不准敲别人家门，议榔不准挖别人家墙脚。谁存心阴险，蓄意破坏，漏人家田里水口，开人家谷仓，撬人家门户，挖人家墙脚。这事可大，罪恶不小，罚其二十两银。如若手硬如石，脚硬如岩，就团拢河边榔寨，集中山上榔村，罚他四十八两银。要是他侮榔村，欺榔寨，就团拢整个榔村，集中全部榔寨，立脚一处，扭头一边，整他像滤灰，捶他像舂药，抛到桥尾鱼潭，投到桥头龙滩，桥尾冒水泡，桥头起漩涡。教乖十五寨，警戒十六村。痛他才令人醒悟，死他才知厉害。地方才没有匪，寨子才没有盗。"③ "谁要起歪心，哪个存坏意，砍人家的杉树，偷人家的松树，去扯一根，去拉一串，……砍人家的杉树，罚银子三两三，偷人家的松树，罚银子一两二。"④

　　第三，反抗阶级压迫的议榔理词。贵州苗族长期受到封建统治者的迫害和歧视，在反抗清政府的残酷剥削中，议榔理词中唱到："为打官家而议榔，为打官兵而议榔，官兵进入寨子，官兵霸占地方，九里安一屯，十里设一堡。丢田给官家犁，丢地给官家种，我们跑到高山，我们住在高山。我们吃不饱，我们喝不够，无法无计，故各吾才来议榔，莫存心投官家，莫存心投官兵，

---

① 贵州省民间文学工作组编著：《苗族文学史》，贵州人民出版社，1981年版，第167—168页。
② 石朝江：《苗学通论》，贵州民族出版社，2008年版，第414页。
③ 龙生庭等著：《中国苗族民间制度文化》，湖南人民出版社，2004年版，第250页。
④ 贵州省民间文学工作组编著：《苗族文学史》，贵州人民出版社，1981年版，第171页。

地方才能保全，寨子才能安宁。"①

2. 祭祀理词

祭祀理词是巫师在祭祖过程中吟唱的祭词，主要流行于黔东南广大苗族地区。下面是一首完整的盛行于黔东南地区台江县的苗族祭祖理词②：

>   祖宗啊！你们的后代拿来一对鱼，
>   交给我鼓藏师，
>   又拿来了一壶酒两根麻，
>   敬供你们，
>   同时迎接你们来家。
>   回忆你们生前，
>   终日劳劳碌碌，
>   燕子飞转北方时，
>   方才在家稍住。
>   但是，
>   燕子则由北方飞到南方，
>   阳鸟刚开口叫，
>   公就忙着去开荒，
>   婆也忙着去种地。
>   你们到了坡上时，
>   万恶的鬼就魔了公的身，
>   同时着魔了婆的身体。
>   你们遇鬼的地方是地的上边，
>   是田的下边。
>   公的身上发冷。

---

① 贵州省民间文学工作组编著：《苗族文学史》，贵州人民出版社，1981年版，第172—173页。
② 费孝通等著：《贵州苗族调查资料》，贵州大学出版社，2009年版，第198—207页。

头也痛得难忍，

公病了，公从原路回家。

婆也病了，跟着公一道回家。

公和婆都到了家里，

把得病的原因告知了儿女，

儿女们把谷草拿到，

铺床给公睡觉，

铺床给婆睡觉。

寨上的男子第二天仍然去生产，

公生了病，

坐在家中烤柴火。

寨上的女子第二天仍然去挖地，

婆生了病，坐在家中烤火。

公烤火后，病还是没有好，

婆烤火后，身上更加发热。

婆病的原因，是一个死了的老奶作祟。

公病久了，最后去世了！

婆病久了，也相继去世！

当太阳偏西方，

太阳落坡的时候，

把公的遗体抬到坡上去，

把婆的遗体也抬到坡上去。

接着把公放进了棺材，

将公的双手平平整整地放在胸前，

婆的遗体也放进棺材，

婆的眼睛是紧紧闭着的。

半夜以后，公鸡在笼里站立起来，

它在拍翅膀，

公鸡开口叫。

公在棺材中竖起身体来，

公想要"铜鼓"和"铁帽"。

公由"秀纠"出发到"山坐"①，

公得了"铜鼓""铁帽"就把骨头接起来，

公像生前一样了。

找衣服穿，

衣服穿上身，

公就很漂亮了。

太阳下坡了，

公从棺材中站起来，

精神像生前一样。

公去山中砍树，

砍树做什么？用来架桥。

桥架好了，公就过河到"秀纠"。

公在"秀纠"起造禾晾，

同时修禾仓。

公又想去开荒山，

开荒山种小米。

公把开荒的工具"巴"②修理好，

把锄头修理好，公就动手开荒，

"秀纠"的荒山开成田了。

公又饲养黄牛，

同时养了黄牛八群。

"秀纠"这个地方，水牛黄牛共有九群。

---

① 秀纠、山坐：均指当地一地名。
② 巴：一种木柄铁嘴农具。

公把银子一两一两地积累起来，

银子一共有八堆。

这八堆银子共装在九口箱子里放在"秀纠"。

田、地、银钱、耕牛都有了，公心中在想：

想什么呢？想把婆接来。

接婆来煮饭。

吃了饭才有气力。

公把饭吃了以后，

把火药枪要来，

到山中狩猎打熊，

打野猪，

公由"秀纠"出发到山里，

看到野猪窝在对门坡。

公站在这边坡，

又看到熊在那边走，

公就从这边走。

天黑了，

太阳下坡了，

雀鸟归林了，

它们的声音从林中发出了。

公看是时候了，于是把火药枪提起，

满满地走过去，

一枪打中了公熊。

公熊无力挣扎，

随即倒下去了。

熊死了，公把熊背起。

一直背到家里来，

把今天狩猎的经过，告诉了婆，

叫婆把熊肉腌起来，

腌在坛子里面。

亲友来时，公把熊肉拿出来招待。

公这样招待亲友，亲友们把牛送来。

嫁出的女儿，也把牛送来给父母。

公的财产更多了，

银子存积更多了。

公住的八个寨都很富足。

有个禾把在别寨，

有九万个禾把在"秀纠"。

公又把牛计算一下，

有八群牛在别寨，

有九群牛在"秀纠"。

公又计算他的布匹，

一共是八捆。

公有这么多的财产，

就把"秀纠"离开。

公从"秀纠"出发，

婆也从"秀纠"出发，

是谁越过"休水"这个高山？

是公，

是婆。

是谁走到了河岸边？

是公，

是婆。

是谁走到了水边？

是公，

是婆。

掉头看上游，上游的水奔腾流下。
回首看下游，
碧潭深不见底。
公去找树，找到一根。
把桥夹起来，
婆也过河来了。
越过高山，渡过大河，
谁过这条河来？
是公，
是婆。
公过河后，把牛放了。
放牛做什么？放牛吃草，
放牛在河边吃草。
婆过河后，把鸭放了，
放鸭做什么？放鸭吃虫，
放鸭在河边吃虫，
公去洗脸，
在河边洗脸，
用河水来洗脸，
脸洗得很干净，
公的脸洗得白白净净，
婆的脸也洗得白白净净。
公洗脸干净后，把牛赶拢来，
把鸭赶到一处清点数量。
公把铜鼓背在背上，
把银子背在面前，
公又往前走路了；
公慢慢地走，

朝着大路走,

公走到陡壁悬崖下。

前途无路了,

公准备修路,

把锄头修理好,

路修好牛可通行了,

牛安全走过去,

公也安全走过去。

到达了"秀随"①,

婆也安全走过,

也到达了"秀随"。

婆休息下来,

坐下等公。

公去修水利,

修水利来灌溉田,

水利修好了,水在淌着声音潺潺地响。

公把田埂修起来,

田的四周都修好了埂。

公从靠"娘把、娘扁"的路上走。

从"娘碑、娘底"的路上走,

行行重行行,看到村寨了,

看到公的后代在烧火,

他们烧火来欢迎公和婆。

他们接着送一包饭来,

给公和婆吃。

公在吃饭,

---

① 秀随:指一地名。

在寨边吃饭。

鼓声从芦笙坪里响出来，

声音是咚咚的，

好像在欢迎公和婆。

是谁听到鼓声就来？

是公，

是婆。

是谁从寨边来？

是公，

是婆。

是谁在那边烤火？

是公，

是婆。

公烤火后前进了。

是谁到芦笙坪来？

是公，

是婆。

公到芦笙坪后，把牛放了，

牛放在芦笙坪外边，

是公走过去。

婆到芦笙坪后，把鸭放了，

鸭放在芦笙坪外边。

公到芦笙坪跳舞，

婆也到芦笙坪跳舞，

他（她）们围绕木鼓跳舞。

跳舞以后公去清点牛的数目，

把牛赶在一起，

婆跳舞后，也去清点鸭子的数目，

把鸭子赶在一起，

参加踩歌堂的人看到祖宗来了，

站在一旁观看。

他们是在那里欢迎，

祖公们！你们放心吧！

这些欢迎的人都是你的后代，

他们恭恭敬敬站在那边欢迎你们。

公把湿衣脱下，

换上新衣。

婆也把湿衣脱下，

换上新衣。

公和婆把手慢慢撑起，

伸手去摸鼓边，

伸脚去踩鼓。

公踩鼓时有一条鱼在前引路，

婆踩鼓时有一只鸡在前引路。

鼓藏师把很好的酒提起来，

浇在鼓上，渗进鼓的孔眼中。

公在前面走，我们在后面跟。

走到鼓的下面，

走过鼓的那边。

是谁走过芦笙坪？

是公走过去，

婆也随公走过去。

是谁在芦笙坪那边跳舞？

是公在芦笙坪那边跳舞，

婆也在芦笙坪那边跳舞。

今年过去了，等到明年，

我们把芦笙坪外的沟修好，

水不能流进来，芦笙坪就干燥了。

好给公坐，

好给婆坐。

公们坐在鼓棚，

时间有一年了。

踩完歌堂，我们去生产，

没有时间来照顾公们。

因为要种田，禾仓里面才有禾，

坛子里才有腌鱼。

今年敬祖宗完毕，

很草率，对不起祖宗。

流传于黔东南地区丹寨县一带的苗族祭祖理词分为《起鼓》《祭鼓》《颂鼓》《捏蛋》《拉鼓》《凿鼓》《造屋》《绷鼓》《换鼓》《接鼓》《引鼓》《剥牛旋》《洗鼓》《淋花竹》《送鼓》等，共计12000多行。

流传于黔东南地区黄平县和施秉县一带的苗族祭祀理词有《神词》《神源》《祭典》《卦卜》《过阴》《土地神》《甘新神》《火神》《梁衣神》《桥神》《路神》《三十九岩神》《十二路方坪鬼》《水神》《畜圈神》等，共计39段20000多句。

3. 婚姻理词

婚姻理词是理老用来调解婚姻关系、处理婚姻纠纷的习惯法，以讲理训导为主，内容包括大量的古理古规。下面是两首流传于黔东南一带的苗族婚姻理词。

其一，"我们劝你们要依许，高就高一点，低就低一点；多就多一点，少就少一点；当退就要退，当还就要还；当补就要补，当添就要添；亲还是你们的亲，客还是你们的客。好如从前，亲如当初。"①

其二，"你俩主人家，你俩当事人。心回和平处，意转到处宽。…… 要握手商量，要亲密相教。共编一只鞋，搓一根绳，…… 吹笙同曲走，走路同一条。…… 荆棘拦路同去砍，道路崩塌一起砌。…… 船沉篷不沉，妻逃床还在。"②

4.生计理词

生计理词是理老用来教育人们如何处理吃穿、告诫人们怎样过上好日子的话语体系。下面是三首广泛盛行于黔东南苗族地区的生计理词：

其一，"人人想吃好，个个想穿新。互教做吃，相导做穿。勤耕才吃久，勤织才穿长。…… 吃好靠计划，穿新要方法。说话要依理，做活随季节。"③

其二，"正月动土，扛锄挖土；二月砍山林，修沟等雨水；三月就撒秧，挑肥施田地；四月来栽秧，割麦种夏粮；五月薅早秧，薅豆薅苞谷；六月再薅秧，薅豆匀小米；七月放田水，砍柴收苞谷；八月扛挞斗，打谷收黄豆；九月堆稻草，犁田种麦荞；十月犁谷桩，运肥施水田；冬月薅小麦，担肥浇油菜；腊月打糍粑，杀猪来过年。"④

其三，"忙季尽力干，闲季好休息；闲时为忙作准备，农忙才不误时日；饭养人体，肥养庄稼；甜言蜜语能哄人，好话骗不了庄稼；犁田要认真，耙土要仔细；田要挑肥施，地要担粪淋；泡种先选种，秧地需耙平；发芽即可撒，三天放田水；分秧去插，行行要直，蔸蔸要匀；不许虫食叶，不让鼠啃株，不让田水干；谷熟要早打，不让风刮落；小米早收割，免得雀鸟啄；男儿要勤劳，与鸡鸣比早；雨天便犁田，晴天就挖地；姑娘要手巧，见花就会绣；织锦不要扦，绣花不走样，绣花想蓓蕾。…… 人要本分，不风不恶。空时求

---

① 贵州省黄平县民族事务委员会编：《苗族古歌古词：下集》，"理词"部分，贵州省黄平县委，1988年版，第244—245页。
② 贵州省黄平县民族事务委员会编：《苗族古歌古词：下集》（"理词"部分），贵州省黄平县委，1988年版，第584—586页。
③ 石朝江：《苗学通论》，贵州民族出版社，2008年版，第418页。
④ 石朝江：《苗学通论》，贵州民族出版社，2008年版，第414页。

师学理，不去游逛惹事。庄稼收成好，日子才好过。"[1]

可见，在生产力发展水平极其低下的贵州苗族社会，生计理词为人们编织了一年四季的生产生活图景，成了当地苗族民众生产生活的晴雨表。

5. 烧汤理词

"烧汤"又叫捞油锅，是一种理老根据理词进行烧汤判理的方法，主要流行于黔东南苗族地区黄平县和施秉县两地。贵州苗族烧汤理词共计880句。在传统贵州苗族社会，如双方出现重大争端难以裁断，则请理老"烧汤"解决。"烧汤"时，架起一个五尺高的铁三角，将一口大锅高置其上，把三桶食用油、三升糯米、三升小米混合在锅中煮至滚烫，置斧于锅底。理老当着众人面让争端双方搭梯伸手进入油锅捞斧子，手被烫伤者为负，不伤者为胜。

贵州苗族"烧汤"有两种形式：其一，争论双方共同出钱"烧汤"。在这种"烧汤"方式中，理老经常吟唱下列烧汤理词："理片拍桌，要按古理讲，要以善言说，我只会说理，不会出恶言。好话说完，善语讲尽，不逼猴子吃酸果，非迫猿喝苦水。只好架油锅，放入长口斧。龙王公正，雷公正直。冤枉者捞不烫手，受屈者捞不伤手。"[2]其二，一方出钱"烧汤"，另一方"捞斧"。在这种"烧汤"方式中，理老先唱烧汤理词："谁对谁错，只有天知，只有地明。一方腿粗，一方裤大，谁是雌方，谁是雄方，天地判明，看是哪方赢，看是哪方输。善方烧即烫，恶方捞就伤。恶方烧不烫，善方捞不伤。"随后出钱烧汤一方说道："我来烧汤，你来爬梯，伸你右手，捞我大斧。脸色不变，手不烫伤，脸面不改，谈笑如故，我方认输。""捞斧"一方回应："天有雷瞧，地有人见，我握争纷之正理，我掌弹建屋的墨线。你做'雌方'烧，我做'雄方'捞，雷不助你烧，龙要护我捞。请天执'戥'寸，请地看'斤两'。"[3]理老念完"烧汤"理词后，双方或一方开始"捞斧"。通过"烧汤"判理，无论对错者均服从判决，无需再辩。"烧汤"后理老责成错方赔偿损失或赔礼道歉。

---

[1] 石朝江：《苗学通论》，贵州民族出版社，2008年版，第419页。
[2] 石朝江：《苗学通论》，贵州民族出版社，2008年版，第418页。
[3] 石朝江：《苗学通论》，贵州民族出版社，2008年版，第418页。

6. 巫词

巫词专指巫师在驱逐邪魔和祈神治病过程中念咒的话语。贵州苗族巫词是当地苗族先民思想意识和精神信仰的反映，主要有鬼神来源巫词、捉鬼放鬼巫词和送鬼送神巫词三个方面的内容。

第一，鬼神来源巫词。贵州苗族认为鬼有善鬼和恶鬼之分，因此鬼神来源巫词有善鬼善神来源巫词和恶鬼恶神来源巫词之别。下面是一首广泛盛行于贵州苗族地区的善鬼善神来源巫词："代生下代达，才生下土地公，才生下土地神。他是围寨脚的铜链，他是围寨头的铁链，保佑一千个妇女的命，保护一百个小孩的命。""包生下包达，才生下包老人，他住在铜的门闾里，他住在铁的房子里，遮住一千个妇女的魂，护住一百个小孩的命。"[1]

第二，捉鬼放鬼巫词。贵州苗族认为恶鬼是巫师捉去关了，后来因为有人可怜恶鬼，巫师才将其放出来。关于巫师捉鬼放鬼的说法，巫词中唱道："像水淹那样满河满坝的来，像火烧那样遍山遍岭的来，后日——，遇到大的敬只鸡，遇到小的送个蛋，只要敬了门户就清吉，只要送了家宅就平安。"[2]

第三，送鬼送神巫词。贵州苗族认为人生病、庄稼长势不好或牲口不安等均是鬼神作祟所致，遇此情况须请巫师驱鬼祈福。这类巫词分为三个部分：第一，巫师在门外唱一段，请鬼神检查祭物是否符合其要求；第二，将祭物送到祭场向鬼神交代；第三，对鬼神提出要求，让其收下祭物后迅速回到原来的地方去。可以看出，贵州苗族送鬼送神巫词完全是巫师与鬼神的对话，虽然它与民间口头文学具有一定的联系，但其中参合了不少糟粕的文化色彩。

（三）神话传说

贵州苗族神话传说是当地苗族先民在落后生产力条件下凭借其幻想虚构出来的以反映人与自然关系为核心的民间故事，内容丰富、想象奇特，大致可分为创造天地万物的神话传说、纪念民族英雄的神话传说和记述苗族迁徙

---

[1] 贵州省民间文学工作组编著：《苗族文学史》，贵州人民出版社，1981年版，第179页。
[2] 贵州省民间文学工作组编著：《苗族文学史》，贵州人民出版社，1981年版，第180页。

的神话传说三类。

1. 创造天地万物的神话传说

贵州苗族地区广泛流传着创造天地万物的神话故事，尤以盛行于黔西北苗族地区的《制造天地万物》《杨亚射日月》和《谷佛补天》等神话传说最为有名。《制造天地万物》讲述了天地万物是列老史稠格蜜和一爷觉郎努两位老人创造出来的，故事中记述道："造得天上平坦光滑如簸底，造了金石钉在天上光闪闪。造了云霞在空中飘荡荡，造了高山和深谷。森林哗哗响，海水绿茵茵。雄狮里面窜，鹿子岩羊好栖身。"[①]《杨亚射日月》讲述了六个铜匠用黄金造成八个太阳，七个铁匠用白银造成八个月亮，故事中说道："树木晒枯竭，花草晒干黄。杨亚携弓带弩，爬上岩桑树把太阳射落七个。爬上岩桑树把月亮射落七个，留下太阳和月亮各一个在天上轮番出没。"[②]《谷佛补天》记述了远古时期宏效[③]主宰着上天，任意把天空变得昏昏沉沉、摇摇晃晃，于是女神——谷佛用青石补天，日月开始散发光明，从而大地有了生机。

2. 纪念民族英雄的神话传说

贵州各支系苗族都有自己所尊崇的民族英雄，并流传着关于本民族英雄的各种神话传说，这里仅举流传于黔东北地区的苗族神话传说《格自爷老·爷觉比考》和流传于黔中地区贵阳市附近的苗族神话传说《格洛格桑》为例加以叙述。前者叙述了苗族先民爷觉比考与异部落沙蹈觉底发生战争，后因战败被迫迁徙的历程。故事中既提到爷觉比考使用火药火炮征战外族的状况，同时也提到妇女穿花衣裙以怀念先祖的情形。故事中记述道："一代传一代的往事，今天我们才知道。很古的时候，自格鸟神仙练兵的事。小米颗粒不收，种子尽是空壳。砍伐树木造弓箭，格米爷老拈弓搭箭，猛射沙家兵，七箭中七个，七箭倒七人。……三个老人来创造，造出衣服和花裙。有失去地方的图影，一行与一行平行，是斗南一莫江水的横流。……"[④]后者记述了格波

---

① 贵州省地方志编撰委员会编：《贵州省志·民族志》，贵州民族出版社，2002年版，第105—106页。
② 贵州省地方志编撰委员会编：《贵州省志·民族志》，贵州民族出版社，2002年版，第106页。
③ 宏效：某一苗族老人姓名。
④ 贵州省地方志编撰委员会编：《贵州省志·民族志》，贵州民族出版社，2002年版，第106页。

禄和祖德龙是苗族的先祖，每逢农历四月初八当地苗族民众都要汇集到贵阳市喷水池一带举行纪念本民族祖先的节日活动。故事中说道："格波禄老人，为保护苗家子孙。他与恶人拼杀，献出自己的性命。后来苗家又出了个英雄，他的名字叫祖德龙。为了收复格洛格桑，他的鲜血把嘉西坝染红。……"①

3. 记述苗族迁徙的神话传说

贵州苗族地区记述苗族迁徙的神话传说甚多，除了前述黔东南地区苗族的跋山涉水歌之外，流传于黔西北、黔东北两地的关于苗族迁徙的神话传说也很有名。

黔西北地区威宁县一带的苗族迁徙神话传说《三位老人之歌》和《爷觉力唐歌》叙述了当地苗族先民因遭受天灾人祸而被迫迁徙的痛苦经历。其中《三位老人之歌》中说道："高原上有个银坪坝子，是格乌格勒的好地方，格炎爷老居住在这里，管理着这块地方。他那魁梧的身躯，像一只花斑虎那样，满是圆点子的花纹。格池爷老住在金坪坝子，满身是一块一块的花斑。嘎梭卯丙住在锡坪坝子，身上的斑纹像花衣裳。老姑的格炎爷老啊，人人叫他阿玉海②；格挪格池爷老啊，人人叫他叶多该；嘎梭嘎梭卯丙啊，人人叫他卯格皆。"③当三位老人的家乡遭到入侵时，他们便奋起反抗，故事中继而说道："世间上最有名的弩箭手，祖先格炎爷老啊，用脚蹬开弓弦，抽箭搭在弦上，嗖嗖嗖一阵响，利剑飞进敌阵。射得敌人排排倒，敌将沙召觉绝望，中了箭也倒在地上！冲锋陷阵最勇猛的英雄，祖先格池爷老啊，一声喊叫还没停，就飞入敌阵横冲直撞，杀得敌人尸骨成堆，血流遍野！……"④

黔东北地区松桃县一带的苗族迁徙神话传说《傩公傩母》讲述了果索是大滨天国的雷公，果见是大兜地国的酋长。后因两人发生矛盾酿成洪水滔天，有姐弟二人因坐瓜上天而幸存，水消逝后姐弟下到人间繁衍了人类。故事中说道："一百四十八颗肉呵，变成一百四十八户。一百四十八户呵，变

---

① 贵州省地方志编撰委员会编：《贵州省志·民族志》，贵州民族出版社，2002年版，第107页。
② 阿玉海、叶多该、卯格皆三词均为苗语音译，很难意译，原意是概括三位老人的装饰和性格。
③ 贵州省民间文学工作组编著：《苗族文学史》，贵州人民出版社，1981年版，第95—96页。
④ 贵州省民间文学工作组编著：《苗族文学史》，贵州人民出版社，1981年版，第96—97页。

成一百四十八个姓。从此，东方有了人烟，西方有了民众。"[1]每年秋收后，松桃县一带苗族都要举行盛大的祭祀傩公傩母的活动，祈祷傩公傩母保佑苗族子孙兴旺发达，于是就有了如今的"还傩愿"之说。

（四）谚语、谜语和歇后语

贵州苗族把谚语、谜语和歇后语统称为古语老话，这些民间语词既有反映社会斗争的成分，同时也有反映劳动生产和伦理道德方面的内容，对后人具有一定的教育意义。

1. 谚语

贵州苗族谚语多为诗歌体，押调、对偶，只吟不唱，少用夸张。例如：人靠饭养，粮靠粪长；一锄挖不成池，一次说不成亲；误了春耕误一年，误了青春误一生；田水可晒暖，人心可转变；蚯蚓再大，蚂蚁能扛；不听父教锄伤脚，不依母训针扎手。度量宽胜过房屋宽，心肠好胜过食物好；一口水塘能养一家的鱼，一块心田不要生两份爱情。在贵州苗族民间，诸如此类的既反映现实生活又具有警示后人意义的日常生活谚语不胜枚举。

2. 谜语

贵州苗族谜语常用歌谣的形式表现出来，题材广泛，构思形象，谜底不仅预示实物或自然现象，而且还可暗示动作行为。例如：干半截，湿半截，伸半截，缩半截[2]；远看像个庙，近看斤斤吊，脚踩黑木板，手打蓬花闹[3]；吃也用嘴，屙也用嘴，拿头走路，最喜欢水[4]；边吃饭，边拉屎，背上长着大屁股[5]；大口包小口[6]；法字三点水不在[7]；二人争夫不出头[8]；西家女子

---

[1] 贵州省地方志编撰委员会编：《贵州省志·民族志》，贵州民族出版社，2002年版，第107页。
[2] 谜底为"瓦"，木房屋顶遮雨器具。
[3] 谜底为苗族家用"织布机"。
[4] 谜底为苗族农村农田里的"田螺"。
[5] 谜底为苗族民间木匠用的建筑工具"推刨刨木"。
[6] 谜底为汉字"回"。
[7] 谜底为汉字"去"。
[8] 谜底为汉字"天"。

谁不爱①，等等。

3. 歇后语

贵州苗族歇后语前半句一般是比喻或典故，后半句常省略不说，但人们都能领会其中的意思。例如：麻雀站在牌坊上——（东西不大架子大）；麻布口套装茨藜——（有货倒不出）；光脚板走刺蓬棵——（试倒试倒来）；八月撒谷种，六十学贾理——（迟了）；请水獭守鱼——（自找倒霉）；鸭子翻田坎——（滚的滚，爬的爬）；雪雕啄米糠——（一声不响）；蚂蚁搬家——（七手八脚），等等。

二、音乐

贵州苗族传统音乐都是用苗语方言进行演唱，具有浓厚的民族风格和地方色彩。若以歌词节拍划分，有五言句节拍、七言句节拍和长短句节拍；若以歌词曲调划分，有民歌乐曲、芦笙乐曲、唢呐乐曲、木叶乐曲和箫琴乐曲五个种类。由于每种音乐都包含有不同的节拍，在此我们主要从曲调上具体阐述贵州苗族民间音乐。

（一）民歌乐曲

贵州苗族民歌乐曲有飞歌、游方歌、劳动歌、苦歌、酒歌、婚姻歌、丧葬歌、祭祀歌和儿歌等多种形式。

1. 飞歌

"飞歌"乃汉语意译，黔中苗语方言区称为"恰央"，意即飞扬的歌声；黔东苗语方言区称为"喊歌""吼歌""山歌"或"喊坡歌"。飞歌结构短小，每首歌都是由"do、mi、sol"三个音素构成。人们常常在山坡上用高亢嘹亮的音调演唱，以歌传情。例如流传在黔东南一带的苗族飞歌唱道："爬上高高山，看水水长流。传话我朋友：你在哪匹坡，往我这边走。游方趁年轻，老了没

---

① 谜底为汉字"要"。

中用,像把刀生锈,如水过田垭。……"① 在贵州苗族民间音乐中,飞歌影响最大、传播范围最广泛,它几乎成了当地苗族音乐的一种符号和象征。

20世纪60年代初,中央民族歌舞团作曲家郑佐成创作的歌曲《你见过雷公山的山顶吗?》、雅文编曲的现代京剧《苗岭风霜》序曲和剧中人物的主题音调、陈钢的小提琴独奏曲《苗岭的早晨》、刘敦南的bB大调钢琴协奏曲《山林》、朱践耳于1982年创作的交响组曲《黔岭素描》第四乐章《节日》等,均系直接或间接运用贵州苗族飞歌音调改编而成。

2. 游方歌

"游"即"串","方"即"通婚的寨子","游方"是指游走到邻寨或更远的地方寻求爱情。在贵州苗族地区,每个村寨都有"游方台"或"游方坡"专供未婚青年约会,人们在约会过程中所唱的歌曲便称为"游方歌"。贵州苗族"游方歌"在歌曲结构、调子特征、演唱形式、情感表达等方面都有自己独特的民族色彩。在歌曲结构上,一段曲式"游方歌"反复吟唱一个乐句,只在结尾处有1—2个小节的变化或拓展;二段曲式"游方歌"A段旋律委婉,B段旋律轻快,两个乐段犹如"咏叹调"和"宣叙调"一般相互呼应。在调子特征上,"游方歌"采用"5136"四声音阶徵调式较多,每个乐句结尾处几乎都没有主音"5"。在演唱形式上,"游方歌"多为单声部男女对唱。在情感表达上,"游方歌"采用真假声混合唱法,时而轻声细语,时而引吭高歌,情到深处加入拖腔和滑音使情感淋漓尽致地表达出来。总体上看,贵州苗族"游方歌"有求面歌、会面歌、赞美歌、求爱歌、相恋歌、婚誓歌和送别歌等类别。

第一,求面歌。求面歌是指男青年到外寨游方时为了邀请女青年出来会面与之对唱的歌谣,其调子轻盈,歌词谦虚谨慎。姑娘们在听到男青年吟唱的求面歌后应声作答:"哪里泉水叮当响?哪匹坡上有阳光?哪个寨的游方郎?错路来到我寨上?"男方回唱:"哥在不高不矮的山梁,哥住茅草盖的破烂房。哥穿芭蕉叶子缝做的衣裳,哥哥害羞不敢来游方。"②

---

① 贵州省地方志编撰委员会编:《贵州省志·民族志》,贵州民族出版社,2002年版,第114页。
② 周雨竹:《让苗族男女"歌场定终生"的苗族游方歌》,《音乐时空》(理论版),2012年第6期。

第二，会面歌。如男子顺利将姑娘请出家门，便开始吟唱"会面歌"询问对方姓名、年龄、喜好等。例如男方吟唱："请说出你的姓名，我们好把歌来唱，……"但女方一般都不正面回答，因此会面歌曲调比较含蓄委婉。

第三，赞美歌。如果双方彼此心仪，便互唱赞美歌夸耀和恭维对方。例如男唱："妹妹长得多靓娇，就如青鸟停树梢，就像锦鸡过崖峭。哥哥心想把花掐，哥哥心想把妹邀。心中害怕妹拒绝，隔山隔水把妹瞅。"姑娘应答："哥哥长得真帅气，就像青鱼在水浪，鳞儿闪闪多漂亮，让妹看了心跳荡。"①

第四，求爱歌。当男子发现姑娘对自己产生好感时，便向对方唱起求爱歌："妹给哥手镯，哥给妹衣裳，情如雷公山，意比'巴拉河'②，哥妹情意绵，山高水流长。"③在对歌过程中，如果双方情投意合即可当场交换信物结为情侣。

第五，相恋歌。男女双方交换定情信物后，男子常到姑娘村寨与其约会，互吐思念之情，互相吟唱相恋歌。例如男唱："求妹送我花椒秧，我把花椒栽近窗。待到花椒结椒子，早晚闻到花椒香。闻到香气想到妹，就像与妹共一房。"④

第六，婚誓歌。双方经过多次游方到了难舍难分时，如有结婚之意便吟唱"婚誓歌"。例如女唱："请哥拿去自思量，有心无心都要讲，转回家中问爹娘，爹娘若是喜欢了，义情结得到这样。"⑤由于婚姻对于人的一生意义重大，因此人们吟唱婚誓歌时庄重严肃，感情真实。

第七，送别歌。每次约会后，男子送姑娘返家时为表达不舍之意，要向其唱起"送别歌"。在黔东南苗族地区，比较有名的游方送别歌有《你的情意留在我的心里》等。

---

① 周雨竹：《让苗族男女"歌场定终生"的苗族游方歌》，《音乐时空》（理论版），2012年第6期。
② 巴拉河地处凯里市郊，河流沿线多为苗族，该河流常年流水不断。现已被黔东南州政府开发为巴拉河旅游风景区。
③ 周雨竹：《让苗族男女"歌场定终生"的苗族游方歌》，《音乐时空》（理论版），2012年第6期。
④ 周雨竹：《让苗族男女"歌场定终生"的苗族游方歌》，《音乐时空》（理论版），2012年第6期。
⑤ 周雨竹：《让苗族男女"歌场定终生"的苗族游方歌》，《音乐时空》（理论版），2012年第6期。

3.劳动歌

劳动歌主要歌颂生产劳动过程，传播生产劳动知识，反映生产者轻松愉快的劳动情绪。劳动歌歌词结构整齐优美，格律严谨，唱起来十分生动，贵州各苗族地区均有流行。有的叙述一年四季各个时节的农事活动，如黔东南苗族地区的《活路歌》；有的叙述各种农副产品的来源以及造房建屋的过程，如黔东南苗族地区的《药酒歌》《造酒歌》《种棉歌》《圆木歌》《纺织歌》《造纸歌》《造船歌》《造屋歌》《养鱼歌》等；有的叙述原始的农业生产情况，如黔西北苗族地区的《打杀蜈蚣》《原师居子老人种庄稼》《原卯老人备牛草》和《则嘎老》等；有的叙述人们对生产生活的态度，如流行于贵州各苗族地区的《撵旱歌》等。在这些生产劳动歌中，尤以《活路歌》《圆木歌》《打杀蜈蚣》《原师居子老人种庄稼》和《原卯老人备牛草》较有代表性。

第一，《活路歌》。这是一首叙述从春天到秋季各种农事活动的歌谣，因唱法不同，其叫法也各异。如从春天犁田撒秧唱起叫《春季歌》，单纯歌唱栽种稻谷叫《种稻歌》，歌唱秋收并接唱迎亲嫁女叫《小客歌》，有的苗族地区甚至将《活路歌》称为《虫鸟回来了》《迁虫百鸟回西方》《一年四季》等。《活路歌》通过歌唱生产劳动，把古代苗族先民热爱劳动的场景和向往幸福生活的愿望生动形象地展现出来。例如春天来临人们开始耕种时，歌词中唱道："樱桃花顺风飘，落在姑娘的纺车上，纺车不动了！……"[1]在人们进行犁田栽种时，歌词这样描绘："斑鸠在树上打鼓，牯牛在田中跳舞；田水跟着牛屁股唱歌，浮萍、鱼崽围着牛脚打转，蚊子、牛虻也赶来观看。大家唱来大家跳，跳得谷桩烂成泥，跳得泥巴变成浆，跳得太阳落西山，大家才分散。"[2]在描写插秧后的情景时，歌词中又唱道："直的行行像杉木，弯的行行像竹竿；直的空行像大道，弯的空行像条龙。"[3]在表达早稻和晚稻的成熟时间时，歌词中则采用拟人化的手法唱道："八月来到了，九月来到了，哪个说'走，走！？'哪个说'不忙，不忙！'早稻说'走，走！？'

---

[1] 贵州省民间文学工作组编著：《苗族文学史》，贵州人民出版社，1981年版，第139页。
[2] 贵州省民间文学工作组编著：《苗族文学史》，贵州人民出版社，1981年版，第139—140页。
[3] 贵州省民间文学工作组编著：《苗族文学史》，贵州人民出版社，1981年版，第140页。

晚稻说'不忙，不忙！？'你是早熟稻，到你的时候求你先走；我是晚熟稻，到我的时候我再来。你去酿好酒，为阿娇出客，我来做粑粑，帮金丹盖房屋。……"① 收获季节本来是最繁忙的，但在歌词里却表现出了人们极其愉快的心情："妹妹割稻子，哥哥忙打谷，田坝里面像赶场。燕子飞来头上转，妹妹抬头望：'燕子不懂事，为啥在我们头上转？'哥哥抬头望：'燕子最懂事，偷听我们说哪样！'笑声满田坝。"②

第二，《圆木歌》。《圆木歌》流传于黔东南林区，主要叙述当地苗族砍抬圆木时轻松愉快、步调一致的和谐情景，歌词中唱到：③

（领）	（合）
圆木大，	嗨哟，嗨！
大家抬，	嗨哟，嗨！
用力挪，	嗨哟，嗨！
到洪江，	嗨哟，嗨！
得银宝，	嗨哟，嗨！
打项链，	嗨哟，嗨！
给阿妹，	嗨哟，嗨！
妹打扮，	嗨哟，嗨！
上广场，	嗨哟，嗨！
跳芦笙，	嗨哟，嗨！
让大众，	嗨哟，嗨！
夸阿哥，	嗨哟，嗨！
有本事，	嗨哟，嗨！
哥高兴，	嗨哟，嗨！

---

① 贵州省民间文学工作组编著：《苗族文学史》，贵州人民出版社，1981年版，第141—142页。
② 贵州省民间文学工作组编著：《苗族文学史》，贵州人民出版社，1981年版，第140—141页。
③ 石朝江：《苗学通论》，贵州民族出版社，2008年版，第592页。

齐步抬，	嗨哟，嗨！
齐声喊，	嗨哟，嗨！
齐齐放，	嗨哟，嗨！

第三，《打杀蜈蚣》。这首歌曲讲述姜央一生勤劳生产、挖翻山梁和山坳、开田开土赡养母亲的过程。但蜈蚣却说姜央抢占了自己的地盘，威胁姜央停止开田开山。姜央不听劝告继续往前挖，终于挖翻了蜈蚣的家，伤害了蜈蚣的子孙。于是蜈蚣与之打斗，一连打了几次均未分出胜负。一天河里涨水，蜈蚣随柴顺水漂来，姜央因到河边拾柴一时疏忽被蜈蚣咬死。此事引起人们公愤，于是大家将蜈蚣捉来烧死赔命，并将姜央埋在月亮上以便后人瞻仰。歌词这样唱述姜央的辛勤劳动以及与蜈蚣斗争的情景："姜央天天开田，开田养妈妈，开了一天又一天，开了一年又一年，开来又开去，做活路忘记回家。……""姜央开田养妈妈，开翻高尖山，撞到哪个的家？姜央开翻高尖山，撞到蜈蚣的家。蜈蚣不答应，爬上高尖山，对着姜央喊：'你开你那头，不要开我这头，撞坏我的牛圈。'……越喊你越挖，挖翻了我的家，挖伤了我的爸爸。怕你做什么，要跟你打一架。"①

第四，《原师居子老人种庄稼》。这首歌曲反映的是贵州苗族原始刀耕火种的农业生产状况，其内容大致是：在晴朗的天里，原师居子老人去砍火地以便栽种瓜果和小米，结果瓜儿结得个个大，小米长得绿油油。歌词对此描述道："来了对对百灵鸟，对对飞来绕地叫，叫得多，叫得好，叫得大地长绿草，叫得牛马羊群肥，叫得小米粒粒饱，叫得瓜儿个个甜，叫得人们个个笑。"②

第五，《原卯老人备牛草》。其歌词大意是：原卯老人先用锄头挖地很吃力，后来看到牛的力气大，便试制犁具用牛犁地，很快就犁了一大片。高兴之余越干越起劲，竟然忘记了喂牛草和让牛休息。牛一气之下将其告到"自格鸟"

---

① 贵州省民间文学工作组编著：《苗族文学史》，贵州人民出版社，1981年版，第67—68页。
② 贵州省民间文学工作组编著：《苗族文学史》，贵州人民出版社，1981年版，第143页。

神那里去，"自格鸟"神判定秋收后牛要谷草，人要稻谷。

贵州苗族劳动歌把浪漫的想象与现实生活紧密结合起来，使人们在紧张繁忙的劳动过程中能够享受到音乐带给他们的无限快乐。

4.苦歌

苦歌即倾吐苦情的歌曲。贵州苗族苦歌既有短小的歌谣，也有较长的叙事诗歌，形式多样，语言自由，很有概括力。就其内容而言，主要有揭露清王朝安屯设堡给苗族人民带来深重灾难的苦歌、控诉残余领主势力奴役苗族人民的苦歌和阐述地主阶级残酷剥削苗族人民的苦歌三类。

第一，揭露清王朝安屯设堡给苗族人民带来深重灾难的苦歌。为了镇压苗族人民，清王朝在贵州苗族地区安屯设堡，建立营汛，屯兵固守，抢占农民土地作为屯田，使当地苗族蒙受巨大灾难。黔东南苗族苦歌唱道："好的江河呀，流水响嗬嗬；好的地方呀，肥田美土满坝又满坡，好的地方官家霸占，苗家呀流落在山坡。"[1] 黔西北苗族苦歌也对封建统治阶级蛮横无理的凶恶行径进行了抨击："老鸦无树桩，苗家无地方，到处漂泊哟，到处流浪！"[2]

第二，控诉残余领主势力奴役苗族人民的苦歌。清朝时期，黔西北苗族地区土司既是当地残存的土官，同时也是残余的封建领主势力。他们剥削和镇压苗族人民，使苗族民众苦不堪言。当地苗族苦歌《当佚役歌》中唱道："当别人家的佚役还得吃一碗饭，当芒力诺[3]家的佚役没有饭吃。当别人家的佚役还有节日过，当芒力诺家的佚役不知道什么叫过节！到了大年节，穷人还当佚，芒力诺家的佚役呵，什么时候才能当完。"[4] "芒力诺家啊，把穷苦饥饿的人踩在脚下！芒力诺家啊,把可怜的百姓踏在地下！穷苦饥饿的人啊,对着地喊;地是低低的；穷苦饥饿的人啊,只有咽泪把声吞！"[5] "爹爹给芒力诺家当奴隶，爹爹给芒力诺家服苦役，妈妈等爹爹不见面，妈妈等爹爹不见转，爹爹不见了，

---

[1] 贵州省民间文学工作组编著：《苗族文学史》，贵州人民出版社，1981年版，第218—219页。
[2] 贵州省民间文学工作组编著：《苗族文学史》，贵州人民出版社，1981年版，第219页。
[3] 芒力诺：旧时贵州苗族地区一土司姓名。
[4] 贵州省民间文学工作组编著：《苗族文学史》，贵州人民出版社，1981年版，第220页。
[5] 贵州省民间文学工作组编著：《苗族文学史》，贵州人民出版社，1981年版，第221页。

爹爹失踪了。"① 在黔西北苗族地区，诸如此类的反映封建残余领主势力沉重奴役苗族人民的苦歌不胜枚举。

第三，阐述地主阶级残酷剥削苗族人民的苦歌。这类苦歌大致反映两方面的内容：一是阐述苗族群众在地主阶级残酷剥削下过着不堪忍受的生活。如黔东南苗族苦歌《穷人像笼里的小麻雀》唱道："大田是地主的，菜园是地主的，道路是地主的；地主的田坎纵横交错，地主的水沟上下相连。穷人像笼里的小麻雀，吃喝不能自己做主，白水煮菜哪里经饿，越想心越冷哟，越想越难过！"② 二是反映苗族帮工的苦难生活。此类苦歌以流传在黔东南苗族地区的《长工歌》最具代表性。《长工歌》长约二百行，主要描写天灾毁灭庄稼，官家趁灾歉之机盘剥农民，夺去农民手中的土地，迫使农民倾家荡产，不得不弃家当帮工的过程。歌词中唱到："早早扫地哟才得早饭吃，晚晚挑水哟才得晚饭吃。官家主人哟说一句好话，我的日子哟也还勉强过；官家主人哟又打又恶骂，像打猪打狗呀把我乱糟蹋，我的日子哟过得好苦呀！剩下的残饭隔了一晚上，还要留到明天做早饭，耗子脚印哟密密麻麻，我要吃吧又怕脏嘴巴，我若不吃要挨主人骂！"③ 歌词中还刻画了苗族帮工挣钱回家养爹娘这一梦想破灭后的复杂心绪："白天想来哟晚上想，做梦也回到爹妈的身旁，梦醒转来哟双流泪，要回家哟没有翅膀。我哟哪时才能走上路，哪时才能哟回到爹妈的住处？"④

5. 酒歌

酒歌是在酒席上互相劝酒、谢酒时所唱的歌曲，其内容以褒奖祝福为主题。贵州苗族酒歌多是短小的抒情诗，每首歌十行左右，调子缓慢，浑厚热忱。在黔东南苗族地区，人们吟唱酒歌时，先以"嗬嗬"（多谢）为引子，然后进入正歌。例如主唱："好客到我家，心里乐开花。杀只小公鸡，没有蚂蚱大。斟的半碗酒，比清水还清。……"客唱："多谢呵——，多谢主人好心肠。

---

① 贵州省民间文学工作组编著：《苗族文学史》，贵州人民出版社，1981年版，第221页。
② 贵州省民间文学工作组编著：《苗族文学史》，贵州人民出版社，1981年版，第221页。
③ 贵州省民间文学工作组编著：《苗族文学史》，贵州人民出版社，1981年版，第226—227页。
④ 贵州省民间文学工作组编著：《苗族文学史》，贵州人民出版社，1981年版，第227页。

杀只公鸡水牛大，端来美酒一大缸。吃饱喝醉转回去，把你老人美名扬。愿你发财像官家，愿你长寿像榜香。……"① 主人劝客人吃菜喝酒时唱道："麻雀虽小也有肉，东西虽少一片心，请随便尝尝吧。你们吃了，我们的身子呀，像烤火一样暖；你们尝了，我们的心里呀，像装满了阳光。"② 客人答谢："这就是最好的招待啦！难道要杀一条黄牛？难道要杀一条水牛？水牛我们并不喜欢，我们就喜欢这杯满满的酒。"③ 客人在歌颂主人生活宽裕、生产发展、家业兴隆时唱道："你老人家最发财啦！买得大杉树，造了大楼房，屋檐翘像翅膀，瓦脊密像穿山甲，柜子里装满银宝，神龛脚堆满牛角，楼上搁满铜鼓，楼角关满大马 。……"④ 客人在祝福主人长寿时唱道："愿你老人幸福长寿，返老还童，千载万载活在人间，像棵常绿的古树。让蜜蜂飞上树梢蜜汁，让蜜蜂贴在树干吸浆液，炎热的夏天子子孙孙有乘凉的地方，开山种地世世代代有依靠的栋梁。"⑤

6. 婚姻歌

婚姻歌是指在婚嫁场合吟唱的歌曲，贵州苗族婚姻歌主要以记述婚姻起源与变革、婚姻习俗、姑娘被迫出嫁以及反抗姑舅表婚为内容，其歌词以叙事和抒情为主。

第一，记述婚姻起源及其变革的婚姻歌。这类歌曲有《兄妹结婚》《亲戚歌》《由嫁男到嫁女歌》《分支开亲歌》等。其中《兄妹结婚》讲述了人类起源的过程，歌词中叙述了一场洪水过后世上仅幸存姜央兄妹二人，他们为了繁衍后代到处找人结婚，在寻求无果的情况下兄妹二人结婚生下一个怪胎，兄妹俩将这一怪胎砍成 12 块丢到山上变成了人。《亲戚歌》讲述了苗族婚姻的起源，《由嫁男到嫁女歌》讲述苗族社会经历着一个由母系氏族社会向父系氏族社会的变革过程，《分支开亲歌》讲述的是同一宗族不同支系的

---

① 贵州省地方志编撰委员会编：《贵州省志·民族志》，贵州民族出版社，2002 年版，第 114 页。
② 贵州省民间文学工作组编著：《苗族文学史》，贵州人民出版社，1981 年版，第 152 页。
③ 贵州省民间文学工作组编著：《苗族文学史》，贵州人民出版社，1981 年版，第 152 页。
④ 贵州省民间文学工作组编著：《苗族文学史》，贵州人民出版社，1981 年版，第 152 页。
⑤ 贵州省民间文学工作组编著：《苗族文学史》，贵州人民出版社，1981 年版，第 155 页。

氏族成员之间可以结为姻亲。

第二，记述婚姻习俗的婚姻歌。现在能搜集到的这类婚姻歌主要有《大客歌》《择日开亲歌》《打扮歌》和《染布缝衣歌》等。《大客歌》唱述迎亲客人来到、客人进屋、姑娘辞别父母兄嫂、寨邻姐妹送别新娘等情节。《择日开亲歌》唱述寻找择日开亲之人、历书来历以及如何确定结婚日期等。《打扮歌》用问答的形式唱述新娘着装打扮等，如问："还有香炉山，山峰矗立着，那是什么东西？"对方应答："你说香炉山，山峰矗立着，那是姑娘的发髻。"[①]《染布缝衣歌》唱述姑娘父母从栽兰靛、制染缸、染布到为姑娘做嫁衣等事迹。

第三，记述姑娘被迫出嫁的婚姻歌。这类歌曲较有代表性的是《兄妹歌》和《送亲歌》。《兄妹歌》又叫《姊妹歌》，流传于黔东南苗族地区，歌词大意是：姑娘被迫出嫁到远方，希望兄嫂允许回家分享田地耕种解决生活，兄嫂则说姑娘不能担负粗重劳动、不能赡养父母必须出嫁，并劝其安心回夫家生活。歌曲中唱道：（女）"我们是同一母亲所生，我们是同一母亲所养。你们长大了父母亲要你们，我们长大了父母亲赶我们。像把鸭子赶到遥远的山谷，把我们赶到遥远的村庄。我们不走也得走，不走父母就拿棒棒打。拿牛鞭子抽，我们有苦没处诉。爬到第一层坡，只好把苦告诉第一层坡。爬到第二层坡，只好把苦告诉第二层坡。可怜不可怜我们啊，哥哥弟弟们。可怜就让我们回来，跟你们住一段时间也好。……"（男）"我们是同一母亲所生，我们是同一母亲所养。我们能把田犁好，能把田边的荆棘砍掉。你们不能把田犁好，不能把田边的荆棘砍掉。一刀砍着自己的手，坐下来大声地哭。没办法才叫你们出嫁，你们不要回来为难我们了。像猫儿为难老鼠，像'脑着鸟'争窝。姊妹们啊！……"[②]《送亲歌》唱述姑娘出嫁前邻里男女青年聚居在其家门口以歌祝贺姑娘到夫家后过上幸福生活的情景。

第四，记述男女青年反抗姑舅表婚的婚姻歌。这类歌曲较有代表性的是《刻木歌》，歌词内容反映了苗族男青年久宜和苗族女青年阿金反对姑舅表

---

① 贵州省民间文学工作组编著：《苗族文学史》，贵州人民出版社，1981年版，第158页。
② 转引自潘定智：《从黔东南苗族婚姻歌看古代苗族婚姻》，《贵州民族学院学报》（哲学社会科学版），1984年第1期。

婚最终结为夫妻的曲折过程。久宜和阿金将要结婚，但阿金必须嫁回舅家。为了阿金婚事其母征求舅家意见，舅家因儿子小无法婚配便索要"舅爹钱"，数量为三百匹马、三百两银和三百段布。由于礼钱太高久宜无法偿还，两人不能成亲，阿金母亲只好将其送往舅家。阿金在舅家等待五岁的"丈夫"长大，其间被当成佣人使唤。阿金不断反抗，舅家担心出事只好叫阿金返家。此后经双方理老商议，阿金决定交付舅家三百两银子，其余"舅爹钱"全免，久宜和阿金终于成婚了。最后人们达成共识，苗族结婚彩礼因家庭而异，家庭殷实者多支付，家庭贫困者只交白银二三两并杀一只公鸡办喜事就可以了。[①]

7. 丧葬歌

在治丧期间吟唱的歌曲称为丧葬歌，贵州苗族丧葬歌有《挽歌》《焚巾歌》《开路歌》《姑妈话》和《孝歌》等。《挽歌》吟唱死者生平事迹以及生前扶贫济困、助人为乐等行为，以此唤起吊唁者对死者的追忆和缅怀，倡导后人孝顺长辈、发奋图强、和睦相处。《焚巾歌》讲述苗族来历、迁徙、生产劳动以及死者一生的经历等。《开路歌》是指引死者灵魂回到东方祖先阴魂住处，祈求死者保佑全家平安幸福、戚友清吉、子孙富贵长久。《姑妈话》是姑妈死后甥舅发问死因所唱的歌曲，主要唱述甥舅追问姑妈为何而死？准备如何装殓？最后安慰死者亲属，祈求死者降福后辈。《孝歌》内容较为复杂，迷信色彩浓厚，吟唱死者从生到死的整个生命历程。例如歌词中唱道："鼓儿打得响沉沉，场中得会聪明人。八月油麻先开口，要学前期唱歌人。人人来到歌堂内，个个唱歌伴亡人。不论客来不论主，每人唱首到天明。……""人生七十古来稀，也有高来也有低。也有贫穷少吃饭，也有无子受孤凄。也有为官更作吏，也有沿路讨东西。山坡是主人是客，山河成路路成蹊。千年土地八百主，不卖东来不卖西。有朝一日无常到，肉化清风骨化泥。……"[②] 一个好的苗族歌手，每唱一段都能触动人们的情感，使在场人员黯然泪下。

[①] 参见潘定智：《从黔东南苗族婚姻歌看古代苗族婚姻》，《贵州民族学院学报》（哲学社会科学版），1984 年第 1 期。

[②] 转引自丁世良、赵放主编：《中国地方志民族资料汇编西南卷下》，书目文献出版社，1991 年版，第 646 页。

8. 祭祀歌

祭祀歌是鼓藏祭祖时所唱的歌曲。这类歌曲各地称呼不一，黔东南苗族将其称为"吃鼓藏歌"或"芦笙木鼓歌"，黔西北苗族将其称为"跳鼓歌"或"跳阳歌"，但基本内容都是围绕砍树制鼓、杀牛祭祖展开。唱祭祀歌时，一般都是从找鼓和请鼓唱起，继而唱找牛、找鱼、找礼服礼帽、找竹麻等。祭物找齐后，巫师接着吟唱怎样陈设祭物和敬奉祖先。概括地说，贵州苗族祭祀歌都是追述祭祀的缘由，讲述祭祀主人和祭物的情况，提出祭祀的目的和希望等。可见，贵州苗族祭祀歌与宗教迷信有着密切联系。

9. 儿歌

儿歌是为赞扬儿童而编创的歌曲，贵州苗族儿歌盛行于黔东南广大苗族乡村。下面是一首黔东南苗族地区流行甚广的推理性儿歌："你为啥浑，水？蝌蚪跑我才浑。你为啥跑，蝌蚪？石滚我才跑。你为啥滚，石？野鸡刨我才滚。你刨啥，野鸡？我刨板栗吃。你为啥落，板栗？风吹我才落。为啥吹，风？不吹年不去，不吹岁不来。"[①]

（二）芦笙乐曲

芦笙是中国古老乐器之一，相传已有三千多年的历史。战国时期齐国国君非常喜爱笙乐，大臣吹奏芦笙盛行一时，于是我国历史上出现了"滥竽充数"的典故。我国苗族自古以来就有吹奏芦笙的传统，他们称芦笙为"嘎都""嘎在""嘎正""更"等。《阚子》中曾有"楚笙冠中国"的记载；《溪蛮丛笑》中也提到，"亦所吹芦笙亦鲍笙……列六管"。芦笙用木、竹、簧片为材料制作而成，每支芦笙包括气斗、笙管、簧片、天斗、天鸣筒、地鸣筒、笙眼、定箍、吹管九大部分，按音阶排列每支芦笙一般为五管六音或六管六音，吹奏出的六个不同音调如同简谱中的 6、1、2、3、5、6。同时也有单管、三管、十二管、十八管或二十六管者，这些形式的芦笙既可单吹亦可合奏，艺术表现力十分丰富。贵州苗族芦笙乐曲以抒情为主，兼以叙事，可分为娱乐曲、

[①] 贵州省地方志编撰委员会编：《贵州省志·民族志》，贵州民族出版社，2002年版，第115页。

交际曲、节日曲和礼乐曲四个类别。

1. 娱乐曲

娱乐曲是农闲时节为了娱乐而吹奏的曲子，贵州苗族芦笙娱乐曲既有优雅委婉的平步曲、三步曲、五步曲、踩步曲、翻步曲、转步曲，同时又有轻松愉快的求爱曲、丰收曲、斗鸡曲、青蛙曲、鱼鳞曲、夜深曲等。男女老少皆可吹奏，曲调欢畅喜悦，抒情性强。例如黔南苗族芦笙求爱曲中唱道："我走田埂来，田埂百花开。正逢好时节，我为求婚来。问君愿不愿，金口快快开。"[①] 川黔滇方言区苗族芦笙丰收曲《金鸡捡米》更是以逼真的动作和欢快的曲调表达了苗族人民丰收后的喜悦心情。

2. 交际曲

交际曲是为了交际而吹奏的曲子，贵州苗族芦笙交际曲有邀请曲、见面曲、问候曲、迎宾曲、感谢曲、散场曲和分别曲等。曲调有褒有贬，声情并茂，见辞抒情。吹奏到欢乐之处众人随声附和，开怀大笑；吹奏到悲伤之处场中鸦雀无声，肃穆哀思。如黔南苗族芦笙迎宾曲中唱道："贵客来，贵客来，桂子花儿开。美酒摆席上，酒歌唱起来。笙曲娓娓奏，笙舞翩翩踩。今天好热闹，欢乐传满寨。"[②] 黔东南雷公山区苗族芦笙感谢曲表达的是客人对主人盛情款待的感谢，歌词中唱道："感谢你们！与你们吃饱喝醉。感谢你们！祝你们坐老，祝你们长寿。不说一万八千岁，也要坐到七十多。人生七十古来稀，个个都过七十岁。"[③] 雷公山区苗族芦笙散场曲则表达了游方男女依依不舍的离别之情，歌词中唱道："夜深了，月亮落坡了，分别吧朋友。回家睡觉去，明天才起早。起早去干活，干活才有吃穿。再见吧！朋友。"[④] 从上述芦笙交际曲中我们可以看到，贵州苗族是一个热情好客、能歌善舞的民族。

---

① 李继刚：《苗族芦笙曲》，《今日民族》，2003年第6期。
② 李继刚：《苗族芦笙曲》，《今日民族》，2003年第6期。
③ 李继刚：《苗族芦笙曲》，《今日民族》，2003年第6期。
④ 石朝江：《苗学通论》，贵州民族出版社，2008年版，第592页。

3. 节日曲

节日曲是在节日期间演奏的曲子。大凡春节、跳花节、四月八、龙船节、姊妹节、苗年、六月六、重阳节等节庆日子，贵州苗族都要演奏节日芦笙曲，这样的曲子有排笙曲、雌雄对笙曲、芒筒套笙曲等。节日开始时，人们首先吹奏开场曲或相邀曲，曲声响起时整装待发的苗族姑娘纷纷进入芦笙场唱歌跳舞。人们围绕芦笙形成若干圈，随着芦笙曲调时而轻快跳跃，时而雅步绵绵，时而边舞边歌。例如黔南苗族重阳节芦笙曲唱道："九月九，九月九，九月样样有。苞谷满屋挂，谷子堆满楼。芦笙吹起来，欢跳庆丰收。"[①]情绪高涨时，众人向演奏者敬酒献肉以示感谢。

4. 礼乐曲

礼乐曲是在重大祭典或喜庆节日中吹奏的曲子。贵州苗族芦笙礼乐曲主要有三类：一是典礼曲。这种曲子有比较固定的唱法，有鼓声伴奏，只能按照固定曲子吹奏，不允许即兴发挥。例如黔南苗族在春节庆典中经常唱道："正月正，正月正，我们敬山神。山神你显灵，保佑苗家人。人畜无灾祸，庄稼无病虫。风调雨又顺，五谷满盈盈。村村欢笑语，寨寨跳芦笙。"[②]吹奏典礼曲时严肃认真，不许马虎随便。二是新屋落成曲、迎宾待客曲、婚姻嫁娶曲和贺生曲。这类曲子吹奏起来轻松欢快，多以赞颂、祝福和致谢为主，娱乐为辅。三是送葬曲。这类曲子有叙述死者生前事迹曲、生死离别曲、为亲友送葬的"打牛曲"、死者灵魂告别曲、告诫亡灵战胜凶神恶煞曲、征服毒蛇猛兽曲、克服途中艰难曲、到祖先冥地团聚曲等，主要描绘丧葬中的悲伤图景，吹奏时人们心情沉重严肃。吹奏到悲痛处，歌者和听众往往声泪俱下。

除此之外，贵州苗族芦笙乐曲还有叙事曲、歌体曲、进行曲等，在此不再赘述。

[①] 李继刚：《苗族芦笙曲》，《今日民族》，2003年第6期。
[②] 李继刚：《苗族芦笙曲》，《今日民族》，2003年第6期。

（三）唢呐乐曲

唢呐又名喇叭，用芦管做成吹口，用桐木制成六眼管，管子下端装置铜质喇叭口，一般为八个音孔，吹奏时靠手指控制气息，声音洪亮优美。唢呐乐曲是贵州苗族民间喜闻乐见的乐曲之一，为红白喜事吹奏，多流传于川黔滇方言区各地苗族村寨。红喜唢呐调有《喜庆调》《过街调》《敬亲调》《三滴水》《四滴水》等；白喜唢呐调有《冷心调》《哭丧调》等。唢呐曲牌有报信曲、迎宾曲、敬酒曲、告别曲、欢送曲、蝴蝶采花、蜜蜂过坳等。其中，欢送曲和告别曲是在办完喜事送客返家时吹奏，曲调轻快欢乐；"蜜蜂过坳"专门用于殡葬，曲调悠扬深沉，有慰藉老人仙逝之感，用以安慰死者亲属；"蝴蝶采花"用于花烛之喜，曲调喜悦明快，有祝贺新婚夫妇喜缔良缘、夫妻恩爱白头偕老之意。唢呐乐曲有单奏和合奏之分，合奏时配以大号和皮鼓，声音嘹亮，气势雄伟。在接客或出丧时吹奏声似战号，振奋人心。

（四）木叶乐曲

木叶是中国古代民间流行的一种乐器。在《旧唐书·音乐志》中就有记载："啸叶，衔叶而啸，其声清震，桔柚尤善。"唐代诗人白居易在其《杨柳枝词》中对吹木叶作了生动描述，"苏家小女旧知名，杨柳风前别有情，剥条盘作银环样，卷叶吹为玉笛声"，可见吹木叶在唐代就已经很盛行。在贵州苗族山区，木叶摘取方便，无论山间、田野、河边或路旁，只要有树木的地方都可以信手拈来，木叶成了当地苗族民间富有古风色彩的天然乐器。贵州苗族青年上山干活时，凡是自己会唱的歌曲他们都能用木叶吹奏出来。木叶曲声音清晰洪亮，随风传送较远，是苗族青年传达感情的重要工具之一。每当春暖花开或明月高挂时，男青年便吹起木叶乐曲吸引心爱的姑娘前来游方对歌，借此寻觅意中人。正如贵州苗族山歌中所传唱的："高山木叶堆㩦堆，歌妹采来细细吹，小小木叶通情意，吹响木叶不请媒。"[①] 许多苗族家庭的恩爱夫妻都是通过吹奏木叶乐曲的方式结成终身伴侣的。

---

① 黄正彪：《吹响木叶不请媒》，《乐器》，1996 年第 4 期。

吹奏木叶乐曲时，苗族青年选择不老不嫩、光滑平整、坚柔适度的树叶衔于上下嘴唇之间，双唇微闭，手指轻轻按住木叶，舌头弹动让气流均匀吹出，音色如同海笛和唢呐穿山越岭。木叶乐曲有独奏、双人合奏和多人齐奏等，曲调变化不大，多是吹奏苗语方言音乐。木叶乐曲按照苗族歌曲音调吹奏，带有"咿""噢"等引子和尾声的衬词，这些衬词使木叶乐曲的音色得到美化，进一步提升了苗族民间音乐的艺术感染力。

（五）箫琴乐曲

箫琴乐曲是以箫或琴为乐器吹奏的曲子。贵州苗族箫琴乐曲主要流行于黔东南地区凯里市、丹寨县、雷山县、麻江县一带苗族村寨，多在夜间吹奏，曲调优美抒情，情意缠绵。20世纪50年代中央民族文艺工作团丹寨分团曾对贵州苗族箫琴乐曲给予了高度评价："我虽然不懂得苗语，但听了苗族夜箫以后，不觉思绪万千，有时情绪激昂，有时情思满怀，有时它还带着我去回首往事，悲愤不已。"[1]

在黔东南地区丹寨县南皋、岩英、新华和凯里市丹溪、青曼以及麻江县卡乌一带苗族乡村，夜间游方男青年每到一个村寨都要吹箫向姑娘父母和兄嫂问安，曲词中唱道："瘦猪吃的是生菜，穷哥到处去游方。今夜游方远处来，来到你们的寨脚。看到你们寨子美，就上你们寨子来。打扰老人们睡觉，妨碍哥嫂们休息。"[2] 随后又吹箫询问姑娘是否在家，如果姑娘在家男青年就吹奏邀请曲："此地山好风景好，生的姑娘个个美。美丽的姑娘啊！你们在家不在家？耽搁你们的睡眠，耽搁你们的休息。请陪穷哥唱几首，请陪穷哥玩一夜。明天穷哥回家去，干活力量增几分。"[3] 若吹奏片刻仍不见姑娘出来，男青年便以歌相问："妹们有心或无心，妹们有意或无意。有心有意快些来，无心无意也就丢。你们要是来，我们就在等。你们真不来，我们也

---

[1] 石朝江：《苗学通论》，贵州民族出版社，2008年版，第596页。
[2] 石朝江：《苗学通论》，贵州民族出版社，2008年版，第596页。
[3] 石朝江：《苗学通论》，贵州民族出版社，2008年版，第596页。

就走。"① 姑娘出来后双方选择一块僻静的地方吹箫和唱歌,直至黎明时分男青年才依依不舍地离去。离别时男青年要吹奏分别曲:"天亮了,天亮要和妹分别。家中还有老父母,在等哥去砍柴烧,在等哥去挑水吃,后天还要去种地。妹们有情哥有意,哥下次一定还要来,妹们真是不嫌哥,听我吹箫就出来。……"② 贵州苗族夜箫须在农闲季节吹奏,即农历九月"翻鼓"后开始吹箫,至次年二月"翻鼓"时就要停止,故当地苗族民间有"九月翻鼓才吹箫,二月翻鼓箫声止"的说法。

三、舞蹈

苗族传统舞蹈起源很早,楚国时期著名爱国诗人屈原在《招魂》篇中提到:"竽琴狂会,填鸣鼓兮。"王逸注《楚辞》记载,"昔楚国南郢之邑,沅湘之间,其俗好词,其词必作歌鼓舞","男女共舞"。进入阶级社会后,贵州苗族民间舞蹈成为当地苗族先民重要的精神文化活动方式之一。据《贵州通志》记载:归化苗"两男对跳,四五女联背围之,满场凡数百围"。若从伴奏乐器上划分,贵州苗族传统舞蹈大致可分为笙之舞、鼓之舞和摆手舞三类。

(一)笙之舞

贵州苗族笙之舞以芦笙、瓢笙和胡琴为伴奏,故又分为芦笙舞、瓢笙舞和胡琴舞三种形式。芦笙舞几乎遍及整个贵州苗族地区,瓢笙舞和胡琴舞则只在部分苗族地区流行。

1.芦笙舞

芦笙舞,苗族称为"祝嘎",以芦笙为伴奏乐器,是贵州苗族主要的民间舞蹈。《黔南识图》记载,"择平壤为月场,男女皆艳服,吹芦笙,踏歌跳舞"。《贵州通志》中也提到,"春初或秋后的节假之日,苗族男女青年集于舞场,男吹笙于前以为异,女振银铃以应之。两相偕者,则目成心许矣。

---

① 石朝江:《苗学通论》,贵州民族出版社,2008年版,第596页。
② 石朝江:《苗学通论》,贵州民族出版社,2008年版,第596页。

十三日跳毕，男吹笙于前，女牵花带从之，绕场三匝，相携而去"。贵州苗族支系繁多，各支系苗族芦笙舞不尽相同。从参与人数上看，贵州苗族芦笙舞可分为集体舞、四人舞、双人舞和独舞；从支系和居住地上划分，贵州苗族芦笙舞则可分为黔中南苗族芦笙舞"长衫龙"、黔东南苗族芦笙舞"锦鸡舞"和黔西北苗族芦笙舞"滚山珠"三个体系。

第一，芦笙集体舞。贵州苗族芦笙集体舞以排芦笙伴奏，故又称芦笙排舞，流行于贵州省广大苗族乡村，其中以黔东南地区凯里市、黄平县、台江县、雷山县等地的芦笙集体舞最负盛名。排芦笙由五支、七支、九支、十几支甚至几十支组成，按大小顺序排列，以最大的一支领头，吹笙者保持"一"字形队列边吹边跳。姑娘们或将芦笙队围在中间，或尾随于其后，伴随芦笙节拍翩翩起舞。芦笙集体舞有慢步舞、快步舞和踏笙舞三种表演形式。慢步舞为上前一步，退后三步，再向前一步、二步或三步。若用大弓箭舞步，则迈开左脚（或右脚），扭动腰身三次后才迈出第二步，另一只脚紧随其后，舞步庄重稳健。快步舞一般是主客两支芦笙队"对舞"，队形有"对脚""交叉对脚""跳开门""四脚对叉""转身""交叉"和"绕场"等，弯腰屈肢，脚着地和腾空交替跳出高难度动作，以两脚表演突出舞蹈技巧。曲调多为四二拍，节奏轻快，十几人、几十人或"一"字形进退，或两列对脚，或交叉腾跳，或绕场跳跃，场面极为壮观。表演踏笙舞时，吹笙者只作伴奏不参与跳跃，舞者多为年轻姑娘和中年妇女。当吹笙者吹起芦笙舞曲时，姑娘和妇女们踏着节拍翩翩起舞，其身上悦耳的银饰声更增添了舞蹈的魅力，旁观者如在舞中一般。

此外，在黔东南地区从江县一带还流行着一种芦笙队舞，领奏者手舞小芦笙，吹起清脆委婉的召唤曲，随后数十支芦笙同时齐奏，姑娘们围着芦笙队跳舞，人多时围成无数圈，场面十分热烈。

第二，芦笙四人舞。芦笙四人舞又叫四支芦笙舞，流行于黔东南地区雷山县、台江县、剑河县三县交界地带。这种芦笙舞由四个芦笙手手握四支大小不同的芦笙边吹边舞，脚和身体摆动幅度大，随舞姑娘人数不限，舞者手、脚同边甩，动作强健有力，舞姿扣人心弦。

第三，芦笙双人舞。芦笙双人舞由两个芦笙手对舞，属于技巧类芦笙舞，在黔东南地区以"斗牛舞"为代表，在黔西一带以"比多"舞为代表。斗牛舞舞步有二拍、四拍、一拍和八拍，跳跃动作大，抬脚动作多，时缓时急，舞步稳健有力。缓慢动作表示两头牛在未斗之前斜视的样子，舞步为扭身、摆腰、叉脚；急促动作表示两头斗牛已经开始打斗。"比多"舞即舞蹈双方比试谁的舞蹈动作多，两个芦笙手同吹一个芦笙曲，跳出两种不同的舞步，舞步欢快活泼，以动作多者为胜。

第四，芦笙独舞。芦笙独舞集所有芦笙舞技巧于一身，以黔西苗族地区的小芦笙舞最为典型。表演者吹奏芦笙爬上两三米高的花杆取下杆顶物件，然后下爬至离地数尺处翻筋斗落地，其间笙声不断，可谓奇技。这种舞蹈的表演形式有"倒立""蚯蚓滚沙""踩鸡蛋""肩上托人""翻板凳""走竹竿""旋方桌""滚水碗"等，既体现了表演者的娴熟技巧，同时又表现出表演者的顽强精神。

第五，"长衫龙"。"长衫龙"芦笙舞，当地苗族称为"阿冗"，流传于黔中南贵定县一带花苗聚居区。这种舞蹈一般为男性跳跃，有双人舞、四人舞和群舞等形式。舞者身穿黑色大襟长衫，头顶龙面牛角并插上两根野鸡翎，戴上髯口，扎上红色银饰腰带，边吹边舞。双膝微屈，臂向后翘，含胸收颔。两手以腰部为中心左右摆动，上身随腰部上下摆动，前俯后仰，以圆、卷、上下翻腾的拟龙式姿态表现舞姿，体现出深沉古朴的韵味。

"长衫龙"舞蹈共分三段展示当地苗族对"龙"的崇拜。第一段，舞者吹奏笙管粗长的芦笙曲，声音低沉浑厚，表示群龙出现；第二段，舞者伴随节奏鲜明的芦笙曲表演激亢的舞蹈动作，表示龙腾虎跃；第三段，舞者吹奏和谐悦耳、潇洒大方的芦笙曲，踩踏欢快的舞步，映衬出群龙夺宝的独特风格。

第六，"锦鸡舞"。在黔东南地区雷山县和丹寨县的高寒地带，苗族男子吹芦笙，女子舞蹈，舞者穿着五彩衣裙，佩以彩色飘带，头戴银饰，犹如锦鸡出山，故名"锦鸡舞"。在当地，凡嫁娶、建房等喜庆日子，只要芦笙曲响起，人们便闻声而来围圈起舞，场面非常热闹。舞蹈时，男青年吹奏芦笙在前面领舞，姑娘或中年妇女排成长队紧随其后，她们在芦笙曲的引领下沿着逆时针方向转圈起舞。舞步时而缓缓前移，时而或前或后、或左或右移动，时而或进或退停滞不前。舞者自然摇动腰膝，腿上动作较多。舞步有三步、四步、六步不等，一般以四步为主外加六步转身。如右脚向右侧轻迈一步，左脚跟随右脚移动，然后左脚向前轻迈一步，右脚又跟随左脚移动，如此反复四次后转换跳六步顺时针转身。其间有许多下蹲摆臀、斜前摆腰、旋转和用手拉裙角等动作，以炫耀舞者服饰的美丽。从总体上看，该舞蹈以腰左右扭动和上身前倾后仰为基本体态，是贵州苗族芦笙舞中高桩类舞蹈的典型。

在六盘水市和毕节市织金县一带，部分苗族乡村也流行"锦鸡舞"。舞蹈时，人们在舞者臀部插上一根竹子，在竹上系上野鸡毛。表演者边吹芦笙边舞蹈，一条腿独步着地模仿鸡跳姿势，另一条腿侧抬抖动、开胯模仿金鸡翅膀颤动形态，动作形象逼真。

第七，"滚山珠"。"滚山珠"原名"地龙滚荆"，苗族称为"子落夺"，是贵州苗族世代相传的芦笙舞蹈之一，流传于黔西北苗族地区纳雍县、水城县一带。"滚山珠"集舞蹈、芦笙吹奏以及杂技演艺为一体，动作单一，古朴稚拙，多为独舞。表演前，首先将六只小瓷碗反扣于地并以演奏者身高的三分之二为直径围成一圈，再将另六只碗盛满水后分别放在反扣于地的碗底上。舞者头仰至圆圈中心，在芦笙曲调的引领下借助腹肌和胯下之力沿着水碗组成的圆圈翻滚，碗中的水不得溢出，表演难度极大，异常惊险。

2. 瓢笙舞

瓢笙舞以古瓢琴伴奏，流传于黔东南地区榕江县和雷山县城一带，为青年男女在花前月下跳跃的抒情舞蹈。该舞蹈为集体舞，男性舞者一边拉古瓢琴一边舞蹈，女性舞者伴随琴声绕琴起舞，双手呈抱圆形上下摆动、扭腰、摇胯，步伐轻盈，舞姿优美。姑娘身上的银饰随着身姿摆动，银铃声悦耳动听，别有情趣。

3. 胡琴舞

胡琴舞以胡琴伴奏，胡琴源于北方少数民族。《元史·礼乐志》记载："胡琴制如火不思，卷颈龙首，二弦，用弓掖之，弓之弦以马尾。"贵州苗族胡琴有双弦和单弦两种，类似二胡，携带方便，是父辈与儿童玩耍时常拉弹的乐器。贵州苗族胡琴舞流行于黔东南一带苗族村寨，以儿童曲调为主。表演时父辈拉奏胡琴，有时配以说唱，有时配以舞蹈；孩子跟着琴声节拍手舞足蹈，舞蹈动作有老鹰抓小鸡、鸭子学走路、猴子掰苞谷等，动作逼真生动，充满诙谐幽默与欢快的气氛，观者尽兴于其中，是当地苗族教育儿童的最好形式。

（二）鼓之舞

苗族鼓舞具有悠久的历史。唐代张鷟《朝野佥载》卷十四记载："五溪蛮，父母死，于树外间其尸，三年而葬，打鼓路歌，亲戚饮宴舞戏一月余日。"宋人朱辅《溪蛮丛笑》云："鼓之节不一，有暗箭鼓，集人鼓，犒设鼓。飨客亦以此，远远听以为准。酒憩，少有参商，则声随变，终席无他者，名客鼓。"清代徐家干《苗疆闻见录》曰："苗有踩鼓之俗，每于平地，置鼓中央，以老妇击之，年幼男妇则皆周环行走，且歌且笑，亦蹈亦舞。"在传统贵州苗族社会，大凡祭祀、节日庆典之时人们皆击鼓舞蹈。据《贵阳府志》记载，"铜鼓不特用祀鬼神，且为岁时欢乐之用矣"，"岁时击鼓为乐"，"以十一月辰日为岁首，必备餐鱼酒脯祀祖，击铜鼓、吹芦笙竟日"。从地域上看，贵州苗族"鼓舞"主要分布在黔东南地区清水江流域一带，有铜鼓舞、木鼓舞、踩鼓舞和花鼓舞等形式。

1. 铜鼓舞

铜鼓舞是以铜鼓为伴奏乐器的舞蹈，当地苗族称为"祝略"，于节日庆典时举行。届时，人们汇集铜鼓场围成数圈，内圈为穿着节日盛装的姑娘，中圈为中老年妇女，外圈为佩刀中青年男子，大家伴随鼓点声徐徐起舞。铜鼓舞分为祭祀性舞蹈和娱乐性舞蹈两类，祭祀性舞蹈鼓点为"咚——唔，咚——唔——咚"，鼓点匀称，舞步以四步为主，行三步停靠一步，节奏性强，动作沉稳。娱乐性舞蹈鼓点复杂，舞步从二、三步开始至七、八步一停，其间有转身及各种模仿动作，跳跃性大。该舞蹈往往是全村寨或几个村寨的苗族民众与前来祝贺的亲朋好友共舞，舞蹈场面宏大热烈。

2. 木鼓舞

木鼓舞以木鼓伴奏，据苗族古歌记载，木鼓舞是苗族最早的舞蹈。在苗族先民迁徙之前，人们就用击木议事的方式商定迁徙。在苗族先民由北向南、由东向西迁徙过程中，每个宗支都置有一个木鼓，并通过击鼓进行联络。击鼓时人们伴随鼓声手舞足蹈，于是形成了木鼓舞。贵州苗族木鼓舞主要有长木鼓舞、鱼式木鼓舞、四方木鼓舞三种形式。

第一，长木鼓舞。这是一种祭祀性舞蹈，有《迎祖舞》《祭魂舞》《悼念舞》和《马刀舞》等。一人敲击多人围舞，鼓师以不同的鼓点节拍调动全场舞蹈动作，舞蹈场面庄重严肃。

第二，鱼式木鼓舞。这种舞蹈多在喜庆活动中举行，鼓面击点，鼓边击拍，一人击多人舞，手脚齐动，甩同边手，潇洒奔放。该舞蹈以黔东南地区台江县"反排木鼓舞"最为出名，享有东方"迪斯科"之美称。

第三，四方木鼓舞。这种舞蹈由四名女性边击鼓边舞蹈，有"蜻蜓点水""鹞子翻身""插秧""打谷""猴子攀桃""引龙进宝"等动作，舞姿活泼自然。

3. 踩鼓舞

踩鼓舞俗称"四方舞"，是贵州苗族欢庆丰收和祭祀祖先时的惯用舞蹈，以中型皮鼓伴奏。舞蹈时，放鼓于舞场中心，一人或两人击鼓，舞者围成圆圈跳跃，舞姿根据鼓点节奏不断变化。基本舞步为三步向前，第四步收脚、挽手、扭腰、胯部，身体上下抖动，如此循环往复。捞虾舞是"踩鼓舞"中常跳的舞蹈之一，基本动作为先踩"四方舞"步子，第五至八步为捞虾动作，双手向上举甩。舞者边舞边唱"大家来，来捞虾，来捞虾啊来捞虾"。

4. 花鼓舞

花鼓舞流行于黔东地区铜仁市和黔东南地区镇远县等地。表演时将一面牛皮大鼓置于木架上，一人击鼓边，一人或多人击鼓面。舞蹈动作有"公鸡啄米""鹭鸶伸腿""按耳扯须""收割打谷""栽秧种棉""肩锄荷担""整地耕田""辟园种菜""急水翻波""大鹏展翅"等，女子有"美女梳头""穿衣整容""烧菜煮饭""巧媳织锦""挑花绣朵""铺床理被""搓麻纺线"等。男子舞步粗犷有力，女子舞蹈淳朴细腻。总体上看，贵州苗族花鼓舞有单人鼓舞、双人鼓舞、四人鼓舞、团圆鼓舞、调年鼓舞和猴儿鼓舞等形式。

第一，单人鼓舞。表演时，鼓手敲击鼓面伴奏，一位妇女两手各持一根鼓棒伴随鼓点节奏打鼓起舞。舞蹈动作有梳头、照镜、纺线、织布、插秧、挖土、摘花、戴花等,基本舞步为左右梭步或前后梭步,神态或热烈活泼,或文雅平稳。

第二,双人鼓舞。这种舞蹈分为男子双人鼓舞、女子双人鼓舞和男女混合双人鼓舞三种,男舞豪放,女舞柔美。

第三,四人鼓舞。这种舞蹈多为两男两女同时表演,男击鼓则女舞蹈,女击鼓则男舞蹈,四人绕鼓穿花,动作一致对称。

第四,团圆鼓舞。这是一种古老的集体舞,舞蹈时将大鼓平放在地上,一人击鼓众人环鼓跳跃,跳完一段鼓点停止,众人唱起山歌继续舞蹈。唱完一曲众人高呼"啊嗬",随后继续击鼓舞蹈,如此循环,直至尽兴方休。基本动作有大摆、小摆和细摆,男跳大摆,女舞小摆和细摆,节奏明快。舞者着盛装,女性下穿百褶裙,脚穿花布鞋,手拿花巾,全场如花簇拥,鲜艳夺目。

第五,调年鼓舞。又称"跳年",为过年时举行的大型集体舞蹈,男女老少均可参加。舞蹈时将一个鼓、锣置于跳年坪中央,由德高望重者击鼓敲锣,众人环圈边舞边唱。基本动作为双手左右自然摆动,脚步或进三步退三步,或进一步退三步,或退一步进三步,女在里男在外分别扮演纺线耕地等动作。

第六,猴儿鼓舞。这是贵州苗族地区较为原始的一种舞蹈形式,单人、双人或多人均可以跳跃,只限于男子参加。表演时舞者双拍打鼓,单拍表演,双手不停伸缩,四肢忽快忽缓,动作如同猴儿一样形象生动,妙趣无穷。

(三)摆手舞

贵州苗族摆手舞以用力摆手为特征,主要有"板凳舞""粑棒舞""响篙舞"和"拳术舞"等形式。

1. 板凳舞

板凳舞流行于黔东南地区凯里市、麻江县、黄平县以及黔西南地区兴仁县、贞丰县和安顺市等地操黔中苗语方言的苗族中。该舞蹈主要在楼板上跳跃,有独舞、双人对脚舞、双行对脚舞、交叉舞以及大圆形舞等形式。基本步伐为连续进三步退三步后停一次击四次掌,然后抬脚打板凳并下蹲转圈,节奏鲜明。在过去，板凳舞多在屋内跳跃，若送客则从屋内跳到屋外甚至村边寨脚，直至把客人送出村寨后停止。

2. 粑棒舞

粑棒舞又叫粑槽舞，流行于黔南地区惠水县、黔东南地区雷山县以及黔西南地区紫云县和望谟县一带苗族乡村。人们通过将粑棒舂击粑槽发出响声起舞，多在深夜祭祀或追悼死者过程中跳跃。

3. 响篙舞

响篙舞是用破竹敲击地上发出清脆的响声，人们根据竹声节奏翩翩起舞，该舞蹈多流行于黔西南广大苗族村寨。

4. 拳术舞

拳术舞是由贵州苗族民间武术演变而来的一种集体舞，广泛流行于当地操川黔滇苗语方言的苗族中。基本步法犹如迪斯科，舞姿刚健，手势突出，舞姿更加随意化和个性化，具有极强的表现力。

5. 大刀舞

大刀舞是黔西北地区苗族的古典舞蹈之一，主要在祭祖活动中跳跃。每当鼓藏祭祖时，当地苗族青年男子手持长刀、勾刀或弯刀，伴随鼓点节奏英姿焕发地跳起大刀舞，以显示其威武的舞蹈特征。

四、戏曲

贵州苗族传统戏曲起源于当地苗族民间舞蹈和音乐，但发展相对较晚，根据其内容的不同概括起来主要有傩戏、花灯戏和嘎百福三种形式。

（一）傩戏

傩戏也叫傩仪舞，主要盛传于黔东北地区铜仁市、遵义市务川县和道真县以及黔南地区惠水县、长顺县、荔波县、贵定县等地，黔东南地区岑巩县、天柱县、镇远县、丹寨县一带也有流行。傩戏不仅涉及人类起源、社会变迁、人情风俗和人们对未来生活的构想，而且还兼收并蓄各个时代的人文现象与自然景观，内容包罗万象。从种类和功用上看，贵州苗族傩戏可分为祈福消灾的"过关愿"、祈求丰收的"五谷愿"以及延续香火的"求子愿"等。作为一种戏曲艺术，贵州苗族傩戏配备有鼓、锣、钹、牛角、师刀、绺巾、嘎召、令牌、大板斧、金钱竿、马鞭、雨伞等各种道具和乐器，表演时兼具各种唱、念、坐、打等技法，被专家学者称为"戏剧的活化石"。

贵州苗族傩戏的背景是"坛"。坛用篾片捆扎而成，并用彩纸和剪纸将其包装成宫殿形状，在表面填上各类疏文，挂上飞吊。坛内放置傩公傩母雕像，俗称"东山圣公""南山圣母"。傩神雕像有"坐傩"和"站傩"两种形式，因各傩班师承关系和受外界环境影响程度不同，在表演时其剧目多寡与剧情设置均存在差异。其中供奉"坐傩"的傩戏剧目是：扎灶→开坛→请师→发功曹→交牲→行堂接界→抛傩下伞→封傩→会兵架桥→开光→立五营→散花红→下马→讨卦→上表→开洞→《先锋》→《开山》→＜金宝癞子＞→＜黄河造船＞→《师娘送子》→《算命先生》→《和尚》→禳星赦土→合标→腾牲→《判官》→立傩→送神→找八兄八弟→封坛。① 供奉"站傩"的傩戏剧目为：扎灶→开坛→起建→上疏文→敬神→交牲→发功曹→抛傩下伞→会兵架桥→立五营→散花红→下马→开洞→开光→符标→《先锋》→《开山》→《师娘》→《算匠》→《和尚》→禳星赦土→游鱼→放猪羊→《秦童八郎》→立傩→上熟→《土地》→《判官》→送神→封坛。② 表演傩戏时，每个表演者头戴面具，对白诙谐，动作滑稽，表演场面灯烛辉煌，锣鼓喧天，气氛严肃，在娱神的同时亦使围观者得到精神上的满足。

（二）花灯戏

贵州苗族花灯始于何时，现在已无详细资料考证。据贵州省《册亨县乡土志略·风俗篇》记载："岁时，无论汉夷，俱多扮演春灯，唱游市镇，群

---

① 俞溥：《松桃苗族》，贵州人民出版社，2006年版，第112页。在具体表演过程中，凡标有"《 》"符号的是必须表演的剧目；凡标有"＜ ＞"符号的是在时间允许的情况下附加表演的剧目；未注明任何符号的是祭祀礼仪。

② 俞溥：《松桃苗族》，贵州人民出版社，2006年版，第112页。在具体表演过程中，凡标有"《 》"符号的是必须表演的剧目；未注明任何符号的是祭祀礼仪。

相欢狂。"在《苗族简史简志合编》一书的"节日"一章里也提到:"春节,除某些聚居区外,大多数苗族地区都过春节,称为过客家年,各地不尽相同。湘西和贵州松桃地区,一般是玩龙灯,唱花灯和耍狮子。"上述记载表明,花灯戏在贵州各地苗族中广为盛传,历史悠久。另据贵州省仁怀市苗族布依族乡87岁高龄的苗家老人陶复兴介绍,当地苗族花灯是康熙初年仿照汉族花灯创制而成的,后经人们多次改造和发展,于是形成了现今独具民族特色的花灯艺术。[①] 如从康熙初年计算,贵州苗族花灯戏已有三百多年的历史。

贵州苗族花灯戏主要流行于黔中地区仁怀市一带苗族乡村,是一种以芦笙为伴奏,集歌舞、戏剧和说唱为一体的综合性表演剧种。该剧种以恭贺新年为主题,多在春节至元宵节期间举行。每当春节来临,当地苗族灯手穿着民族盛装来到苗家院坝或堂屋中央演出,挨家挨户祝贺新春。即使是在当地苗汉杂居村寨,灯手们也要在汉族家庭院坝或堂屋中央表演花灯戏,向汉族人家祝贺新春。花灯词除了具有大家耳熟能详的生产、狩猎、祭祖、恭喜发财、朝贺新年、祝主家吉祥如意等唱段外,灯手们还根据每户家庭的职业、身份、年龄、子女多少、财产状况等即兴编唱与之相适应的唱段,以赢取主家欢心。花灯戏的唱段甚多,有一千段左右,但其剧目较少,而且很大部分从当地汉族戏剧中移植而来。因此灯手在表演时不化妆,只用声调和动作展示各自的角色。花灯戏的曲调多由苗家飞歌、酒歌、对歌、踩山歌、踩月亮以及汉族花灯曲调演变而成,风格独特,内容丰富多彩,具有浓厚的民歌风味。

演出花灯戏前,人们事先扎好两个六面形的纸灯,纸灯表面绘有不同花草树木的彩色图像。开灯时两人持灯在前引路,表演者紧随其后。灯手每到一家表演结束后,主人都要进行简单答谢,有的家庭用酒肉款待表演者,有的家庭向表演者馈赠钱物。贵州苗族花灯戏有以下两种表演方式:其一,十数人表演的花灯戏。大家围成圆圈,两名男子在圆圈中央徒手舞蹈,剩余人数分为两部分,一部分吹奏芦笙,另一部分演唱花灯词。演唱花灯词时,既可一人用苗语领唱,众人用苗语附和,也可大家同时用苗语方言齐唱。另一

---

① 徐文仲:《苗族花灯》,《贵州档案》,2002年第2期。

种情况为所有灯手同时舞蹈，大家齐唱花灯词，不用芦笙伴奏。这种表演方式先由两人一组徒手对唱，所有灯手分为两排对舞，最后众灯手绕场同舞。其二，两人表演的花灯戏。灯手既可以是两位男性，也可以是两位女性，但不能一男一女同台表演。表演时两人手持芦笙同跳一段芦笙舞，共唱一段花灯词。正月十五收灯时，各花灯队汇集于踩花坪，为本村寨做最后一次精彩表演，直至深夜方才散去。

（三）嘎百福

嘎百福又叫嘎百福歌或嘎吾洼歌，系苗语音译，是一种说唱文学，因产生于贵州省剑河县山磅山洼而得名，主要流传于黔东南地区凯里市、剑河县、台江县、雷山县和丹寨县等地苗族村寨。演唱者多为一人，另设配角多名，既说又唱，说唱者为主角，闻者或帮腔助兴，或添加评说。从内容上讲，贵州苗族嘎百福有控诉封建礼教罪恶的嘎百福、批判理老剥削行为的嘎百福、反对包办婚姻的嘎百福、赞美自由恋情的嘎百福、嘲讽嫌贫爱富的嘎百福以及歌颂助人为乐的嘎百福等。

1. 控诉封建礼教罪恶的嘎百福

这类嘎百福多是叙述封建礼教坑害苗族妇女的血泪事件，反映苗族妇女的不幸遭遇，有《娥南约》《记帕荣》《阿榜》和《娥久》等，尤以《娥南约》最为有名。《娥南约》讲述苗族姑娘娥南约能干善良，但却面容不佳。她的三个兄长认为有伤门第，便商量将其卖掉。在售卖途中偶遇一只老虎，姑娘祈求老虎把她吃掉。老虎虽饿得馋涎欲滴，但却流着泪唱道："嘀嘀嘿——，姑娘娥南约呵在！我渴了吞口水，饿了啃黄泥，怎么忍心吃掉你？！别人的哥哥，拉牛拉马卖。你的哥哥呀，哄骗妹妹卖。我怎能忍心，把你来伤害。"[1]最后，三个哥哥还是强行把妹妹娥南约卖了。后来娥南约逃出买家，找到称心夫婿成家致富。随后三个哥哥把售卖妹妹所得花光后穷苦不堪，娥南约拉来三条狗分别送给三个哥哥，三个哥哥羞愧得无地自容。《记帕荣》叙述了

---

① 贵州省地方志编撰委员会编：《贵州省志·民族志》，贵州民族出版社，2002年版，第118页。

一位苗族姑娘因反抗父兄逼嫁，被父亲预谋拐卖的故事。姑娘在识破父兄预谋后作歌谴责，最后被抛弃到他乡异域过着痛苦不堪的生活。《阿榜》记述了苗族姑娘阿榜宁死也不愿嫁到舅家，尔后因诉诸官府被官家送进监狱。尽管官家对其进行各种折磨，姑娘仍不屈不挠，官家只好将其释放。阿榜返家后理直气壮地与父亲论理，驳得其父无言以对，于是父亲将其捆绑起来。阿榜在思索自己遭受到的不幸后，痛心地唱道："现在夜深了，老年人睡了，青年人也睡了，只有我一个人，被捆在柱上。我的两手呀，肿得像蜂窝，漆黑的夜呀，长得像河水，几时才天亮？嗨嗨！嗨嗨！伤心得很哟！哥哥，鬼也要替我难过，我再也不能活下去了！"[①] 唱毕，姑娘一头撞死在碓杆上。《娥久》叙述了苗族姑娘娥久因反抗兄嫂逼嫁被拉至村外售卖，出卖不成又招致逼嫁，逼嫁不成兄嫂竟将其吊上炕上毒打。上述嘎百福以说唱的形式描述了作为封建礼教维护者的父、兄、嫂对苗族姑娘进行残酷逼嫁的历史事实。

2. 批判理老剥削行为的嘎百福

在古代苗族社会，理老在调解民间纠纷、维护社会秩序过程中发挥着重要作用。到了近代贵州苗族社会，随着社会经济的发展和阶级矛盾的分化，理老则成了封建剥削阶级利益的捍卫者，他们在处理社会纠纷时往往搬弄是非，借以敲诈勒索食人肥己，这些事迹均淋漓尽致地反映在下列嘎百福中。《故牛讲杨和嘎来泰》讲述了两个理老"故牛讲杨"和"嘎来泰"在为他人处理事情时互相揭发，表现出了他们肮脏的内心世界。故牛讲杨常常挑拨他人闹纠纷，随后以调解纠纷为借口从中渔利，被人告发后官家将其关进牢里。嘎来泰去探望时嘲讽道："谷共丢退婚，花自己的钱，坏自己的名，关你什么事？你贪钱又贪米，多言又多语，才睡在牢里。"[②] 此后嘎来泰因类似的事件被关进监狱，故牛讲杨前去探望时也讥诮道："嘎来泰是个好汉，你跟官家在一起，跟了十年哟，又跟二十年；汉话你能说，道理你能讲，你和官家呀，像亲戚一样，这回哪家办好事，你又去贪钱贪米，又去多言多语，居然你也

---

① 贵州省民间文学工作组编著：《苗族文学史》，贵州人民出版社，1981年版，第310页。
② 贵州省地方志编撰委员会编：《贵州省志·民族志》，贵州民族出版社，2002年版，第316页。

来这里，和我睡在一起？"①《故王和故力》叙述了一位苗族妇女聘请理老"故王"和"故力"处理其女儿的退婚一事，两位理老竟然对老妇人直呼道："嗬嗬阿！老妈妈，你女儿退婚的道理，只有老虎②才讲得赢，老虎卷起尾巴坐在山上，嘴巴张得像箩筐，你用什么把它引下山？你用什么塞满它嘴巴？"③《榜利姜》描述了苗族姑娘榜利姜因家里贫穷无法宴请理老为其离婚而自缢的悲惨故事；《雄里》揭露了理老因事前未得到好处将事情故意拖延，待银钱到手后才立刻着手处理的丑恶嘴脸。在近代贵州苗族社会，理老凭借其特殊身份通过为人处理纠纷从中获取利益是一种常见的现象。

3. 反对包办婚姻的嘎百福

这类嘎百福有《蒙蚩彩谷奏》《榜藏农》《珠里》《娥兰农》以及《力秀登鲁和榜藏农》等，其内容都是描述苗族妇女反抗家长权力，大胆决定自己婚姻的过程。其中《蒙蚩彩谷奏》讲述了漂亮的苗族姑娘蒙蚩彩谷奏被老虎抢去做妻子，一个苗族后生看到后历经千辛万苦杀死老虎，与蒙蚩彩谷奏永结同心的过程。《榜藏农》讲述了胆大貌美的苗族姑娘榜藏农敢于冲破千百年来舅权对婚姻的束缚，与其恋人逃往异乡建立家庭的艰辛历程。《珠里》描述了苗族姑娘珠里不同意父亲将其嫁给一个丑陋的富家子弟，经与父亲争辩，与丈夫说理，最后实现了自己的离婚愿望。在与父亲争辩时，歌词中唱道："你给人家离婚，苗话说得像水淌，汉话说得像滚豆，女儿要退亲，你的舌头僵硬了，你的喉咙堵住了"。④"嗬嗬嘿——，我的阿爸呀！人家有银子，你就心头软，乱把女儿嫁。那个男人呀！像条火烧狗，叫我怎么过，终身一辈子？！"⑤在与丈夫说理时，歌词中唱道："你从来没犁过地，裹脚不会解，草鞋不会脱，你真是个傻子，你真是个懒鬼，我怎能嫁给你？你瘦得像猴子，只有皮包骨，你活着还不如死去，死了你的皮还可以蒙鼓，你的骨头还可以

---

① 贵州省地方志编撰委员会编：《贵州省志·民族志》，贵州民族出版社，2002年版，第316页。
② 老虎：暗指专门处理百姓纠纷与矛盾的理老等人。
③ 贵州省地方志编撰委员会编：《贵州省志·民族志》，贵州民族出版社，2002年版，第316页。
④ 贵州省民间文学工作组编著：《苗族文学史》，贵州人民出版社，1981年版，第307—308页。
⑤ 贵州省地方志编撰委员会编：《贵州省志·民族志》，贵州民族出版社，2002年版，第118页。

敲鼓。"[①]经过反复理论，姑娘终于退掉了这门"还娘头"亲。

4. 赞美自由恋情的嘎百福

这类嘎百福有《久和谷纪》《播翁勇和谷纪妮》以及《宜金林和榜姜蓉》等。《久和谷纪》叙述了苗族姑娘"谷纪"爱上一个名叫"久"的男青年，一天，当久在野外犁田时，姑娘收拾打扮后到田边向久表达爱意，久欣然同意并将姑娘带回家成婚。《播翁勇和谷纪妮》记述了苗族男青年"播翁勇"和姑娘"谷纪妮"在一次赶集中相遇，两人一见钟情结下情缘。但播翁勇回家后不幸身染重病卧床不起，谷纪妮却始终如一地守护这份爱情。后来她邀约同龄姐妹来到播翁勇住处，在屋外昼夜唱歌倾吐对播翁勇的坚贞爱情。播翁勇闻讯后深受感动，病情不断好转，随后与谷纪妮结为夫妻。《宜金林和榜姜蓉》则叙述了一对苗族青年夫妇在封建地主家当帮工时遭受沉重剥削，二者相互鼓励和安慰，最后离开地主家并通过辛勤开垦过上自由幸福的生活。

5. 嘲讽嫌贫爱富的嘎百福

这类嘎百福有《娥妮和久金》《娥央由和秋故丢》《谷凉莉和波往波、江往江》以及《榜姬黎和久博弓》等，这些说唱故事以幽默的情调描绘出了苗族社会中那些嫌贫爱富者低级庸俗的内心世界。其中《谷凉莉和波往波、江往江》叙述的是苗族姑娘"谷凉莉"最初爱上了一位家庭贫困但长相俊俏的男青年"江往江"，在其母亲的强烈反对下她抛弃了江往江，转而爱上另一位有钱但相貌丑陋的男青年"波往波"。《榜姬黎和久博弓》描述了一个财主姑娘"榜姬黎"非常傲慢，经常对前来寻求对象的男青年唱道："我榜姬黎呀，要射那高飞的天鹅，不要屋檐下的小麻雀。谁要想娶我，要有六百人送，要有六百人迎，送我要像送朱赛[②]，迎我要像迎大官。"[③]由于要求过高没有人前来与其恋爱，姑娘只有威逼自家帮工"久博弓"与之相爱。久博弓不予理睬，最后返家开荒种地去了，通过辛勤劳动逐渐富裕起来。后来榜姬黎嫁给了一个财主，因其好吃懒做耗尽家业。有一天久博弓骑马路过河边，

[①] 贵州省民间文学工作组编著：《苗族文学史》，贵州人民出版社，1981年版，第308页。
[②] 朱赛：传说中一个富有人家的女儿。
[③] 贵州省地方志编撰委员会编：《贵州省志·民族志》，贵州民族出版社，2002年版，第313页。

遇见榜姬黎衣不蔽体、蓬头赤脚地在河边捞虾为生，他便即兴作歌讽刺道："榜姬黎呀，砍了树子树桩在，你从前说过的话还记得不？你不是说过：'要是穷到我，天要垮一半，地要缺一半。'如今天也不垮，地也不缺，你怎么变成这个模样？你又说过：'要射高飞的天鹅，不要屋檐下的小麻雀。'怎么现在螃蟹你也要，青蛙你也捉？"[①] 榜姬黎听后无言以对。

6. 歌颂助人为乐的嘎百福

这类嘎百福有《玖伊福和仰南·榜熬》《鸽香久》《两兄弟和两姐妹》等，其中最具代表性的是《玖伊福和仰南·榜熬》。它讲述了有一天一个勤劳英俊的苗族男青年"玖伊福"遇见美丽多情的姑娘"仰南"，此后两人一见钟情，经过多次游方自愿结成夫妻。玖伊福将此事告知父母，父母随即同意。玖伊福决定在次年冬闲某个晚上迎娶仰南，仰南如约而来与玖伊福一道朝其家中走去。走至半路仰南谎称忘了带上围腰片，须独自返家将其带来。仰南借此机会跑到其好友"榜熬"家，悄悄对榜熬说："嘀嘀嘿——，榜熬好姐姐呀，你长得美丽，手脚也麻利，就是有熬（咳）病；大了无人理睬，实在可怜的。我没有咳病，随时可嫁人。今晚有个好后生，你快收拾出家门，替我去嫁人。"[②] 榜熬回答道："哎呀呀！是你订的亲，我去顶替怎能行？"仰南说："我俩相貌差不多，又是毛毛月色，你就穿上我的衣裙，走到玖伊福的跟前，你尽管埋头走路就行了。"随后仰南亲自把榜熬送到距离玖伊福很近的地方便分手了，榜熬到了夫家久咳不停，玖伊福看出破绽后决定退亲。榜熬随即唱道："嘀嘀嘿——，玖伊福后生呵！我和仰南同一村，小时一起长大，上山下地紧相跟，绣花同跟线。比姐妹还亲，我大她一岁，她与我交心。大的先出嫁，小的跟随后。我俩依她配成双，就像铜鼓配芦笙。服侍公婆心要细，小姑小叔一条心。人勤心宽咳病好，和和气气过一生。"[③] 玖伊福听后很受感动，决定把榜熬留下，不久榜熬的咳病痊愈了，家业也兴旺发展起来。玖伊福和榜熬为了不忘仰南的恩情，在本村寨中寻找了一位优秀的男青年介绍给仰南

---

① 贵州省地方志编撰委员会编：《贵州省志·民族志》，贵州民族出版社，2002年版，第313—314页。
② 贵州省地方志编撰委员会编：《贵州省志·民族志》，贵州民族出版社，2002年版，第118页。
③ 贵州省地方志编撰委员会编：《贵州省志·民族志》，贵州民族出版社，2002年版，第118页。

成婚，彼此间成了好邻居。人们对此称赞道：仰南心肠好，舍己让新娘；榜熬情义重，帮选好儿郎。

五、节日

节日是历代先祖在长期的历史发展过程中为适应社会生产生活需求而创造出来的具有一定文化意义的日子。贵州苗族传统节日是当地苗族先民在长期的农耕生产实践中形成的具有固定时间、地点及活动方式的群体性活动日，这些节日不仅反映了当地苗族社会的生产生活状况，同时也体现了当地苗族社会的政治、经济、文化、宗教等内容。贵州苗族传统节日种类繁多，内容丰富，其中规模最大、最具代表性和影响力的是苗年、龙船节、姊妹节、四月八和跳花节。

（一）苗年

苗年，当地苗族称为"努扭敬改"，即"吃敬饭年"，是黔东南苗族地区最隆重的传统节日集会，是当地苗族人民的大年。由于黔东南地区海拔和气候差异较大，各地苗年节的时间不尽相同。高寒山区因庄稼收成较晚，人们通常在农历十一月过节；海拔低且阳光雨量充沛的地区因庄稼收成较早，人们则在农历十月过节。尽管如此，但节日内容基本相同，主要有祭祖、敬田和敬牛、斗牛、踩鼓、游方、走亲戚、捕鸟等活动形式。

1. 祭祖

节日当天家家户户都要举行祭祖仪式。祭祖时间为大年正日，祭品为当地苗族家庭年节常用的各类饮食及香蜡纸烛等。由于贵州苗族社会经济发展不平衡，各地区苗年祭祖形式存在一定差异。在经济落后地区，人们在自家火坑旁举行祭祖仪式，将准备好的各种祭品整齐地摆放在火坑边，夹取少许祭品放在香纸中焚烧，喷洒少许酒水于地，祭毕全家就地吃饭喝酒。在经济发达地区，部分苗族家庭将祭品摆放在桌子上祭祖。城郊地区多数苗族家庭设有神龛，这些家庭直接在神龛上举行祭祖仪式，祭祖时间提前至年节前一天晚上。祭品较为丰富，每家杀一只公鸡，同时配以一块刀头肉、几条鱼、一个糯米粑、三碗酒、少量香纸和蜡烛等，燃烧香纸时成年男子和小孩要向祖先作揖示敬。祭祖完毕后，用铁锅将鸡炖熟全家共享。第二天清晨再敬祭一次，此时不再杀鸡，用一块刀头肉作祭品即可。

2. 敬田和敬牛

节日当天举行"敬田"和"敬牛"仪式。"敬田"即给田加餐过年，祈祷来年有好收成。在城郊附近苗族村寨，年节当天凌晨主人带着一撮牛粪、一块刀头肉、少许酒饭和香纸到自家田里去敬田，用五根茅草插在牛粪上表示对田的酬劳。在经济落后地区，年节当天早上每家由一男子拿着三根青草和一包牛粪放到田里去敬田。"敬牛"也是在年节当天举行，早上家家户户提着米酒到自家牛圈里，将米酒洒淋在牛鼻上让牛舔食，向辛苦了一年的耕牛致以节日祝贺。

3. 斗牛

斗牛在大年正日后的三、五日内举行。用来打斗的牛都是水牯牛，斗牛身大力强，平时被精心饲养，很少用于田间耕地。斗牛时，青年妇女身穿节日盛装，头戴银包、银牌、银牛角、银冠，头插银梳、头针和头花，颈挂项链和银链，两耳佩戴银饰耳环，附上手镯，整齐划一地来到斗牛场观看斗牛比赛，场景十分盛大热烈。斗牛结束后，各牛主将自身携带的米酒放在斗牛场中央给参观斗牛者自由享用。在斗牛场四周的山坡上，人们三五成群地围绕着随身携带的酒食边谈边饮，共叙家常。遇上路人无论认识与否，或上前敬酒，或将糯米饭塞到客人怀里。客人必须接受，否则就是失礼。

4. 踩鼓

年节期间人们纷纷来到芦笙场踩鼓。城郊地区苗族在早饭后踩鼓，经济落后地区苗族常在傍晚踩鼓。踩鼓时，一人手持两根细木棍，一根敲打皮鼓表面，一根敲击鼓腰，打出各种有节奏的曲调。踩鼓者根据人数多寡围绕皮鼓站成一圈或数圈，鼓声响起时人群跟随鼓点节奏翩翩起舞。基本舞步有：跳四步转身一圈叫"牛吉加"；上前三步，后退三步再转身一圈，也叫"牛吉加"；进退各跳两步叫"牛独来"；跳三步转一圈叫"牛独胆"；左跳两步，右跳两步，往前走跳，叫"牛干独德"；左跳两步、右跳两步转一圈，然后两步左、两步右向前走，叫"牛干独能"；正面跳两步，侧面跳三步，叫"牛干都对"。

5.游方

"游方"系苗语音译，意思是"到处游玩"，是贵州苗族青年集体追逐异性的活动方式。年节期间青年男女前往村寨附近的游方坪或游方坡进行游方。青年男子穿上新衣来到游方地点后高唱游方歌或吹奏木叶曲，以对歌的方式向意中人表达爱恋，如是夜间则以打口哨的方式吸引女青年。男方率先起唱：苞谷杆子甜如糖，远客来到妹地方。家栽竹子在园里，先是一根在一旁。等到竹子长成林，枝枝丫丫相打撞。人到青年心意乱，想来找伴同游方。若妹有心就来坐，莫等白头空悲伤。……寨中姑娘闻讯后随即换上新服饰，各自邀约女伴三三两两地前往游方场所与男青年对唱情歌。女方以歌应答：苞谷杆子甜如糖，远方客人来得稀。家栽竹子在园里，一高一矮总不齐。等到竹子长成林，枝枝叶叶来相依。趁着年轻力气壮，出来游逛想安逸。再过几年就老了，莫要错过这良机。……双方在歌声中相互询问相互了解，以歌声表达爱慕之情。贵州苗族游方歌的内容极为丰富，有男女互相要约谈情说爱的、有彼此了解情况的、有恋恋离婚另配的、有依依惜别的、有要求订婚的、有计划成家的、有描绘憧憬双宿双飞的……凡恋爱时可能遇到的情景歌词中都有所描述。直到歌兴已尽，双方才转为谈话和对白。在游方坪里人们除了对唱情歌外，还通过跳芦笙、踩鼓等形式自行择偶恋爱。节日期间每个游方坪常常聚集数十人，人们谈笑风生，歌声悠扬。

6.走亲戚

走亲戚是年节期间苗族妇女的一项重要社交活动。妇女平时既要从事生产劳动，又要负担繁重的家务劳动，常年劳而无休，只有在节日期间她们才有机会与其父母子女和亲友进行短暂来往。要么妇女带着孩子去外婆家，要么外婆带着儿孙来到女儿家。在城郊地区，新嫁女儿尚未生育须返回娘家过苗年。走亲戚时，妇女们携带的礼物常常是一至五斤米酒、一篮糯米粑或糯米饭，家庭富有者另送一只鸭或鸡、数条鱼等。主人将客人带来的鸡鸭宰杀而食，妇女在亲戚家吃饭一餐后当天返家。客人返家时主人照例赠送一定数量的礼物，以表谢意。年节期间乡间小道上妇女们三三两两挑着礼物、带着孩子，来来回回很是热闹，尽兴之下她们引吭高歌表达自己的欢乐心情。苗族妇女所唱歌曲有的是祖先流传下来的，有的是自己即兴编撰的。下面是两首流传在黔东南苗族地区的过年歌[①]。

其一，一群娃娃来放牛，八月谷子壮鼓鼓。田间蚱蜢捉来耍，黄泥搓成烟杆斗。地里芝麻和苏麻，龙头芝麻一兜兜。芝麻成捆迎新年，新年到来人欢乐。六七月间螳螂叫，十一回叫稻禾青。十二回叫谷子熟，收回稻谷一篓篓。拿来堆在楼板上，妈妈登楼去望望。糯谷堆得没处放，妈妈笑合不拢口。妈妈心里好喜欢，妈妈接客可来到。来过初一又十五，到妈那间房子坐。到妈席上来喝酒，大家吃得笑眯眯。鱼肉吃了几大碗，一饱二醉很可口。就是淡饭淡菜呀，也要多喝一碗酒。

其二，害你们走路，走得脚开麻裂，走烂了草鞋跟。鸡肉没有一点，只有一罐酒。淡淡的酒像凉水，淡就淡点罗！来了就要回去，去了再来走[②]啊！

7. 捕鸟

年节期间贵州苗族男子有上山捕鸟的习俗。黎明时分大家成群结队上山捕鸟，此时正值群鸟饥饿出来觅食，他们把准备好的媒雀放在树林中鸣叫，林中群鸟听到后不断向鸟笼飞来。他们在鸟笼旁边的树枝上布满粘膏，外来飞鸟只要站到树枝上就会被粘住，一个早晨大家可捕捉到十数只甚至百余只各类小鸟。

（二）龙船节

龙船节是黔东南地区台江、施秉两县交界地苗族民众的传统节日，台江县施洞口一带是划龙船的中心地区。该节日以祭祀龙神祈求风调雨顺为目的，于农历每年五月二十四至二十七日举行，节日活动有接龙、水手饮食、划船

[①] 参见罗连祥：《台江苗族礼仪文化及其变迁研究》，九州出版社，2014年版，第115—116页。
[②] 这里的"走"，在贵州苗族地区是"走客"之意。

比赛、岸上群众集会等。

1. 接龙

节日当天举行接龙仪式。龙船出发前，鼓头带领前来参加节日活动的亲友携带礼物燃放鞭炮一同来到河边接龙。亲友们的祝贺礼物有彩绸、鸭、鸡、鹅、猪、羊等，家境殷实者赠送牛、马等牲畜。小而轻的礼物挂在龙头两角上，大而重的礼物另装在一只船上随龙船划行，以此显示鼓头的威望。早上，鼓头、锣手、水手齐聚船上，鼓头将当天的午饭、酒、肉等一同放到船上，把龙船划到比赛出发地。到达出发地后，两三只船为一排上下划水。龙船进场时水手们各执一把茅草，划船一周后将其丢在水里，意即祝愿划船旅程平安无恙。接龙后，在龙舟下水前进行集体耍龙灯，同时用米酒、刀头肉、香纸等祭品到水边请龙，巫师杀鸭祭祀龙王。随后大家舞龙、烧龙、送龙，在龙船上撒少许酒肉。巫师为龙念经，杀一只白公鸡祭祀龙神，祈求龙神保护船只出行安全。祭毕，巫师开始祭祀山神，杀一只白公鸡作祭品。在地上插一根木桩，木桩上绑一把雨伞，木桩和雨伞均不许搬动。其间严禁妇女上龙船，家中有妇女坐月子全家人皆不能触摸龙船，否则龙船在比赛中会出事。

2. 水手饮食

划船比赛期间，鼓头家每天准备一甄糯米饭以及足够的米酒、猪肉、鸡肉、鸭肉等食物供水手在划船途中食用。煮饭菜之人为老年妇女，带有小孩的青壮年妇女不能参加。蒸饭时甄口不加盖，饭熟后，把鸡肉和鸭肉等放在甄面并置于船上。煮饭用的气盆不能揭开，肉汤不能舀出锅外，直至龙船回寨后方能揭开气盆，倒去锅里的水。煮饭和煮肉皆不能像往常那样随意翻转，否则必将翻船。在龙船上吃饭时，水手们只能用手抓食。

3. 划船比赛

鼓头是龙船比赛的主持人。龙船下水时鼓头身着夏布长衫、外套特制背心、佩戴黑镜和宽边草帽坐在龙船颈处，面向水手按一定节拍击鼓，引导水手按节奏划船。在距离鼓头一米处悬挂一面铜锣，由一位十余岁男扮女装的男孩担当打锣手。该男孩佩带项圈银链，面向鼓头伴随鼓点节拍敲击铜锣。水手由本村寨中30多位年轻力壮的男子组成，划船比赛时船上水手分别站在两只子船上。船身共四段，每段站四人，两只子船一共站立32人，船尾站三至五人。母船船尾站立一人手持木桨掌握船划行的方向，不断发出调节号令指挥水手划船，每位水手紧握一根木桨用力划荡。船头处除了鼓头和锣手外还另坐两人，一人撑篙子，一人登记节日送礼者。水手们上穿紫青色土布对襟短衫，下穿蓝色土布裤，忌卷裤脚。腰部扎一条宽一厘米的织花腰带，脚穿草鞋。佩戴黑镜，头戴"马尾斗笠"，斗笠边上挂着三条长六厘米、宽五厘米的银片。有时在比赛中放响铁铳以凑热闹。中餐前，须请船中一位熟悉龙船节来历的人撒少许米酒和肉在船上，表示邀请当地风神水神进餐。饭后休息片刻，其间青年水手到岸上与围观比赛的姑娘们游方，之后大家又继续进行划船比赛。比赛完毕后，远道而来的船员和围观群众就地散场回家，来自近处村寨者直到夜幕降临才依依不舍地离去。

4. 岸上群众集会

龙船节作为贵州苗族的传统节日集会，显然不是苗族青年男子的单独表演。节日期间苗族姑娘和青年妇女穿上盛装，佩带精美银饰，三五成群地簇拥在清水江边的芦笙堂上踩鼓。此外，岸上群众还举行赛马、斗牛等活动，周围数十里苗族同胞前来观看节日活动，人数之多，气氛之浓，热闹程度非同一般。傍晚时分，姑娘们各自回家或到附近亲戚家中留宿。夜间，男女青年三五成群地来到白天人群云集的沙滩上游方或对唱情歌。急流过滩的流水声、清澈响亮的游方歌以及旧友重逢和新友初会的喜悦声交织在一起，整个场面犹如一片歌的世界、舞的海洋，许多青年男女直到天明才难舍难分地散去。

农历五月二十七日是划龙船的最后一天，划船结束后参加划船比赛的各苗族村寨再次用酒肉、香纸等祭祀龙神，随后各自拉船上岸，将其安顿在停放龙船的长亭内，并为船身上油，待次年比赛之用。安置龙船后人们聚集到各自的鼓头家聚餐，鼓头杀猪、备酒、添菜等招待本族亲人，以示节日结束。大家在酒宴欢庆之时集体决定第二年新鼓头的人选。一旦推出新鼓头，人们便将龙头和划船所用之鼓移至新鼓头家。新鼓头在接到鼓后也要准备数十斤酒肉款待送鼓之人，此次酒宴完毕，一年一度的龙船节活动也就正式结束了。

（三）姊妹节

近代以来贵州苗族姊妹节主要流行于黔东南地区台江县。在当地，苗族姊妹节又称为"吃姊妹饭"，是苗族妇女的节日聚餐活动，于农历每年二三月举行。因经济发展程度不同，台江县境内各地苗族姊妹节存在一定差异，现以地区为例对其进行逐一叙述。

1. 巫脚交苗族姊妹节

台江县巫脚交经济发展滞后，当地苗族每年都要花费较多时间在节日活动上，这一地区的姊妹节习俗有两种情况：一是未婚姑娘和已婚未育的青年妇女共同组织的姊妹节，多在农历二三月的某日早上举行。春耕前妇女们邀约在一起吃饭娱乐一天，以迎接即将到来的紧张劳动。她们在一起过节的人数不多，一般为五六人或十数人。节日当天在野外选择一地点，每人自带鱼肉、鸡鸭肉以及酒饭等前来聚餐，大家畅谈彼此关心的恋爱婚姻等问题，节日活动不受父兄及年长妇女的干涉。如有游方客前来聊天，姑娘们便用自备的食物宴请对方，男青年每人赠送两三角钱表示谢意。这些钱妇女们或共同分享，或用于购买食物再过一次姊妹节。聚餐结束后男女青年自由进行游方活动。二是中年妇女组织的姊妹节，常于秋后农闲时节举行。这种姊妹节活动的目的不是谈情说爱，而是大家欢聚和休息一天，如今这种节日形式已经失传。通过举行节日活动，大家能感受到姊妹间团聚的快乐。

2. 革东、交下苗族姊妹节

台江县革东、交下两地苗族姊妹节于农历每年二月十五日举行。节日当天，出嫁姑娘带上猪肉、鸡鸭等礼物回娘家过节，她们既可以随意到邻居田里捞鱼，也可以进行踩芦笙和游方等活动。这种姊妹节活动的意义在于，姊妹出嫁后分别已久，大家借助春耕前闲暇时光邀约回娘家欢聚一天，以此忘记一切烦恼。可以看出，台江县革东、交下一带苗族姊妹节实际上是当地出嫁妇女在娘家的一次聚会。

3. 孝弟乡苗族姊妹节

台江县孝弟乡苗族姊妹节于农历每年三月底至四月初举行，无具体日期的规定。姑娘们将节日地点选择在寨边、路口以及无兄弟或寡妇的人家里。

节日当天姑娘们随意到邻居田地里捞鱼，前来游方的男青年每人捐资一至二角钱，于游方之前放在姑娘们的簸箕里。姑娘们就地请男青年聚餐，聚餐结束后双方随意进行游方活动。台江县反排、巫梭两地苗族姊妹节习俗与孝弟乡苗族姊妹节基本一致，这里不再重述。

4. 施洞口苗族姊妹节

台江县施洞口苗族姊妹节的举行时间是农历每年三月十五日。节日来临前，凡参加节日活动的姑娘和妇女们都要备制一定数量的猪肉、鸡鸭肉、鸡蛋和糯米饭等食品。节日聚餐既可以是几人同吃，也可以是十数人共同会餐，没有人数多寡的限制。聚餐完毕后，姑娘和妇女们可以邀请男青年进行游方活动。

5. 宝贡乡苗族姊妹节

台江县宝贡乡经济发展较好，虽然当地苗族姊妹节还保留有妇女聚餐的原始习俗，但妇女们交往的范围已经扩大，节日活动成了男女青年的大聚会。节日期间姑娘们既可以欢聚谈心，同时还公开招待游方客，节日规模超出了传统姊妹节的原有形态。据调查，1947年施秉县务往、务细两地苗族妇女举行姊妹节活动时，台江县宝贡乡40余名男青年前去游方，当地苗族妇女送给他们50斤糯米饭，一头10多斤重的小猪和一只鸭子。次年二月十五日，宝贡乡男青年为了还礼，他们分别抬去一头40多斤和一头70多斤重的小猪、20多斤糖和三两丝线前往务往、务细两地苗族村寨。他们在那里吃住三晚并游方三天，不仅将带去的礼物吃完，妇女们还另行招待了他们不少食物，其中有一天就喝了九缸约二百斤米酒。[①]

6. 县城郊苗族姊妹节

台江县城郊苗族姊妹节于农历每年二至三月的某一天举行，地点选择在家中。其间青年妇女只要遇到邻居来了女客人，她们便邀约起来，每人筹资几角钱购买猪肉、鸡鸭鱼等礼物到邻居家与客人聚餐，借此热闹一番。有时姑娘或妇女们参加亲族婚礼每人分到一点礼钱，她们也常常用这些礼钱购买

---

① 贵州省编辑组编：《苗族社会历史调查》（一），贵州人民出版社，1986年版，第219页。

食物举行姊妹节聚餐，这种聚餐并不拒绝男子参加，一旦男子前来光临姑娘们会将其灌得大醉。可见，由于县城郊苗族与汉族交往频繁，虽然当地苗族仍然保留了姊妹节的传统习俗，但该节日已经不再是专门的妇女节了。节日聚餐与家中客人团聚别无二致，节日活动完全演化成了普通的亲友聚会。

（四）四月八

四月八是贵州苗族的传统性节日，流行于贵州省各苗族地区，于农历每年四月初八举行，持续三至五天。这里仅以黔东北地区松桃县苗族四月八节日为例作一概要介绍。

松桃县苗族四月八节日的规模很大，节日活动繁多，节日地点不固定。人们习惯于在山清水秀的野外举行节日活动，活动项目有表演接龙舞、龙灯舞、花灯舞、狮子舞、鼓舞以及上刀梯、摔跤、打秋千等。节日期间人们穿上新装，不约而同地前往活动地点，他们或吹笙跳舞，或耍龙舞狮，或对唱情歌，场面极为热闹。民国时期军阀混战，民不聊生，贵州苗族四月八节日亦有中断。新中国成立后因受到极"左"路线的干扰，该节日偶有停办。十一届三中全会后，贵州苗族传统四月八节日得到恢复和发展，如今已经成为贵州苗族节日文化的一个重要品牌。

（五）跳花节

跳花节是贵州苗族普遍盛行的一种传统节日活动，尤以黔西南地区紫云县苗族跳花节、六盘水市水城县苗族跳花节和黔西北地区威宁县苗族跳花节最负盛名。

1. 黔西南地区紫云县苗族跳花节

紫云县苗族跳花节多为春节期间举行，跳花地点因村寨居住特点就地举行。20世纪三四十年代，我国民族学家罗荣宗到紫云县苗族地区调查采访，撰有《苗族之娱乐》一文，对紫云县苗族跳花节作了详细记述。该文指出，紫云县青苗在正月初九跳花，广场中放置一株冬青树为花树。未婚青年男女绕花树小圈舞蹈。正月十四日聚集至数百人绕花树成大圈，谓之"拉羊"。

拉羊时两人为一对，鱼贯而行，前为两位少男吹奏芦笙，腰系长带，后由少女二人手持腰带跟之，女呼男为老表。少女须牵着老表的腰带，未能觅得老表者辄以为大辱，父母亦责其不善"玩老表"。"拉羊"结束后放倒花树赠予无子之家，如主家设宴款待送花树者，众人必吹笙合舞庆祝。关于跳花之目的，罗荣宗在其文章中也指出，中老年人跳花之目的在于祈求生育子女或预祀丰收，青年男女跳花之目的在于求偶，年幼姑娘参加跳花更有赛美之意。

2. 六盘水市水城县苗族跳花节

水城县苗族称桃花节为跳花坡或跳花场，于农历每年二月十五日举行，时间为三天。跳花节由某个家庭主持，跳花地点选择在地势开阔的某个山坡脚下。节日活动有严格规定：花树不倒人不散；花树搬家了，人群也跟着树搬迁；砍花树、请花树、栽花树、收花树、送花树须在芦笙队的护送下进行。跳花活动围绕花树进行，花树选用枝叶茂盛、长势良好的常绿木姜子树，象征着常年顺利、万事如意、子孙昌盛。同时在跳花地点栽种一根竹子，象征苗家人生活节节升高。当举办跳花的家庭派人到其他跳花场偷来花种或捧回少许泥土时，预示着跳花节即将举行。

节日当天清晨，人们吹笙跳舞，用公鸡、米酒祭奠花树后将其砍下。待赶花人齐聚跳花场时，两名砍树者开山辟路，两名芦笙手载歌载舞，一名巫师唱着酒令，一人捧着红布，大家浩浩荡荡将砍倒的花树抬到花场绕场三圈，然后将花树栽种到花场中间，跳花活动正式开始。此时理老和主办人坐在花树下，众多芦笙手围绕花树奏响乐曲，踩着舞步常转不止。中午时分，芦笙手戴上插满箐鸡羽毛的帽子，跳着芦笙舞来到理老面前，慎重地取下帽子和芦笙摆放在花树面前，单膝跪下叩拜敬礼，理老赏以一杯美酒、赠送少许钱物，如此往复三次方才结束。之后人们开始走亲访友、谈情说爱以及拜见老人，尤其是女婿更需要拜见岳父母。晚上，男女老幼在跳花地点围着篝火谈天，年轻人则与意中人叙唱衷肠、抢花背、讨信物、嬉笑打闹等，男青年以抢到花背多为荣耀。女青年如遇上意中人，便将自己身上的花背一件件地脱给对方，直至脱到最后一件花衣为止。暂无意中人的男女青年，他们高唱情歌，歌声荡漾在花场上空，整个寂静的苗族村寨一片沸腾。节日最后一天举行送花树仪式，大家将花树送到不被人畜践踏的地方或岩洞里存放，整个跳花活动到此结束。

3. 黔西北地区威宁县苗族跳花节

威宁县苗族将跳花节称为山花节，于农历每年五月初五和十月初一举行。节日当天，理老把一根装饰有红布和五色线的花树杆放在跳花场中央，巫师拿着红雨伞领唱花杆歌，参加者在一旁应声高唱团结歌、踩山歌等。巫师唱歌结束后，男青年吹着芦笙走进场内，女青年紧随其后，大家共跳芦笙舞。跳花场外人们还举行爬花杆、对歌、射弩、赛马等活动，尤以爬花杆比赛最为振奋人心。比赛前首先在花杆顶端挂上一个葫芦酒壶，要求爬竿者攀至杆顶取下葫芦酒壶后头朝下顺杆而爬，以速度最快者为胜。整个场面惊心动魄，扣人心弦。

第三章　贵州苗族传统文化的变迁及其原因分析

贵州苗族地区的学校教育兴起于明朝。明代之前，贵州苗族子弟由于没有受到国家官学教育的影响，当地民风淳朴。明代贵州建立行省制度之后，国家官学教育深入贵州苗族地区。尤其是清朝改土归流之后，随着贵州苗族地区社会经济的发展，贵州苗族地区的学校教育逐渐发展起来，越来越多的苗族子弟开始接受学校教育。然而，学校教育的主流意识形态倾向和城市文化倾向却导致了接受学校教育的苗族子弟越多，苗族文化主体的流失数量就越大，苗族传统文化的变迁就越明显和加速，而且这一现象还将呈现出越演越烈之势。

第一节　贵州苗族传统文化的变迁

贵州苗族传统文化是当地苗族先民在不断认识自然和改造自然的过程中创造出来的符号体系，是当地苗族民众生活方式、传统习俗、行为规范和价值观念的体现。随着新中国成立后贵州苗族地区学校教育的发展和当地苗族民众思想文化素质的提高，贵州苗族传统文化正发生着深刻变化。

一、传统物质文化的变迁

新中国成立后，在新的社会背景下，贵州苗族传统物质文化逐渐被新的物质文化形态所取代。

（一）劳动工具的变迁

贵州解放后，人口数量增加，人们为了维持生计大量砍伐森林，许多林地变成了荒山。一方面，大量野生动物因失去栖息地而招致捕杀，兽类数量急剧下降，作为前农业生产部门的狩猎业退出社会生活舞台。狩猎业的消失导致狩猎者数量减少，从而弩、铁叉、火枪等传统狩猎工具在现代贵州苗族社会中几乎绝迹。另一方面，许多苗族家庭将荒山开垦为土地种上粮食及其蔬菜瓜果，他们不再以采集野果野菜为主要食物来源，从而薅刀、摘刀和背篓等传统采集工具渐渐消失。

改革开放后，随着农作物新品种和现代生产技术的广泛使用，先进劳动工具传播到贵州苗族地区，逐渐代替了当地苗族社会古朴原始的农用生产工具。据本世纪初对贵州省雷山县西江镇朗德上寨的调查，全寨共有239人，其中拥有锄头、镰刀者分别为226人和222人，拥有率为94.5%和92.9%；拥有传统收割器具板斗、椎、磨、碾等所占比率为79.1%；拥有犁铧、耕牛、木耙者所占比例分别为69.9%、68.2%和66.1%；拥有挑篓者所占比率为42.7%；拥有现代化农机用具脱粒机、粉碎机和切割机、拖拉机者所占比率分别为16.3%和2.9%。[①]可以看出，进入21世纪，虽然锄头、镰刀、板斗、椎、磨、碾等仍然是贵州苗族家庭主要的劳动工具，但是犁铧、耕牛、木耙、挑篓等农用工具的比例在下降，部分苗族家庭开始使用了脱粒机、粉碎机、切割机、拖拉机等现代生产工具。

近年来随着贵州苗族地区城镇化进程的推进，在那些交通便利的苗族村寨，苗族家庭的传统农用工具正在以惊人的速度消失。据笔者对贵州省凯里市碧波镇朝阳村高寨组的调查，在全寨34户家庭中，养牛者10户，占全寨总户数的29.4%；使用犁田机者10户，占全寨总户数的29.4%；无耕牛无犁田机者9户，占全寨总户数的26.5%；因国家开发而几乎无田地者4户，占

[①] 转引自罗连祥：《贵州苗族礼仪文化研究》，中国书籍出版社，2014年版，第276页。

全寨总户数的 11.8%。[①] 上述数据表明，在交通便利的苗族村寨，饲养耕牛的家庭越来越少，铁质农具越来越受到人们的青睐。可以预测，随着贵州苗族社会的发展进步，耕牛、犁、耙、刀、锄等传统劳动工具将逐渐被现代铁质农具所取代。

（二）建筑的变迁

十一届三中全会后，随着贵州苗族社会的发展，当地苗族家庭物质生活条件得到改善，人们的生活习俗发生了较大变化，这在一定程度上导致当地苗族社会各种建筑风格发生改变。

1. 民居的变化

20 世纪 90 年代后，贵州苗族地区旅游经济发展起来，为了适应旅游经济发展需要，部分苗族家庭开始对陈旧简陋的吊脚楼建筑进行改造，特别是专用于接待旅客的房屋，他们按照现代室内装潢要求进行整装，使传统吊脚楼的室内结构发生巨大变化。不仅如此，许多富裕苗族家庭还大兴建筑之风，他们采用现代汉族建筑样式修建钢筋水泥结构的小洋房，用以取代苗族传统的木质结构吊脚楼和石板平房。新修建的房屋宽敞明亮，面积大，房间布局更具随意性和世俗性，苗族传统房屋的伦理区隔意识消除。在如今的贵州苗族地区，汉族洋房随处可见，许多古朴的苗族村寨已经旧貌换新颜。走进这样的苗族村寨，人们已经很难感受到苗族传统民居建筑的文化气息了。

2. 钟鼓楼的变化

改革开放后，大量贵州苗族同胞外出学习、工作或经商，吹笙击鼓的苗族民众越来越少，作为存放苗族铜鼓、芦笙的钟鼓楼已经荡然无存。即使部分苗族村寨为了发展民族旅游业重新修建钟鼓楼供旅客参观，但楼阁风格与旧式鼓楼相比已有明显改变。

[①] 笔者于 2015 年 4 月 4 日到贵州省凯里市碧波镇朝阳村高寨组进行实地考察。该村寨原为贵州省麻江县碧波乡甘溪村高寨组，后因凯里市城区建设规划于 2013 年 1 月并入凯里市并易名为朝阳村。该村地处凯里市炉碧工业园区中心地带，开发力度较大。

3. 桥梁的变化

随着改革开放后贵州苗族地区木材数量的减少和现代建桥技术的发展，当地苗族民众在河流湍急或沟壑处修建了现代钢筋混凝土的平面石板桥或悬空刚架桥，从而导致过去独具民族特色的木质吊脚桥走向绝迹。

4. 龙舟的变化

改革开放后，不仅贵州苗族地区大量森林被砍伐引起建造龙舟木料匮乏，而且外出务工人员增多造成木工师傅急剧减少。在这样的社会条件下，因制造龙舟成本增加，从而使贵州苗族地区建造龙舟的家庭和村寨越来越少。21世纪以来，贵州苗族地区几乎所有家庭和村寨都没有龙舟了，龙舟仅作为举行节日集会时的竞渡工具而存在。

（三）服饰的变迁

贵州苗族传统服饰的变化呈现出男快女慢的特点，在这里我们主要以女装为例论述改革开放以来贵州苗族传统服饰的变迁过程。

改革开放后，贵州苗族与其他民族尤其是汉族的交往日益频繁，在汉文化的影响下，贵州苗族服饰的信仰功能和民族认同功能逐渐减弱，苗族传统服饰不断向便装和汉装转变。一方面，部分苗族妇女拥向江苏、浙江、两广、福建等沿海经济发达城市，在异质环境中她们逐渐适应并效仿城里人的着装打扮。她们不仅以在城市获得的所见所闻而自豪，而且还认为西装革履比苗族服饰洋气潇洒，这种审美观念的变化导致苗族传统服饰越来越礼仪化。另一方面，从广东、江苏、浙江等沿海城市贩运到贵州苗族地区的成衣价格便宜，风格时尚，穿起来舒适方便，深受当地苗族青年的喜爱，于是许多苗族姑娘纷纷改穿便装和汉服。上衣长而宽，无领，花纹简朴大方；下穿线条分明的休闲裤，脚穿高跟皮鞋或塑料底布鞋。即使是中老年妇女，她们也只有在走亲访友、赶墟场、祭祖、接龙等隆重场合才穿戴传统民族服装，唯有少数高龄老人穿戴传统苗族服饰。

进入21世纪，穿戴苗族传统服饰的人越来越少，穿戴便装和汉装的人数所占比例逐年上升。据本世纪初对贵州省雷山县西江镇朗德上寨的调查，全寨239人中穿着当地普通服饰的人数比例为58%；穿戴现代汉族流行服饰的人数比例为18%；穿戴传统民族服装的人仅占12%,且多为老年人。[①]另一方面，在旅游业发展过程中，大量游客拥入贵州苗族地区，游客时髦的着装打扮对当地苗族姑娘产生一种"示范效应"，她们仿效游客穿T-恤、牛仔裤、高跟鞋、连衣裙等，仅从衣着上很难辨明出其民族身份。唯有逢年过节或婚庆集会，才能看到她们穿戴本民族传统服装。为了穿着方便，当地苗族对男子传统服装进行改良，上衣宽领大袖，下裤配以各式围裙；衣服颜色多用青色或蓝色，花饰甚少；服装图案简易，甚至不绣花。从事旅游服务的女性上穿满襟右衽衣，衣襟、袖口、下摆保持绣花风格；衣身、衣袖适度缩小；裙长而宽，保留褶叠，裙脚边沿绣满花纹，加缀花边；部分女性改穿流行摆裙或一步裙。

近年来一个显著的现象是，贵州苗族地区文化旅游业的蓬勃发展引起了苗族传统服饰的"回归"。在文化旅游业发展较好的黔东南地区凯里市、雷山县、台江县、从江县、黄平县等地，在部分苗族村寨被开发为旅游景点后，当逢年过节游客到来时，当地苗族青少年为了满足外来游客的文化消费需求，他们纷纷穿上民族盛装，包头帕、系围腰、佩戴项链手镯等前去迎接外来游客。中年男女也相继穿上民族便装或盛装从事旅游接待服务，向客人展示绚丽多彩的苗族传统服饰文化，节日期间村里村外呈现出一片浓郁的乡土文化景象。但是，这种苗族传统服饰的复兴必定是外在性的，随着某个地区文化旅游业的衰退，当地苗族传统服饰必将走向衰落。

（四）饮食的变迁

新中国成立后，贵州苗族地区引进了先进的农作物种植技术和杂交水稻、杂交玉米、小麦、红薯、马铃薯等新型农作物品种，在促进当地苗族社会农业生产发展的同时，丰富了当地苗族民众的食物来源，从而改变了当地苗族传统的食物结构和饮食习惯。这一时期，居住在平地或流域一带的苗族家庭多以稻米为主食，辅之以玉米、红薯、马铃薯和荞麦等；居住在边远山区的

[①] 转引自罗连祥：《贵州苗族礼仪文化研究》，中国书籍出版社，2014年版，第303页。

苗族家庭则多食用玉米、红薯、稻米、小麦、高粱、荞麦、马铃薯等。因蔬菜种植种类的增加，贵州苗族的副食种类较之新中国成立前也丰富了许多。

20世纪末，贵州苗族地区农业生产迅速发展起来，人们生活质量显著提高。随着食物来源的增加和食品质量的提升，当地苗族已经严格区分主食、副食和饮料。主食普遍以大米为主，同时辅之以糯米制品汤圆和糍粑，玉米制品玉米粑和炒米，荞麦制品荞面糍粑和荞面汤圆以及小麦制品包子、馒头、面条、面块、麦子粑等，彻底改变了过去以糯饭为主的习俗。副食除各种肉类外，还有豆腐、豆干、豆腐脑、豆腐丸子、霉豆腐、油豆皮、干豆豉、水豆豉等豆制品以及青菜、白菜、萝卜、冬瓜、四季豆、辣椒、豇豆等数十种菜蔬。饮料涵盖苞谷酒、米酒、红薯酒、高粱酒、甜酒等各类酒水，是当地苗族日常饮用或待人接客的上佳饮料。

21世纪以来，贵州苗族饮食结构日趋完善，饮食种类更加丰富，饮食质量也有了较大提高。主食仍以大米为主，副食除了各类蔬菜外，猪肉、牛肉、羊肉、鸡肉、鸭肉、鱼肉等肉类食品所占比例上升，过去广泛盛行的腌鱼、腌肉、腌菜、炒面等副食几乎消失。如今在贵州苗族地区，腌肉、腌鱼、腌菜仅流行于从江县、黎平县、榕江县一带苗族乡村，是当地苗族年节佳肴及其招待客人的美味食品。近年来随着人们生活水平的提高，贵州苗族熏制腌肉的习俗也越来越淡化，少数苗族家庭年节期间已经不再熏制猪肉了。昔日家家户户喜好的酸汤，如今已经成为烹制黔东南苗族特色酸汤鱼的必备底料；过去只有在年节才能享用的酸汤鱼，如今已经成为黔东南苗族饮食的代名词，闻名省内外。

（五）交通工具的变迁

新中国成立后，尤其是改革开放后贵州苗族地区交通条件有了很大改善，这在一定程度上促进了当地苗族传统交通工具的换代更新。

1. 陆路交通工具的变化

在改革开放初期的贵州苗族边远乡村，人们的交通工具仍以马匹为主，用扁担、背篓挑运货物的现象十分普遍。在经济发展好、交通便利的地区，部分苗族家庭购买了自行车、摩托车、拖拉机、小客车、农用车等，用以代替传统的马匹、扁担、背篓等旧式交通工具。进入21世纪，摩托车成为绝大部分苗族家庭的基本交通工具，拖拉机、家用小客车、小汽车等在贵州苗族乡村的普及率逐渐提高。1978年全省客车、货车分别有823辆和2892辆，2007年分别增加到26472辆和103682辆，年均增长12.7%和13.1%。1978年前全省没有中高级客车，2007年全省中高级客车已达8601辆。[1] 据笔者2015年对贵州省凯里市碧波镇朝阳村高寨组的调查，在该组34户家庭中，拥有摩托车者15户，占全组比例的44.2%；拥有拖拉机1户，占全组比例的2.94%；拥有农用车者4户，占全组比例的11.76%；拥有汽车者1户，占全组比例的2.94%；拥有家庭小客车者5户，占全组比例的14.71%；拥有小轿车者2户，占全组比例的5.89%；无车家庭6户，仅占全组比例的17.6%。[2] 这一现象表明，在当今贵州苗族社会，马匹、扁担、背篓等传统交通工具已经完全被现代机械交通工具所取代。

2. 水路交通工具的变化

改革开放以来，在全省已经建成畅通规范的航运系统后，贵州苗族地区的水路交通工具也发生了明显变化。例如2007年全省机动船舶总数为1991艘，比1978年增长1884艘。[3] 虽然部分居住在支河流域的苗族民众仍然使用家庭木船作为出行或运输工具，但在都柳江、乌江、清水江流域一带地区，当地苗族传统的木排、木船等水上交通工具已经被现代机械船只所代替。

二、传统制度文化的变迁

贵州地处祖国西南边陲，长期处于"化外"之地，历代中央王朝在贵州苗族地区实施"因俗而治"的政策，贵州苗族传统制度文化长期沿袭下来。新中国成立后，在我国政府对边疆少数民族社会进行整体性变革的过程中，

---

[1] 罗连祥：《贵州苗族礼仪文化研究》，中国书籍出版社，2014年版，第307页。
[2] 此数据为作者2015年4月2日回乡调查所得。
[3] 罗连祥：《贵州苗族礼仪文化研究》，中国书籍出版社，2014年版，第307页。

贵州苗族传统制度文化发生了巨大变化。

(一）社会组织制度的变化

新中国成立后，国家权力渗透到贵州少数民族地区，当地苗族传统社会组织在人们日常生活中的影响力削弱。新中国成立初，中央政府颁布《中国人民政治协商会议共同纲领》，规定"各少数民族聚居的地区，应实行民族的区域政治，按照民族聚居的人口多少和区域大小，分别建立各种民族自治机关"。根据这一纲要，1950年底贵州省政府发布《关于少数民族地区工作的指示》，指出"贵州少数民族的政权建设，基本上是各民族联合政府问题，在部分区、乡、村及个别县则是少数民族区域自治问题"。同时确定"民族杂居地区，到有了相当数量的干部时，成立各级政府委员会，按各族人口比例吸收各族适量名额的干部参加各部门工作。各级政府主要负责人（专员、县长、区长、村长）由各地区内人口最多的民族任正职，人口次多民族任副职"，"少数民族聚居区，条件具备时应实行区域自治"。1954年9月，我国宪法规定各少数民族在其聚居的地区建立自治区、自治州和自治县，设立民族自治机关行使宪法所赋予的权利。1956年4月13日，国务院下发《关于设置黔东南苗族侗族自治州和黔南布依族苗族自治州的决定》，根据这一指示精神，贵州成立了黔东南苗族侗族自治州和黔南布依族苗族自治州。经过中央政府和贵州地方政府的历次政策调整，代表国家力量的各级政府机构在贵州广大苗族乡村逐渐建立起来，这在一定程度上动摇了贵州苗族传统社会组织制度的血缘基础和地缘基础。

改革开放后，中国的政治制度变革使贵州苗族传统社会组织制度趋于瓦解。1983年12月全国人民代表大会第五次会议通过新宪法，明确规定我国农村基层政权组织为乡、镇或民族乡、民族镇。1985年12月国务院颁布《关于建立民族乡的通知》，对设立民族乡的具体问题作出了重要指示，有力地推动了民族乡的恢复和建设工作。截至1989年底，贵州省政府批准建立了黔西南土家族苗族自治州以及一系列少数民族自治县和自治乡镇。民族区域自治制度的实行，实现了苗族和其他兄弟民族自主管理本民族内部事务的愿望。

与此同时，贵州苗族地区各级地方政府还加大了对县、乡（镇）、村三级基层政权组织建设的力度，并大力培养和选拔高素质苗族青年担任县、乡（镇）、村领导干部，国家政权力量逐渐深入到广大苗族乡村。村委会和村民小组等党的农村基层组织逐渐代替了当地苗族传统的"以血缘关系为纽带"的鼓社制度和"以地缘关系为纽带"的议榔制度，并在苗族地区人民群众生产生活中发挥着越来越重要的作用。随着贵州苗族地区国家基层政权组织的健全和完善，当地苗族人民的民主精神和法制意识不断增强，苗族鼓社组织和议榔制度逐步走向解体。

进入21世纪，尽管在自然经济仍居主导地位的边远山区，贵州苗族传统鼓社制度和议榔制度的社会影响依然存在，但在交通便利、经济发展较好的地区，苗族鼓社组织和议榔制度已经名存实亡，二者完全被党的基层政权组织所取代。

（二）经济制度的变化

新中国成立后，我国实行土地改革和社会主义改造，实现了由生产资料私有制向社会主义公有制的转变，初步建立了社会主义公有制经济制度。在贵州苗族地区，三大改造的完成和人民公社制度的建立，广大苗族家庭和村寨的公有生产资料被收归集体所有，苗族社会内部各种公有田、公有山、公共墓地、游方坡、斗牛场等公有制经济制度遭到废除。

改革开放后，我国实施家庭联产承包责任制，农村经济迅速发展起来。20世纪末，我国建立了社会主义市场经济体制，推动着农村经济向专业化、组织化、市场化方向发展。在贵州苗族地区，市场经济的发展不仅打破了当地苗族传统的概化互惠、平衡互惠、负性互惠的贸易制度，而且也扩大了当地苗族社会定点交易的规模和范围，使交易地点增加，场期日益频繁和多元化。据1992年初黔南布依族苗族自治州对全州238个市场交易进行统计，当时场期已有四种形式：①按一周七天轮流赶集的有131个，占总场数的55%，其中逢星期日赶集的有38个，逢星期一赶集的有5个，逢星期二赶集的有13个，逢星期三、四、五赶集的各有20个，逢星期六赶集的有15个；②按十二生肖每6天轮流赶集一次的有71个，占总场数的30%，其中龙场天、狗场天有11个，蛇场天、猪场天有10个，马场天、鼠场天、鸡场天、兔场天各有13个，牛场天、羊场天、猴场天、虎场天各有12个；③按每月逢五、逢十赶集的有35个，占总场数的15%；④百日场，即每天都是场期，这一现象存在于长顺县。[①] 市场经济的发展打破了贵州苗族社会的贸易壁垒，推动着贵州苗族地区市场贸易制度向纵深方向发展。

21世纪以来，随着外出务工或经商人员的增多，贵州苗族个体家庭的经济收入日趋多元化，农业收入在家庭经济中的比重下降。许多苗族民众逐渐从农业生产中脱离出来，过着与城镇居民趋同的生活方式。在这样的社会条件下，贵州苗族社会旧有的家庭私有制经济制度和鼓社公有制经济制度被彻底废除。

（三）婚姻、家庭及亲属称谓制度的变化

改革开放后，随着国家婚姻法的普及以及贵州苗族民众生活方式的改变，当地苗族传统婚姻制度、家庭制度及其亲属称谓制度也随之发生了不同程度的变化。

1. 婚姻制度的变化

第一，婚联范围扩大。改革开放后，随着贵州苗族地区交通条件的改善，当地苗族与其他民族间的接触和交往增多，外来婚恋文化对他们的婚姻观念产生了巨大影响。不仅他们的恋爱行为不再受到当地苗族社会狭隘时空地域的限制，而且他们的择偶范围也突破了传统血缘和地缘关系的束缚，异族婚联现象日益频繁和普遍起来。笔者近年对贵州省凯里市下司镇跳花山村已婚苗族配偶出生地调查数据显示：配偶是本村的占40.2%，配偶来自本村外、本乡内的占17.5%，配偶来自本乡外、本县内的占17.2%，配偶来自本县外、本省内的占14.6%，配偶来自贵州省以外其他地区的占2%。[②] 这一现象表明，

[①] 兰全：《改善城乡集贸市场的建议》，载黔南州体改委编《改革与经参》，1994年第4期。
[②] 罗连祥：《贵州苗族礼仪文化研究》，中国书籍出版社，2014年版，第233页。

贵州苗族地区越发展,当地苗族民众的交往范围就越扩大,他们的联婚范围也将越来越扩展。

第二,婚龄推迟。在传统贵州苗族社会,早婚现象十分盛行。子女三四岁或十一二岁时,父母就要为其订立婚约,指腹为婚的现象也不在少数。新中国成立初,贵州苗族结婚年龄多在十二三岁,小者八九岁,大者十五六岁,十七八岁结婚者甚少。改革开放后,由于国家《婚姻法》的推行,贵州苗族结婚年龄逐渐提高,早婚现象得到抑制。据 1990 年第四次全国人口普查,贵州省务川县符合结婚年龄的人口为 189704 人(男 98352 人,女 91352 人),其中未婚者 24348 人(男 15927 人,女 8421 人),占 12.8%;未达到结婚年龄而结婚者 595 人(男 244 人,女 352 人),占 0.31%。[①] 孩子多的家庭,父母倾向于让子女外出挣钱维持家庭,唯有独生子家庭希望孩子早婚成家孝顺父母。21 世纪贵州苗族地区施行义务教育后,当地苗族青少年文化素质不断提高,早婚生子的现象日益少见。

第三,择偶标准和方式的变化。改革开放后,贵州苗族民众的择偶标准和择偶方式较之传统社会时期发生了较大变化,其基本趋势体现为:越年轻、科学文化素质越高的苗族青年,他们在择偶标准上主要考察对方的社会生存能力,在择偶方式上更倾向于自主婚。

表 3-1　改革开放后贵州苗族民众择偶标准和择偶方式变化调查表

年　龄	50 岁以上	35—50 岁	20—35 岁
择偶标准	90% 以上的人主要选择对方"孝顺父母""贤惠温顺老实"	90% 以上的人主要选择对方"经济富裕、有文化、思想进步",其次是"孝顺父母""贤惠温顺老实"	90% 以上的人主要选择对方"能力强"和"思想进步","孝顺父母"与"贤惠温顺"为次要因素

[①] 贵州省务川仡佬族苗族自治县志编纂委员会编:《务川仡佬族苗族自治县志》,贵州人民出版社,2001 年版,第 1067 页。

续表

年龄	50岁以上	35—50岁	20—35岁
择偶方式	90%以上的人择偶方式为"媒人介绍，父母决定"	60%以上的人择偶方式为"媒人介绍，父母决定"；20%的人择偶方式为"相互交往之后托人介绍"；10%的人择偶方式为"以亲戚朋友牵线认识"，5%的人选择自主婚	95%以上的人实行自主婚，由媒人介绍、父母决定婚姻者十分罕见

资料来源：笔者2014年对贵州省凯里市碧波镇朝阳村高寨组村民进行走访调查所得。

第四，恋爱行为自由化。改革开放后，自由婚成为贵州苗族青年的主要婚姻形式，绝大多数苗族青年自由选找对象，父母不再横加干涉。特别是外出工作或务工人员，他们在工作地自由恋爱，自主确定婚恋对象，不仅婚前就有可能居住在一起，甚至出现未婚先育的现象。

第五，结婚日期和地点多元化。在当代贵州苗族社会，人们不再完全按照"生辰八字"或"卜卦"来决定结婚日期，其结婚日期和地点呈现出多元化趋势，主要体现在以下三个方面：文化程度较低或在家务农者，根据旧俗选择在秋后闲月或年节于家中举行婚礼；在外工作者往往选择在元旦、五一、国庆等法定假日于工作地举行婚礼；外出务工者或就地简单举行婚礼，或借年节回家探亲之际择日在家中完成婚事。

第六，婚礼仪式简单化。新中国成立后，贵州部分苗族地区开始尝试改变其传统的婚礼习俗，例如20世纪60年代黔东北地区松桃县政府就明确规定："提倡从简办婚事，取消烦琐仪节，男女双方订婚后，择日结婚，只须共同到当地政府申请登记，领取结婚证后，就可履行结婚，受法律保护。"[1]这对推动贵州苗族传统婚姻制度的变革起到了积极作用。改革开放后我国政府积极倡导婚丧从简，提出要"婚礼从简、严禁大操大办婚宴"。在这一社会新风尚的影响下，部分居住在城镇的苗族居民开始采取新式结婚，少数城镇干部不举行婚礼仪式，苗族乡村承办现代婚礼的人数随之增加，传统烦琐

---

[1] 松桃苗族自治县志编纂委员会编：《松桃苗族自治县志》，贵州人民出版社，1996年版，第149页。

冗长的婚礼习俗渐渐被人们抛弃。21世纪以来，随着苗汉通婚现象的日益普遍，部分婚姻当事人采取"苗汉结合"的方式举行婚礼。对于外出务工人员来说，他们既可以选择按照苗族传统习俗举行婚礼，也可以仿效现代汉族婚俗方式结婚。如选择传统结婚方式，他们照例在家乡举行婚礼仪式，但婚礼过程不如过去烦琐。如选择现代结婚方式，他们往往在工作地备办简单宴席，随后办理结婚证即可。由此可见，贵州苗族社会越发展，苗族传统婚姻制度对人们的约束力就越弱小。

第七，婚礼仪式汉化。改革开放以来贵州苗族婚礼仪式的汉化趋势主要体现在以下四个方面：一是婚礼服饰逐渐被汉装代替。许多苗族民众已经抛弃了穿戴民族服饰举行或参加婚礼的习俗，新郎新娘甚至穿着漂亮的丝绸红装、西服，梳着时尚发型举行婚礼，几乎所有年轻人都穿戴汉装参加婚庆活动。人们总是认为传统民族服饰已经过时了，唯有穿戴时尚汉装才符合时代潮流。二是婚礼出行以交通车辆为主。如今贵州苗族结婚，男方家须租借客车迎娶远道而来的新娘及其送亲客，以示诚意和热情，迎亲路上豪华气派。三是彩礼逐年攀升。改革开放初期，贵州苗族婚嫁中男方支付给女方的彩礼数量为一二百或三四百元不等，此后逐年增多。进入21世纪，在贵州苗族婚嫁中，彩礼数量的多少成为决定婚姻成败的关键因素。特别是近年来外出务工苗族姑娘不断外嫁到经济条件较好的汉族地区，外嫁姑娘的增多造成了当地婚龄女性减少，婚姻彩礼不断增长。通常情况下姑娘出嫁时，男方支付给女方的彩礼数目少则一两万元，一般为五六万元，多者达十万元以上。女方索要的彩礼一部分用于新婚夫妇备置生活用品，另一部分则用于女方家庭婚宴生活补贴。四是运用科技手段记录婚姻过程。如今苗族民众结婚时，他们都要借助现代影像技术将结婚过程完整记录下来。他们从城镇聘请专业摄像师，将迎亲路上的场景以及新郎家举行婚礼的全过程拍摄下来，并将其制成精美的影集、DV等，以此作为人生的永恒记忆。部分家庭殷实者还要在婚礼之前拍摄婚纱照和DV，尽情享受结婚时的幸福与甜蜜。

第八，父母包办婚和坐家制度的消失。新中国成立后，在国家婚姻法的影响下，贵州苗族地区父母包办婚姻的数量明显下降，例如20世纪60年代黔东北地区松桃县就明确规定，"废除旧的婚姻制度。男女婚姻自由，实行一夫一妻制，禁止纳妾和取缔童养媳。"① 这一规定标志着贵州苗族开始取缔"舅权"婚制和近亲结婚习俗。改革开放后越来越多的苗族青年接受了现代教育，他们的科学文化素质有了显著提高，他们对婚姻关系及其婚后子女健康的认识日益增强，因而他们主动抛弃了传统婚姻制度中的父母包办婚和坐家制度等旧式婚俗。

2. 家庭制度的变化

第一，个体家庭向核心化小家庭发展。家庭小型化是社会发展的必然趋势。在传统贵州苗族社会，土地的家庭私有制决定了人们必然以大家庭的方式生活，孩子长大结婚后只能依附在土地所有者父母的身边，三代、四代型大家庭十分普遍。新中国成立后贵州苗族家庭私有制经济制度遭到废除，当地苗族一代户和二代户家庭日益增加，家庭趋向核心化。据解放初对贵州省台江县反排村144户苗族家庭的调查：父母与未婚子女同住的家庭101户，占总户数的70%；父母与两个已婚儿子及妻儿同住的家庭6户，占总户数的4.2%；父母与一个已婚儿子及未婚子女同住的家庭20户，占总户数的13.9%；无父母已婚兄弟同住的家庭1户，占总户数的0.7%；无父母而兄弟姊妹同住的家庭4户，占总户数的2.8%；一夫两妻（因为没有儿子，妻子同意丈夫再娶一个）同住的家庭1户，占总户数的0.7%；单亲家庭（包括男、女、老、幼的不同情况）11户，占总户数的7.6%。② 改革开放后，随着贵州苗族地区社会经济的发展，人们的经济独立性增强，过去那种完全依赖于土地才能生存的格局被打破。在这样的社会条件下，核心化家庭越来越受到人们的青睐。根据对贵州省雷山县西江镇郎德上寨的调查，在全寨108户家庭中，由夫妻和未婚子女组成的家庭90户，占总户数的83.3%，而且这种核心化家庭呈现出上升发展趋势。③ 在如今的贵州苗族地区，三代同堂、四代同堂的大家庭越来越少，核心化小家庭越来越多，三口之家、四口之家成为当地苗族家庭的主要构成

---

① 松桃苗族自治县志编纂委员会编：《松桃苗族自治县志》，贵州人民出版社，1996年版，第149页。
② 罗连祥：《贵州苗族礼仪文化研究》，中国书籍出版社，2014年版，第287页。
③ 石朝江：《苗学通论》，贵州民族出版社，2008年版，第648页。

形式，长幼之间分开居住的现象十分盛行。

第二，不同民族成分的家庭增多。新中国成立后，各民族间的隔离状态被打破，苗族与汉族及其他少数民族通婚的现象日益增多。改革开放以来，贵州苗族与外界的联系不断增强，苗族与其他民族恋爱成婚的现象越来越普遍。尤其是通过升学、招工招干等方式走出乡村到城镇参加工作的年轻人，他们在择偶上不再受限于民族成分，只要情投意合就可结婚成家，个体家庭民族成分日趋复杂起来。

第三，家庭传宗接代的生育意识淡化。在传统贵州苗族社会，个体家庭特别讲究传宗接代，家庭生育男孩的目的十分明确。生育目的一旦实现，婚姻就稳定下来。夫妻一方没有生育能力或没有生育男孩的家庭，婚姻关系往往难以维持。人们认为家中无男孩便是"绝代"，断了香火。改革开放后，随着人们科学文化素质的提高，当地苗族家庭"多子多孙、多子多福、传宗接代"的传统生育观念发生了变化。如今许多苗族家庭都不愿意多生孩子，他们更倾向于追求富裕和高质量的生活条件。

3. 亲属称谓制度的变化

新中国成立至今贵州苗族亲属称谓制度的变化主要表现在下列两个方面：凡是依旧使用苗语为主要通用语言的边远山区苗族村寨，人们基本维持旧有的亲属称谓制度；凡是已经汉化了的地区，则主要采用汉族亲属称谓方式称呼对方。也就是说，贵州苗族传统亲属称谓制度的变迁与当地苗族语言的汉化趋势成正比例关系，在苗语汉化程度越小的地区，其亲属称谓制度的变化就越小，反之亦然。

（四）丧葬制度的变化

改革开放后,贵州苗族逐渐革除了传统丧葬制度中的诸多神秘色彩,节葬、文明丧葬、火葬趋势明显。

1. 灵魂信仰观念弱化

如前所述，在传统贵州苗族社会，人死后人们都要为其举行隆重的丧葬仪式，深切哀悼亡灵回归东方故土。改革开放后贵州苗族为逝者办理丧事时，他们并非完全出于对神灵的虔诚信仰。当地苗族已经逐渐认识到人并非是灵魂与肉体的二重统一，人之气绝即是人生命与活力的枯竭，人死后灵魂不会进入"阴间"继续生活。尽管当代贵州苗族依然为逝者举行隆重的祭奠仪式，但他们对死者灵魂的信仰程度已经发生改变。一般来说，老年人受到传统观念的影响较多，他们对灵魂存在持肯定态度者偏多，而中青年人因受到现代知识和科学理性的影响较深刻，他们对灵魂存在和灵魂力量基本持怀疑和否定态度。在访谈中很多人说道："人死如粪土，什么都不知道了，隆重办理丧事只会浪费钱财。"在黔东北地区威宁县、黔西南地区紫云县以及六盘水市水城县等基督教传播盛行的地方，部分信仰基督教的苗族家庭不再给死者开路，而是行丧礼拜，祭拜时不杀牲，不用酒水作祭品。可见在当代贵州苗族社会，神灵信仰逐渐从苗族丧葬活动中分离出来，并处在不断消解的过程中。但是我们也应意识到，神灵信仰是一种复杂的社会现象，科学精神和理性意识的发展并不会立刻带来神灵信仰的消亡，神灵信仰在丧葬制度中的彻底消亡将是一个长期的历史过程。

2. 丧葬仪式简化

20世纪50年代以来，在唯物主义思想的影响下，贵州苗族地区部分干部群众自觉接受无神论教育，他们主动简化本民族传统的丧葬仪式。例如在黔东北地区松桃县，人死后不请巫师做祷告，不为死者开路打棺绕，以播放哀乐的方式吊唁死者。吊唁者不送祭幛，改用花圈。不着孝服不戴孝帕，改为佩戴白纸花和青纱。灵柩上山不请巫师作法，简单放几串鞭炮后便进行安葬。如死者系单位职工，则由单位安排治丧。改革开放后，贵州苗族地区精通本民族传统丧葬制度的巫师急剧减少，真正能够完全记住《挽歌》《孝歌》《焚巾歌》等丧葬歌的巫师十分罕见。在这样的情况下，严格按照传统习俗主持丧葬仪式的现象越来越少。人死后人们不再像以前那样隆重哭丧，丧葬活动中不再盛行吹芦笙和唢呐，人死后或出殡时不再鸣枪三响，其间丢掉了许多老传统。

3. 丧葬仪式汉化

改革开放后，随着贵州苗族地区苗汉通婚现象的日益普遍，部分苗族家庭开始借鉴和吸收汉族的丧葬制度,从而使当地苗族丧葬制度出现汉化趋势。例如过去人们要为死者披麻戴孝,如今则改为为死者敬献花圈。有的苗族家庭不请本民族巫师为死者主持丧葬仪式,而是宴请汉族鬼师[①]为其举行祭奠活动。在一些经济条件优越、交通便利的地区,部分富裕苗族家庭甚至出现隆葬、厚葬的现象,他们追求丧葬活动的排场、规模和祭品的丰厚性,以此彰显丧家的经济状况、社会地位和人脉关系等。在这些地区,丧葬仪式逐渐演化成了一种相互攀比社会地位和人际关系的活动。

4. 开始推行火葬

改革开放后,在贵阳、凯里、都匀、遵义等市区,因经济条件好,当地政府推行火葬制度,部分苗族家庭开始实行火葬。例如1987年贵阳市政府发布《贵阳市殡葬管理实施办法》,规定"以云岩区、南明区和花溪区、白云区、乌当区的城镇为重点推行火葬区,凡上述辖区人员(含外来人员)死后,都应实施火葬"。根据这一文件精神,花溪区政府号召领导干部、中共党员带头实行火葬。1992年5月,花溪区居民火葬率从1991年的40%上升到1992年的80.88%;农村火葬率从1991年的5%上升到1992年的30.28%。1995年花溪区开始实施经营性公墓建设,为当地城镇居民提供骨灰盒安葬的地方。1996年8月贵州省众诚实业有限责任公司在花溪区小碧乡小碧村建成凤凰山公墓700余亩,2001年3月贵州省宏文经济发展有限公司在花溪区大塘村仙人洞修建花溪"大佛园"公墓,后改名为花溪"福泽陵塔园"公墓,这是一个可容纳8万多个骨灰盒的安葬场所。在花溪区政府的大力推行下,火葬在当地逐渐盛行起来并走向制度化和规范化。2011年初,贵阳市在息烽县选址投资20万元建成了两个农村生态公益性墓地,采取火化后草坪葬的形式安葬逝者骨灰。同年7月贵阳市政府规定凡户籍在贵阳市花溪区、小河区、清镇市、修文县、开阳县、息烽县6个行政区域的城乡亡故居民可免费享受一次接运费、单间停放费、火化费、骨灰寄存费4项共计740元的基本殡葬服务费优惠政策。

[①] 在贵州省境内,知晓民族民间习俗和历史文化的老人,在苗族地区通常称为"巫师",在汉族地区则称为"鬼师",二者在当地社会中的作用基本相同。

从 2011 年 7 月 1 日到 2012 年底,共为 7060 名城乡亡故居民免除基本殡葬服务费 473 万元。[①] 在贵阳市火葬制度的推动下,贵州省凯里市、都匀市、遵义市、兴义市、毕节市等地也逐渐由土葬改为火葬,火葬在贵州广大苗族地区逐步盛行起来。

(五)祭祀制度的变化

贵州苗族传统祭祀制度是当地苗族先民在其特定的生存环境中形成和发展起来的一套神灵信仰体系,它随着当地苗族社会的产生而产生,并随着当地苗族社会的发展而变化。新中国成立后,贵州苗族社会发生了剧烈变化,当地苗族传统祭祀制度也随之发生了深刻变迁。

1. 祭祖制度的变化

改革开放后,贵州苗族祭祖制度的变化主要体现在祖先信仰观念淡化和祭祖习俗经济功能凸显两个方面。

第一,祖先信仰观念淡化。改革开放后,大量现代文明传入贵州苗族地区,各种新文化、新风尚渗透到当地民众生活之中。在现代文明的影响下,贵州苗族举行鼓藏祭祖时不再像过去那样以鼓社为单位集体祭祖,而是以亲族为单位举行家族式祭祖活动,未出现大规模宰杀耕牛的现象。在交通便利、经济条件较好的城郊地区,苗族家庭都仿照汉族习俗于客家年和清明节期间自由祭奠祖先,这些地区的鼓藏祭祖习俗已经淡化。如今除了雷山县仍然流行鼓藏祭祖外,贵州省其他苗族地区的鼓藏祭祖习俗都已消失殆尽。

第二,祭祖习俗的经济功能凸显。新中国成立前贵州苗族举行鼓藏祭祖时,接鼓、翻鼓、制鼓等诸多环节仅限本家族成员参加,外人一律不能参与或观看。改革开放后,贵州苗族的各种祭祖禁令遭到解除,时逢鼓藏祭祖之年,为了满足游客鉴赏苗族文化的心理需要,当地苗族允许游客参与到祭祖活动中来,并常常出现外来游客与当地苗族民众共跳芦笙舞、共同参加祭祀仪式、共同合影留念的盛大场面。一些好奇的游客还要触摸或敲击木鼓,此举在过去绝

[①] 资源来源:《贵阳市开展骨灰生态节地葬法工作情况》,贵阳市民政局,2012 年 4 月 5 日。网址: wenku.baidu.com/link? u…2012-04-23

不允许发生。如今贵州苗族举行鼓藏祭祖的真正目的在于利用当地独特的自然景观和浓郁的民族风情吸引外来游客，以文化消费带动经济消费，以此促进地方经济的发展。鼓藏祭祖已经不是一项单纯意义上的缅怀先祖的活动，相反，它已经变成了拉动地方经济发展的有力杠杆。

2. 祭祀鬼神制度的变化

贵州苗族相信鬼神的存在，家有灾祸须请巫师祭神驱鬼，婚嫁、丧葬、建屋、架桥、出行等要请巫师卜算吉凶。改革开放后，尽管在贵州一些较为落后的苗族村寨还广泛存在祭神驱鬼的旧俗，但其神秘性已不如初。人们在举行招龙求雨、扫寨、招魂、祭山神、祭谷神、祭狗、祭土地神等活动时，祭祀人员和宰杀牲畜数量都相应减少。过去杀牛送鬼，如今改用牛角和牛尾巴代替；过去杀猪送鬼，现在则用猪头或公鸡取代；过去需要全族人或本家族成年男子参加，现在只需巫师主持，主家及三五位旁人陪同即可。21世纪以来，黔东北地区松桃县苗族的"上刀梯"习俗已经被当作苗族民间舞蹈搬上舞台，先后有龙队和虎队出访北非五国，受到国外友人高度赞赏，昔日充满神秘色彩的"上刀梯"活动如今成为外界了解贵州苗族民间文化的窗口。与此同时，该县苗族"捞油锅"习俗也被当作苗族民间特技表演，给我国民族民间文化增添了许多光辉色彩。

3. 信神与信教相并存

近代以来，外国传教士开始进入贵州少数民族地区传教，经过长期的历史发展，贵州苗族民众逐渐形成了信神与信教并存的现象。

第一，法国天主教在贵州苗族地区的传播。清康熙二十九年（1690），法国天主教开始进入我国西南苗族聚居区传教。1712年，传教士费里特里和聂日潜入贵州，以传教为掩护搜集贵州的政治、军事、经济、交通、文化、民情及兄弟民族的习俗等。1844年道光皇帝下令取消对天主教的限制，1860年法国强迫清朝廷签订《中法北京条约》，规定传教士享有在中国内地自由传教、旅游、居住等特权，并规定中国人享有自由信教的权利，之后又允许传教士在西南各省租买土地建立教堂。教会势力在西南各民族地区建立据点，划分势力范围，西南地区成了独霸一方的"天主教王国"。19世纪70年代末，天主教在贵州省贵筑县、开州县、永宁县、镇宁县、遵义市、桐梓县、仁怀市、务川县、赤水市、兴义市、兴仁县、安龙县、石阡县、余庆县、黄平县等地建立了天主教教堂。随后，天主教又在贵州陆续建立自己的教区，例如罗马教廷将贵州分为"贵阳、石阡、安龙"三个教区。贵阳教区传教范围包括龙里县、贵定县、独山县、荔波县、八寨县、麻哈县、修文县、清镇市、开州县、息烽县、安顺市、贵筑县、安平县、定番县等地；石阡教区传教范围涵盖余庆县、瓮安县、黄平县、施秉县、镇远县、岑巩县、凤冈县、思南县等地；安龙教区传教范围涉及兴义市、兴仁县、盘县、普安县、安南县、贞丰县、册亨县、罗斛县、桑郎县以及广西壮族自治区西林市、隆林县、天峨县、田东县等地。据1921年不完全统计，贵州省天主教徒达3万余人，比1802年的583人增加了几十倍；信徒由1802年的5名发展到1922年的12个传教站，堂口由1802年的1个兴仁堂口发展到1922年的15个堂口。至新中国成立前夕，天主教传教士已经深入到贵州广大城镇和乡村，尤以黔西南、黔南两地为甚，许多苗族逐渐变成天主教徒。

第二，英国基督教在贵州苗族地区的传播。继法国天主教之后，英国基督教会也相继到我国西南苗族地区传教，其中影响最大的是中华基督教内地会和循道公会。1876年内地会英国牧师祝名扬从汉口来到贵阳，次年建立教堂。1884年内地会派牧师白礼德到安顺传教，1888年内地会派传教士党居里来到安顺为苗族弟子传教。党居里在安顺以办学为突破口，先后创办"安顺苗民义务学校"和"乐育高等学校"招收安顺市杨庆安、织金县杨锡光、大方县杨保罗、威宁县张宝罗、普定县安玉山等数十名苗族青年入校就读，毕业后派回各地传教。几年后，基督教安顺内地会发展到了平坝县、镇宁县、普定县、六枝特区、普安县、织金县等地。1904年，党居里到威宁县兴隆厂、大松树、鱼鳅湾、以独、马拉冲、轿顶山等处苗族村寨建立分教堂。内地会葛布总堂组织布道组分赴毕节市、大方县、纳雍县、黔西县、金沙县等苗族地区传教，建立了4个分教区22个教堂，传教范围延伸到整个黔西北地区及其邻近的云南省镇雄县、彝良县等地，教徒近3万人，其中苗族教徒占80%以上。传教士柏格里为了让基督教深入民心，号召普定县苗族教徒张雅各、六枝特区教徒李约翰等当地苗族知识分子利用拉丁字母创造苗族文字，用以翻译《圣经》《马可福音》《赞美诗》等基督教读物并在苗族群众中传播。柏格里死后，杨雅各、李约翰等人翻译了基督教圣经《新约全书》等，这些译书遍及贵州广大苗族村寨。英国传教士利用当地苗族信徒熟人社会的特点，"以苗人传教于苗人"的方式在贵州苗族偏僻山区传教，使苗族基督教信徒迅速发展起来。与此同时，1896 年内地会派牧师明鉴光等人到黔东南地区炉山县旁海镇建立教堂，以"教会不怕官府"的姿态宣传"入教后不受官府压迫歧视，天灾有上帝保佑，人祸有教会抵挡"，基督教一度博得当地苗民的赞扬，大批民众纷纷入教。1900 年黔东南苗族教徒李学高不堪忍受官府压迫，发动苗民起义曾攻下凯里。此时英国传教士却站在官府一边，咒骂造反是"大逆不道"，并将教徒参加起义而被残杀说成"是件大好事"，从而暴露出了英国传教士的丑恶嘴脸，导致大批苗族退教，基督教在黔东南苗族地区的影响才有所衰落。之后，中华基督教循道公会又在黔西北地区威宁县石门坎兴办学校，免费接收苗族子女入学就读，并为当地苗族创立文字。在当时苗族深受官府压迫的社会背景下，威宁县苗族滋生对基督教的向往，入教人数日渐增多。威宁县石门坎一带苗族 95% 以上都是基督教信徒，基督教在黔西北地区迅速传播开来。20 世纪初，威宁县石门坎成为"西南苗族最高文化区"，培养出了大学生 30 余人，中专和中学毕业生 200 余人，小学毕业生数千人。①

外国传教士在贵州苗族地区传教过程中，他们走村串寨，深入群众中学习苗语，了解当地民俗风情，采用苗族喜闻乐见的方式传教。苗族人民热情好客，外国传教士就通过请客会友的形式引领群众信教；苗族人民能歌善舞，外国传教士就以吟唱赞美歌宣传教义。例如英国传教士柏格里在威宁县街头用敲锣击鼓的方法召集群众围观，然后用当地苗族熟悉的语言和奇闻逸事宣传教义。正是采用这种灵活多样的传教方式，使贵州苗族自愿接纳并认可外国宗教。外国传教士借助贵州苗族信仰鬼神的心理，用宗教单一的上帝取代了当地苗族信奉的众多鬼神，当地苗族民众很快认可并接受了宗教。凡是在

---

① 石朝江：《苗学通论》，贵州民族出版社，2008 年版，第 550 页。

信教的地区和家庭，苗族群众祭祀鬼神和信仰巫术的现象相对较少。尤其是在贵州省威宁县，许多苗族传统节日及其婚丧嫁娶等传统习俗均被抛弃，取而代之的是"圣诞节""复活节""升天节""家庭礼拜""团体礼拜"和"婚丧礼拜"等宗教节日和宗教活动。外国宗教传入贵州苗族地区后，经过一百多年的发展，贵州苗族逐渐形成了信神与信教并存的局面。

（六）禁忌制度的变化

新中国成立前贵州苗族禁忌制度涉及农耕生产、婚丧嫁娶、出行求财、建屋开山、牲畜产仔等诸多方面，人们一旦违反某项禁忌，轻者招致警告和谴责，重者宴请巫师施法解禁。新中国成立后，在唯物主义思想和科学民主精神的影响下，贵州苗族传统禁忌制度对人们行为的约束力减弱。改革开放后，随着贵州苗族地区教育事业的发展，当地苗族民众的认知水平和文化素质不断提高，他们在淡化对神灵信仰的同时，主动废除了各种束缚自身身心自由的传统禁忌制度。

三、传统精神文化的变迁

社会存在决定社会意识，社会意识是社会存在的反映。贵州苗族传统文学、舞蹈、音乐、戏曲和节日等文化形态不仅是当地苗族集体智慧的结晶和精神支柱，同时也是当地苗族社会生产生活状况的反映。新中国成立后，尤其是改革开放后贵州苗族民众生产生活方式发生了巨大变化，与之相适应，竖立于其上的各种精神文化形态也必将随之发生了深刻变化。

（一）文学的变化

新中国成立后贵州苗族文学的变化主要体现为由民间文学向书面文学的发展，这里所说的书面文学主要是指历代贵州精通汉语文的苗族知识分子运用汉文字创作并记载下来的苗族文学作品。贵州苗族知识分子运用汉文进行苗族文学创作开始于明代，虽然之后随着贵州苗族社会的发展，当地苗族书面文学创作逐渐发展起来，但其影响较小。贵州苗族进行大规模书面文学创作主要开始于新中国成立后，尤其是1956年苗族文字创立之后。

1. 新中国成立初至20世纪末贵州苗族书面文学的发展

新中国成立后，在新的时代背景下，以反映崭新社会制度和社会主义新生活为内容的贵州苗族书面文学迅速发展起来。

第一，苗族诗歌创作以歌颂共产党和新中国为主题。新中国成立后，禁锢人民的枷锁被摧毁，人民成了国家的主人。在新的社会条件下，贵州苗族学者怀着深厚的感情创作诗歌赞颂伟大的时代、伟大的中国共产党和开国领袖毛主席。例如黔东南苗族民间经常唱道："太阳照在苗岭上，共产党扶助苗家生产忙，又帮种子又帮牛，无偿贷款到农庄。从此耕种用铁耙，百世的奴隶当了家。敬爱的毛主席！苗家向你报个喜：今年苗岭大丰收，五谷芳芬香千里。"[1] 在这一时期，贵州苗族学者创作出了许多富有新时代意义的诗歌诗词。雷山县苗族作家梁聚五著有《随军日记》和《缅甸征尘》两部诗集，"文革"年间已散失殆尽。瓮安县苗族诗人陈靖出版诗集《长征路上》，以诗证史、以史论诗，写出了红军长征的豪情壮志。该县诗人龙治水于20世纪60年代开始发表诗作，至今共发表诗歌数百首，出版个人诗集《爱情的季节》《爱情回旋曲》等，合作出版诗集《在喜马这片土地上》《跋涉之魂》和《高原风》，其中多篇作品获全国和全省优秀文学创作奖。凯里市苗族诗人潘俊龄，20世纪50年代开始创作诗作，40多年来共创作诗词800余首，出版《吹响我的金芦笙》《我是绿色的火苗》等诗集。其中《吹响我的金芦笙》被选入《中国新文艺大系·民族文学集》，《"苗家董存瑞"之歌》获全国首届少数民族文学创作奖。

1977年梁聚五著有《抗日七绝》《缅怀毛主席》《怀念周总理》《八一感怀》《游杜甫草堂》《国庆游园》《访白帝城》等10首七律诗。其中《抗日七绝》歌词为："茫茫国步叹方艰，滚滚倭奴又入关。莫谓片言难折狱，愚公有志可移山。"[2]《缅怀毛主席》歌词为："导师像展草堂开，瞻仰遗容

---

[1] 贵州省民间文学工作组编著：《苗族文学史》，贵州人民出版社，1981年版，第380页。
[2] 贵州省地方志编撰委员会编：《贵州省志·民族志》，贵州民族出版社，2002年版，第112—113页。

映胸怀。四壁传碑思过去,满园春色喜将来。歌功颂德非私愿,赴美超英有才俊。逝世周年抑下泪,好花好景待安排。"① 《八一感怀》歌词为:"当年履险出潮州,海上乘风难自由。西去从戎翻白浪,南来剩勇系红绸。不堪干将成鹰犬,要为人民作马牛。八一南昌战鼓响,建军时节有千秋。"②

1985年贵州当代诗人赵以仁和冯济泉编选的《贵州当代诗词选》一书出版,书中收集了许多苗族文人的著名诗句,例如松桃县苗族诗人贺国鉴的《纪念鲁迅诞生一百周年》《喜游甲秀楼》《泳魄》《花溪行》等。其中《纪念鲁迅诞生一百周年》歌词为:"一代才华冠九州,稽山镜水忆重游。东瀛荐血挥风雨,北国闻鸡望斗牛。掷地金声紧骨气,横眉敌忾傲公侯。英雄形象如椽笔,化作江河万古流。"③《喜游甲秀楼》歌词为:"筑国风光甲秀楼,沧桑历尽几春秋。鳌矶激浪声俱咽,铁柱沉沙愿始酬。既见红旗飘凤藻,更教绿水漾龙沟。芦笙曲曲添新调,白叟登临唱野讴。"④

第二,苗族小说创作以反映新中国社会生活为内容。建国初期,天柱县苗族作家紫沫,原名吴绍文,著有《在塞外》《旅伴》《在绥东》《烙印》《苏木海子的悲哀》《何芙蓉》(后改名为《洞庭湖的怒潮》)等。其代表作《旅伴》讲述了作者与一位胡姓青年在深山古道中不期而遇,结成"旅伴"的动人故事。瓮安县苗族作家陈靖是一位老红军,著有长篇小说《红军不怕远征难》、中篇小说《金沙江畔》等。其代表作《金沙江畔》出版后被改编成电影文学剧本,并由天马电影制片厂拍摄成电影。

20世纪50年代凯里市苗族作家伍略根据自己小时候关于苗族民间叙事长诗的故事梗概整理出版小说《蔓多朵蔓萝花》,记述了一对苗族青年反抗封建压迫、争取婚恋自由的故事。该作品首先被我国著名画家宋吟可改编成连环画出版,发行全国各地及港澳地区;其次被黔南布依族苗族自治州京剧团改编成京剧搬上舞台,之后又被贵阳市越剧团改编为越剧放映;最后被贵州

---

① 贵州省地方志编撰委员会编:《贵州省志·民族志》,贵州民族出版社,2002年版,第112—113页。
② 贵州省地方志编撰委员会编:《贵州省志·民族志》,贵州民族出版社,2002年版,第112—113页。
③ 贵州省地方志编撰委员会编:《贵州省志·民族志》,贵州民族出版社,2002年版,第113页。
④ 贵州省地方志编撰委员会编:《贵州省志·民族志》,贵州民族出版社,2002年版,第113页。

省歌舞团改编成舞剧在贵州、广州、北京等地循环演出,上海《山花》电影制片厂还将改编而成的舞剧摄制成艺术片《蔓萝花》在苏联、东欧和东南亚等国放映,曾两次荣获国际电影节荣誉奖。50年代末期,伍略先后创作并发表《小燕子》《寻找金子的人》《温暖的雪夜》《野渡无人》《高山上的凤凰》《心事》《河乔老爹》《心的翅膀》《鸡声茅店月》《红线连珠》《重生》《白雪红光》《阿强嫂的道路》《养蜂老人》等短篇小说。60至80年代,伍略先后发表《春风马蹄》《阿瑙支书》《石雕的故事》《狩獭少年》《父子》《山林恋》《热风》《模拟法庭》《麻粟沟》《贫土》《绿色的箭囊》《呵,枫叶》《老人》《四季莲花落》《南门涨水》等一系列中短篇小说,其中多篇小说荣获全国文学创作奖。日本早稻田大学教授牧田英二对伍略的小说给予了高度评价:"他的作品为我们展示出居住在贵州山区的苗族人民的生活方式、思考方法及精神世界。……如果问伍略的作品给苗族带来了什么的话,我认为带来了苗族文学对自身鲜明的、独特的、个性的追求。"[1]

20世纪50年代中期锦屏县苗族作家姜穆开始写作,至90年代先后出版的小说和小说集有《红娃》《决堤》《狄青传》《早落的夕阳》《心结》《第二代》《淑女》《寻梦》《沉落的那家伙》《奴隶们的怒吼》《不归鸟》《绿色的海》《流》《异城烽火》《黑地》《血地》《锦绣前程》《家家笙歌》《姜穆自选集》等,作品总计达1000万余字。1956年贵阳市苗族作家李必雨开始写作,著有长篇小说《野玫瑰与黑郡主》《飞貉垭口》《红衣女》《流血的菩提树》《猎取人头的姑娘》《罂粟女》《土匪经理与交际花》以及短篇小说《逼婚》等,他的作品追求雅俗共赏,重视人物心理描述,深受国外读者喜爱。20世纪70年代初赫章县苗族作家石定开始文学创作,著有《清溪河上》《秦大爷》《人世的烟尘》《苍苍竹林来》《山青水长流》《小灾星》《公路从门前过》《秋天,在阳光下》《青山遮不住》《水妖》《重阳》《牧歌》《天凉好个秋》《红鹭·落叶》《红尘》《秋月·浮云》《山乡纪事》等一系列中短篇小说,其中《人世的烟尘》《公路从门前过》《水妖》《牧歌》《天

---

[1] 转引自石朝江:《苗学通论》,贵州民族出版社,2008年版,第570—571页。

凉好个秋》等曾分别荣获贵州省以及全国优秀文学创作奖。《公路从门前过》已译成英文、傣文和印度文，《天凉好个秋》已改编成电影《山村风月》，社会反响较好。

第三，现代苗族散文的出现。20世纪50年代后，我国苗族散文创作进入群星闪耀的新时代，贵州苗族散文作品也相继问世。凯里市苗族作家伍略创作的散文代表作有《泉水之歌》《芦笙老人》《潘老岩》《来年樱花几时开》《卡领传奇》《悠悠的思绪》《莫斯科之夜》等，部分作品被翻译到日本、美国等地，颇受外国学者欢迎。凯里市苗族作家潘俊玲著有《四月八的情思》《长征路上谱新篇》《是她吗？是她，就是她！》等抒情散文。其中《四月八的情思》荣获全国民族团结征文二等奖，《是她吗？是她，就是她！》荣获全国优秀广播二等奖。改革开放后，贵州苗族散文作家逐渐成长起来，其间比较著名的有黄平县人杨明渊，他以苗乡风土人情为素材，现已出版散文集《钟情鸟》《老虎坳》《在密密的森林里》等，其中《老虎坳》荣获全国少数民族文学奖。我国著名作家冯牧在《老虎坳》序言中指出，"杨明渊同志的这一组散文是写得很好的。好就好在写得十分真挚自然，毫无造作、猎奇的痕迹。这可能是同他对所写的对象深厚的情感，又十分熟悉是分不开的"。①

2.21世纪以来贵州苗族书面文学的发展

进入21世纪，随着中国社会的发展以及中西文化融合的加强，贵州苗族书面文学呈现出了新的发展态势。

第一，苗族文学作品与现代文化融合趋势增强。在当今文化一体化时代，不同国家、地区、民族之间的文化交融越来越明显，苗族文化与外来文化的隔离状态被打破，当代贵州苗族文学与外来文学之间的差异性逐渐减少。但另一方面，贵州苗族文学又不能在文化一体化过程中丧失自己的文化风格，因为只有体现本民族特色的文学作品才能正确反映本民族的现实生活，才能真正得到本民族群众的赞赏和肯定。正是在这样的社会背景下，当代贵州苗

---

① 转引自石朝江：《苗学通论》，贵州民族出版社，2008年版，第574页。

族作家创作书面文学时,他们往往既要建立属于自己民族特色的文学品格,不让本民族文学依附于其他民族文学而存在,同时又要保持海纳百川的文化态度积极吸收外来优秀文化,使之与外来文化同步发展。正如我国当代苗族作家伍略所言:"任何民族文化都具有向外输出和向内输入的机能,越是具有民族个性的越能走向世界,而越能吸收外来文化的就越具有这个民族文化自身的活力。"① 鲁迅先生在《致陈烟桥》的书信中也提到:"有地方色彩的倒容易成为世界的,即为别国所注意。打出世界上去,即于中国之活动有利。"② 贵州苗族文学要走向世界,它必须既要坚守本民族的文化特色,同时又要与外来文化有机融合,这将是当代贵州苗族文学发展的基本趋势。

第二,有可能出现一批苗族文学大家和经典文学作品。从历史上看,我国苗族曾经创建过三次文化高峰,第一次是蚩尤时代,第二次是三苗时代,第三次是楚文化时代。其中楚文化时代就孕育出文学巨匠屈原等。贵州苗族有自己的文化传统和独特的思维方式,我们有理由相信在未来社会发展中贵州苗族社会有产生伟大文学作家的可能。另一方面,长期以来贵州苗族先民创作出来的浩如烟海的民间文学一直流传在当地苗族社会之中。新中国成立后,尤其是 20 世纪 50 年代创制苗文以后,贵州苗族学者开始运用汉文创作文学作品,创办苗族报纸杂志,苗族书面文学如同雨后春笋般繁荣起来。改革开放后,贵州苗族学者运用苗文和汉文收集整理苗族民间文学资料,已出版了《苗族古歌》《苗族史诗》《苗族古老话》《苗族创世史诗》等经典文学作品。我国"七五"期间出版问世的《苗族民间故事集成》《苗族歌谣集成》和《苗族谚语集成》三套苗族民间文学"集成"对我国苗族地区民间文学资料进行了搜集和整理,其中尤以贵州苗族民间文学资料最为典型。这种对苗族民间文学的大规模搜集与整理不仅使许多珍贵的苗族民间文学遗产得以保存,而且为当代苗族文学创作提供了足资借鉴的养料。2000 年台江县著名苗族诗人唐春芳编写婚姻叙事歌《苗家伉俪情》,歌词以翟雄和妮秀的恋爱及

---

① 伍略:《苗族文学纵横谈》,《苗侗文坛》,1989 年第 2 期。
② 转引自陶艳辉、李波:《中国传统体育文化的青奥契机》,《内江科技》,2012 年第 9 期。

成婚为主题，既歌颂了这一对苗族青年敢于冲破陈腐世俗观念喜结良缘的曲折经历，同时也颂扬了改革开放以来贵州苗族青年的新思想、新观念和创业精神。全诗共计3000多行。我们相信，当代贵州苗族作家只要立足于自己的文化土壤，坚守"我的位置，我的主题，我的形式与风格"，在整合本民族民间文学资料的基础上，加强苗族文化与外来文化的沟通与融合，不断提高苗族文学作品的理论水平和审美价值，就一定能涌现出一批高质量的经典文学作品，推动我国苗族文化向新的阶段发展。

（二）音乐舞蹈及其戏曲的变化

新中国成立后贵州苗族社会由传统向现代转变，当地苗族传统音乐舞蹈和戏曲也随之由传统向现代变迁，这种变迁主要表现在以下三个方面。

1. 苗族音乐舞蹈及戏曲的题材以歌颂社会主义新生活为主题

新中国成立后，贵州苗族文人开始根据新的社会现实选编符合时代特点的苗族音乐、舞蹈及其戏曲艺术。如黔东南地区榕江县苗族歌手江开银在深刻研究当地苗族传统曲艺的基础上编写成了《格相九》《挖地郎》《地锦斋》和《弟井坤》等新戏曲，这些现代新戏曲既反映了当地苗族先民在旧社会遭受双重压迫和剥削的悲惨命运，同时又歌颂了新中国成立后当地苗族人民在中国共产党领导下喜获新生活的愉悦心情。其中《弟井坤》讲述的是苗族孤儿弟井坤在危难中舍己为人，后来在好心人的帮助下富裕起来，其后他又继续帮助别人的故事。继江开银之后，黔东南地区黄平县、台江县、雷山县以及黔南地区瓮安县等地苗族学者也开始编写苗族新戏曲，相继出现了以反映社会主义新生活为主要内容的《送子入学》《送夫参军》《养猪能手》等新剧目。

2. 苗族民间文化传承人越来越少，部分苗族民间音乐舞蹈及其戏曲濒临失传

新中国成立后，贵州苗族地区苗族与汉族之间的交往频繁起来，苗汉通婚现象日益普遍，外嫁到汉族地区的苗族妇女越来越多，传习苗族语言文化的人逐渐减少。改革开放后，大量贵州苗族青少年接受了汉语文教育，尤其

是 21 世纪以来贵州苗族地区农村义务教育的普及，一部分品学兼优的苗族青年通过考试和招工招干等形式走出家乡，他们逐渐脱离了本民族的乡土社会和语言环境，其中的许多人不会讲苗话，不会唱苗歌。笔者曾对贵州省凯里市白午经济开发区翁义村部分苗族歌手进行访谈，据他们介绍，在节日或歌会期间歌手为了对歌获胜，自己需要在对歌前向本村寨年岁已高的老歌手学习本民族民间音乐，待熟记之后再根据其韵律编歌唱词。但对于那些常年外出务工的苗族青年来说，因长期远离了苗族习歌练舞的环境，他们已经不具备能歌善舞的能力。俗话说，"皮之不存，毛将焉附？"语言是传承文化的重要载体，贵州苗族地区苗语的严重汉化必然导致部分苗族民间音乐舞蹈及其戏曲濒临失传。

3. 苗族民间音乐舞蹈及其戏曲的民族性特征丧失

改革开放后，贵州苗族地区旅游经济迅速发展起来，在旅游发展过程中，为了满足游客的文化消费需求，当地苗族在向游客表演本民族民间音乐舞蹈及其戏曲时有意无意地对其进行包装或改编，将其他民族文化尤其是汉文化元素加入其中，甚至套用外来音乐舞蹈及其戏曲形式，以增强苗族传统文化的观赏性和时代性。这种做法不仅在一定程度上使苗族传统文化的内容受到肢解和破坏，造成苗族民间音乐舞蹈及其戏曲风格的转变和民族性特征的丧失，同时在一定程度上消解了苗族传统文化的内涵，最终导致苗族民间音乐舞蹈及其戏曲失去原生意义。

4. 苗族民间音乐舞蹈及其戏曲的舞台化现象明显

改革开放后贵州苗族地区电视、电话、手机、网络等通讯业逐渐发展起来，贵州各级政府为了提升当地社会知名度，利用科技手段将苗族民间音乐舞蹈及其戏曲搬上舞台，向外界宣传苗族民间文化和民情风俗。例如近年来贵州大力举办"多彩贵州"文化活动，其中不少活动内容就是向外界展示当地丰富多彩的民情风俗和民族文化。如今贵州苗族地区只要举行盛大活动，苗族歌舞就成了展示当代贵州新形象的重要内容。随着贵州旅游经济的发展，贵州苗族民间音乐舞蹈及其戏曲必将进一步朝着舞台化方向发展。

（三）节日的变化

民族节日凝聚着民族个体的文化心理、宗教信仰、伦理道德和价值观等，是民族文化延续与传播的重要载体，每一个民族的节日都处在不断的发展变化过程中。新中国成立后，尤其是改革开放以来贵州苗族社会发生了巨大变化，当地苗族传统节日文化也随之发生了剧烈变迁。

1. 政府行为增强

新中国成立前，贵州苗族节日作为当地苗族民众的一项民间娱乐活动，其组织者和参与者都来自苗族民间，节日活动具有鲜明的民间性特征。改革开放后，贵州苗族地区旅游经济迅速发展起来，当地政府为了发展经济大力开发利用苗族节日文化，政府行为日益渗透到节日文化中来。例如1996年台江县政府和施洞镇政府于当年农历十月再次在施洞口举行龙船节活动[①]，2002年台江县政府支持方召、反排等地苗族村寨举办姊妹节、龙船节、祭桥节、芦笙会等活动。2003年雷山县围绕苗年节开展"雷山苗年文化周"活动，活动期间以"雷公山原始生态游"为主题举办雷山县芦笙大赛、苗歌大赛、歌舞选秀、牛王争霸赛、鸟王争霸赛、苗族歌舞狂欢晚会等。雷山县政府网站对当年"苗年文化周"作了如下描述：如今的雷山县苗年节，政府行为和民间行为互相融合，其意义不再那么单纯，它已经把苗族文化融会到节日活动里，使节日活动的社会意义更加多元化。[②]

2004年5月，黔东南州政府在台江县举办苗族姊妹节，节日期间举办了苗族盛装游行、婚俗演示、对唱情歌、放河灯等活动，让外来游客尽情品尝当地苗族彩色姊妹饭，尽情观看当地苗族青年对唱情歌，尽情享受当地苗族人文景观。同年10月1日至6日，贵州省旅游局、黔东南州政府在凯里市举行第五届"中国·凯里"国际芦笙节，节日期间开展了民族歌舞晚会、民族服饰展、芦笙文化研讨、牛王鸡王鸟王争霸赛、民族商品展销等活动，吸引

---

① 注：台江县龙船节活动为农历每年五月二十四至二十七日举行，1996年台江县为发展旅游需要，采用政府行为再度于当年十月举行。
② 新华网贵州频道：《2003雷山苗年文化节：展示苗族文化的舞台》，2003年12月10日。

了美、法、韩、日、泰、新加坡等国及国内游客15万人到黔东南苗族地区游览观光。同年11月20日，贵州省旅游局、黔东南州政府借苗年节之机在雷山县举办苗族文化周活动，内容包括雷公山原始生态游、民族服饰大赛、歌舞选秀比赛、民间歌谣对唱及歌舞表演赛、大型芦笙比赛、斗牛比赛、经贸活动等。当年雷山县被中央电视台《体验中国》栏目及上海等42家地方媒体评选为中国十大最好玩的风景名胜地之一。[①] 近年来台江县政府又将原本为每年农历二、三月举行的姊妹节活动推迟到"五一"小长假期间举行。

通过政府行为举办节日活动不仅可以扩大贵州苗族节日文化的影响力，吸引无数专家学者及游客前来贵州苗族地区游览观光，而且还能进一步推动"旅游为文化添彩，文化为旅游生辉"经济发展新格局的形成。可见，贵州旅游经济越发展，民族文化在推动地方经济发展中的作用就越凸显，政府主导苗族节日发展的趋势就越强。

2. 文化传统淡化

贵州苗族传统节日以农业社会为生存背景，以农耕文化为表现特色，以传统巫文化体系为意义支柱。改革开放后，贵州苗族节日的文化传统逐渐淡化，这种淡化趋势主要体现在民间信仰淡化、节气观念淡化以及现代文化项目增加三个方面。

第一，民间信仰淡化。在传统贵州苗族社会，人们举行节日活动时，其间都要举行祭祖、招龙等各种仪式，当地苗族深信神灵的真实存在及其与人类自身的神秘互动。改革开放后，虽然贵州苗族在节日活动中照例举行各种祭祀活动，但是他们对神灵的敬畏和信仰逐渐减弱。如今贵州苗族在节日期间祭祖，他们主要将节日祭祖视为对祖先孕育后代的一种感激，祭祖活动更多表达的是人们对先辈的纪念与崇敬以及对亲族血缘关系的认同和强化等。如今贵州苗族举行龙船节活动时，将龙舟下河前的耍龙灯、水边请龙、巫师念经、杀鸡鸭祭祀龙神和山神、舞龙、烧龙、送龙等传统祭祀仪式视为迷信予以剔除；端午节当天部分苗族家庭不再喝雄黄酒、挂蒲叶和艾叶。21世纪

[①] 资料来源：中国民族年鉴社编辑出版的《中国民族年鉴》2005、2006、2007三卷。

以来，在贵州苗族地区许多节日已经变成了一种世俗性的饮食节和交友盛会，昔日浓厚的节日信仰逐渐淡出了人们的生活视界甚至成为人们心灵深处可有可无的历史记忆。

第二，节气观念淡化。在传统贵州苗族社会，节日是当地苗族重要的精神文化活动方式，人们欢度节日的气氛十分浓厚。改革开放后，贵州苗族与外界联系增强，外出人员增多，人们的节气观念日益淡化。例如1996年台江县政府在方召乡反排村举行敬桥节时，没有人吹芦笙，没有人跳芦笙舞，年轻人在家里忙着生意或家务，大家没有过节的心情。原来游方场上对歌传情的情景很难见到，许多年轻人不会吟唱传统苗族情歌和民歌，有的年轻人甚至对唱或合唱现代流行歌曲，更多的游方青年直接与对方谈情说爱。在施洞口一带，年轻人不去固定的游方场，游方场上不再热闹如初。[①] 进入21世纪，当地苗族同胞将精力集中在物质利益追求上，他们不再像以前那样关注本民族传统节日文化。例如近年来雷山县西江镇举行的苗年节活动，人们不再像过去那样专注于祭祀祖先、吹笙跳舞和串寨交友，而是忙于接待外来游客，为旅客进行歌唱表演。晚上家人吃一餐团圆饭就算过节了，原来隆重的苗年节显得无比"清静"。西江镇吃新节也是如此，虽然节日期间人们例行祭祖、吹芦笙、踩鼓、对唱情歌等，但节日祭祖规模小，祭祀仪式简单，烧纸奠酒即可。如今许多苗族节日已经变成了"吃食节"，大部分苗族青少年只知道过苗年吃年夜饭、过端午节吃粽子喝雄黄酒、过中秋节吃月饼、过重阳节吃重阳糕喝菊花酒等，每个节日都成了一种食品的代名词。更有甚者将西方圣诞节、愚人节、情人节、光棍节、青年节、感恩节、父亲节、母亲节等外来节日当作时尚加以模仿，致使许多苗族传统节日名存实亡。

第三，现代文化项目增加。改革开放以来，贵州苗族在举行节日活动时为了体现节日时代性，增加节日观赏性，常常将歌咏比赛、篮球比赛、爬山、斗牛、斗鸟、斗狗等现代文化项目渗透到节日活动中去。例如2003年农历七月，台江县革东镇大篙午村举行姊妹节活动时，原来以踩鼓为主要内容的节日活

---

① 中国社会科学院民族研究所编：《台江县苗族卷》，民族出版社，1999年版，第179—180页。

动被十多个村参加的篮球比赛项目所代替。[①] 在如今的贵州苗族地区，以节日活动为平台举行文艺表演、体育竞技和招商活动的现象比比皆是。

3. 文化空间扩大

从狭义上讲，节日文化空间主要是指节日文化活动所能触及的时空范围。新中国成立前贵州苗族举行节日活动时，往往将节日地点固定在某个山坡、平坝、河边或田间地头，节日参加者多为附近村寨苗族民众，节日文化空间十分狭小。改革开放后，贵州苗族节日活动参加者突破了昔日狭隘地域性的限制，节日文化空间不断扩大。例如在1981年国家民委明文规定将"四月八"列为苗族传统节日后，1984年黔东北地区松桃县政府在其县城举办了"四月八"节日活动，不仅县城附近苗族民众踊跃参与，而且国家民委、中央民族大学和部分省市县以及港澳同胞代表也前来参加节日活动，其间表演文艺节目数十个，观众达十余万人。[②]

进入21世纪，贵州苗族地区交通条件有了明显改善，节日期间前来观赏贵州苗族文化的人员逐渐增多，苗族节日的文化空间进一步扩大。例如2002年4月和2003年4月的台江苗族姊妹节、2006年4月的台江苗族姊妹节以及2006年6月的台江苗族龙船节，前来参加节日活动的观众大大突破了节日举办地的限制，省内外、县内外各方游客和专家学者齐聚一堂，大家共同享受节日活动带来的喜悦。2008年台江苗族姊妹节期间共接待旅客人数110976人次，其中海外游客4832人，国内游客106144人次，节日活动参与者数量再创新高。[③] 与此同时，随着科学技术的发展，贵州各级政府为了宣传贵州、打造贵州旅游文化品牌，还通过文本、视听、报刊、广播、电视、网络等途径向外界传播当地苗族节日文化，从而熟悉和了解贵州苗族节日文化的社会群体越来越多，不断推动着苗族节日文化空间向纵深方向发展。

[①] 罗连祥：《贵州苗族礼仪文化研究》，中国书籍出版社，2014年版，第214页。
[②] 松桃苗族自治县志编纂委员会编：《松桃苗族自治县志》，贵州人民出版社，1996年版，第152页。
[③] 杨徽：《贵州台江苗族姊妹节圆满落幕》，《黔东南日报》，2008年4月29日第7版。

第二节　贵州苗族传统文化变迁的原因分析

学校教育是以影响学生身心发展为直接目标的教育实践活动。在学校教育中，教育者在国家教学大纲指导下围绕教学目的有计划、有组织地对受教育者实施教育，并期望受教育者在生理和心理上发生某种变化。从总体上看，现阶段我国学校教育的基本特征是以马列主义、毛泽东思想和中国特色社会主义理论体系为指导，以宣传党的指导思想和现代科学知识为核心，旨在培养人的文化自觉，改变人的文化结构。学校教育作为传承人类文明的专门机构，当它对社会主流文化的传承取得合法性地位时，它必然会忽视其他种族群体的文化经验及其历史传统。在这个意义上讲，贵州苗族地区学校教育的发展必然削弱苗族传统文化在当地苗族群众心目中的地位，从而导致苗族传统文化发生剧烈变迁。

一、学校教育的主流意识形态倾向导致苗族传统文化变迁

课程是依据一定的标准对各种文化事项进行选择的结果，是学校教育传输人类文化的主要载体。课程总是要以一定的文化为内容，因此不同国家、不同民族以及同一国家同一民族不同历史时期因文化背景不同，其学校教育所使用的课程是完全不相同的。例如我国奴隶社会时期学校教育以礼、乐、射、御、书、数为内容，封建社会时期以"四书""五经"为内容；西方奴隶社会时期学校教育以逻辑、语法、修辞、数学、几何、天文、音乐（世称"七艺"）为内容，中世纪时期以神学为内容。课程是传播社会主流文化价值观的重要工具和载体，在不同社会历史时期都要受到既定社会主流思想的影响。

20世纪70年代以前的传统课程观认为，一般意义上的学校课程在政治立场上是中立的。在这种课程观的影响下，人们普遍认为学校教育所传授的课程知识具有"客观性""普遍性"和"中立性"。随着以舍勒、曼海姆为代表的古典知识社会学的产生，人们真正认识到了知识具有社会学的性质，认

识到了知识与权力、知识与社会利益之间存在密切联系。特别是以麦克·扬为代表的"新教育社会学"的出现，人们进一步认识到了课程知识具有强烈的政治属性。既然课程知识具有政治性格，那么究竟应该用谁的文化价值观来指导学校教育呢？学校教育又应该传承谁的文化知识？针对这一系列问题，麦克·扬指出，现代教育在很大程度上具有功能主义倾向，学校课程中充斥着大量具有主流社会意识形态的内容，学校课程主要宣扬的是主流社会价值观。阿普尔也曾说过："掌握权力的人将企图限定什么是知识，不同的群体如何获得知识，在不同知识领域之间以及在使用知识与生产知识的人之间什么样的关系是可以被接受的。"[①]一种知识的建构是与生产这些知识的人的利益联系在一起的，所谓的学校课程知识"实际上是由那些掌握权力的阶层所界定的"[②]。课程知识实际上就是一种官方知识和法定文化，代表着既定社会主流阶级的权力意志、价值观念和意识形态。由此可见，无论在何种社会形态下，既不存在所谓"客观""普遍"和"中立"的课程知识，也根本没有体现所有社会成员共同意志与利益的文化。课程知识代表一定的社会权力和意识形态，发挥着社会控制的隐形功能，这种具有功能主义倾向的学校教育在一定程度上掩盖了社会上的许多不公平现实，在导致科层化社会结构再产生的同时使非主流群体处于社会的劣势地位。阿普尔指出，课程内容的选择存在"什么知识最有价值""谁的知识最有价值"等一系列问题，凡是被精选为课程内容的知识都是对社会主流意识形态的反映，而与少数民族相关的非主流文化知识则被排斥在学校课程体系之外。由于人们对学校教育的狭隘性理解，经过筛选出来的课程知识除了更符合社会发展需要之外，就其内容而言并无任何隐性之处，从而导致了学校课程对"地方性知识""乡土知识"以及其他一切不能用理性主义和经验主义等方法进行分析的知识的忽视，这在很大程度上造成了学校教育与少数民族文化生活方式的脱节。对教师来说，他们在整个教学过程中的主要职责就是把这些通过精选出来的课程知识准确

---

① 阿普尔：《意识形态与课程》，华东师范大学出版社，2011年版，第155页。
② Appl, Michael. Education and Power [M]. New York: routledge, 1982. P.119.

无误地传输给学生；对学生而言，知识面前人人平等，学习课程知识是为了给自身的未来发展积淀文化资本。

在学校教育中，教科书是学校课程的核心部分，是传播社会主流价值观的重要工具。即使在多元文化的国家里，学校教育依然受到社会主流文化价值观的深刻影响。如今各国学校教科书在对待非主流文化时均存在下列四种现象：一是忽略非主流文化。学校教科书在内容编排上有意或无意地省略少数民族、女性、残疾人、老年人等非主流社会群体的文化观念与历史传统，从而暗示了这些非主流社会群体文化价值的低劣和卑微。二是肢解非主流文化。虽然学校教科书选入了部分非主流文化的内容，但这些内容往往被彼此孤立在各个章节中论述。教科书仅从主流文化价值视角去理解和分析非主流文化，忽略了非主流文化群体的文化态度与文化观点，将种族偏见、民族矛盾、性别歧视等社会问题排除在教学内容之外，从而使学生对非主流文化似是而非，一知半解。三是歪曲非主流文化。学校教科书站在主流文化的立场对社会历史和当代生活实践进行表述，美饰主流文化，歪曲甚至诋毁非主流文化。四是排斥非主流文化。学校教科书用一种传统、机械、僵化的眼光去审视非主流文化，否认文化多样性，拒绝认同非主流文化群体的生活方式、行为习惯、宗教信仰和价值观念等。

在中国长期的历史发展过程中形成了以"汉文化"为主体，不断融合和同化外来文化以及各少数民族文化的"一元文化课程"体系。这种"一元文化课程"体系过分强调文化的统一性，忽视各文化之间的差异性。这种学校课程体系对传承和发展少数民族传统文化具有极大的负面影响，具体表现在以下两个方面：其一，这种一元文化课程容易培植主体民族学生一种错误的文化优越感，既让他们失去了从其他族群文化中获取知识与经验的机会，同时又不利于他们从文化自觉的高度对自身文化进行反省。相反，只有当人们从不同文化视角去考察自身民族文化时才能更好地了解本民族文化，才能看到本民族文化与其他民族文化之间的差异性和独特性，进而更好地促进不同文化间的交流与合作。其二，由于非主流族群文化未被反映在学校课程体系中，这种一元文化课程会对非主流文化族群学生造成心理上的挫伤，使他们在学习过程中产生文化自卑感，从而在他们内心深处造成文化冲突。正如西方学者霍尔特在《儿童是怎样失败的？》一书中指出，学校应该是儿童学习他们最想要认识的东西的场所，而不是学习我们认为他们应该认识的东西的场所，儿童在学校的失败大都归因于教育不考虑他们的兴趣与需要。

1951年9月，我国第一次全国民族教育会议在北京召开，会议强调发展我国少数民族教育要在兼顾国家教育统一性的同时，在课程教材、教学内容与教学形式等方面体现各少数民族的特点。但目前的情况是，我国学校教材由于过于强调国家教育的统一性，从而忽略了地方少数民族传统文化，它所倡导的是统合了汉族文化和少数民族文化的"中华民族文化"，就其实质而言仍然是以汉文化为中心。吴康宁在其《课程社会学研究》一书中对当时现行的语文教科书[1]中少数民族文化所占比例、呈现方式等进行了系统分析，指出在当时现行全套语文教科书中，其课程内容与少数民族文化相关的课文仅有9篇，约占课文总数的2.5%。在入选的9篇课文中，直接取材于少数民族传统文化的只有2篇，其中一篇是取材于蒙古族传统文化的《猎人海力布》，另一篇是取材于敕勒族传统文化的《敕勒歌》，其余7篇课文主要是从汉文化视角记述汉族与少数民族之间的友谊，体现的是一种汉族中心主义的文化特征。[2] 与此同时，连英青在其硕士论文《教材的族群文化分层与选择》中对当时现行的九年义务教育六年制小学语文试用教材全12册进行了文本分析，结果表明，在全12册266篇课文中，课程内容与少数民族文化有关的课文只有《草原》《葡萄沟》和《难忘的泼水节》3篇。其中《草原》歌颂了蒙汉人民之间的友谊，《葡萄沟》介绍了新疆吐鲁番葡萄沟的美景；《难忘的泼水节》赞扬了云南傣族泼水节文化的历史悠久以及国家领导人对少数民族的关心。此套小学语文教科书对我国少数民族历史与文化的介绍不多，课文中与少数民族文化相关的内容偏重于从主体民族视角歌颂民族团结，而对少数民

---

[1] 这里的语文教科书是指由人民教育出版社于1995—1997年陆续推出的"九年义务教育六年制小学语文教科书"和1992—1995年陆续推出的"九年义务教育三年制初中语文教科书"。
[2] 吴康宁主编：《课程社会学研究》，江苏教育出版社，2004年版，第200—201页。

族文化的专门性记述甚少。[①] 可以看出,目前我国中小学校教育主要是根据社会主义主流文化价值观的要求,说得更明白一点,就是出于汉文化的构想来设计课程内容和施教方法,未能有效涉及少数民族的文化成分和思维方式,这必然会产生不同民族间的文化隔阂,不利于少数民族文化的传承和发展。

毋庸置疑,我国是一个以汉族为主体民族的国家,学校教科书内容的设计理应以汉族文化为主体。但是,我国又是一个多民族国家,实现各民族之间的相互理解与尊重,促进各民族之间的共同繁荣与和睦共处始终是我国面临的艰巨任务。在这一过程中,各民族在文化上的相互理解与认同是他们建立深厚友谊、实现民族伟大复兴的基础。因此,我国学校教育的首要任务应当是培养学生的多元文化视野和海纳百川的文化胸襟,让学生理解并接受各民族创造出来的优秀传统文化。学校教科书是传承和发展民族文化的重要载体,虽然学校教科书不能完全涵盖所有少数民族的文化,但是对于那些具有独立文化形态的少数民族文化应该有所涉及和体现,否则在当代文化一体化的时代背景下学校教育将难以承担传承和发展民族传统文化的历史重任。

二、学校教育的城市文化倾向导致苗族传统文化变迁

如果按照地域划分,我国文化大体可以分为城市文化和乡村文化。城市是一个社会的政治、经济和文化中心,集中了社会中的一切优势资源,在学校教育中城市文化具有较大的话语权。一直以来,"我国课程政策实行的是国家统一课程的模式,是以城市为主导的课程文化"[②]。1927年刘少奇同志在湖南农民运动考察报告中就指出:"乡村小学校的教材,完全说些城里的东西,不合农村的需要。"[③] 我国每一次新课改都是面向全国的课程改革,在具体实施过程中往往忽略了城乡之间的文化差距。这种统一的课改理念、课

[①] 连英青:《教材的族群文化分层与选择——对北京版汉语文教材的文本分析和实地调查》,北京师范大学硕士学位论文,2012年,第17页。
[②] 孙炎霞:《中国城乡教育差距的政策反思》,《江西教育科研》,2006年第1期。
[③] 肖欢:《小学数学教科书城市化倾向研究》,浙江师范大学硕士学位论文,2011年,第2页。

改教材以及由此形成的课程模式存在一定程度的城市文化取向。现以现行九年制一至六年级语文教科书课程内容为例,分析当前学校教材具有的城市文化特征。

表 3-2 人教版小学语文教科书选文内容的城乡特色统计表[①]

册 数	选文城乡特色	选文数量	选文具体内容	所占比例
第一册共20篇	城市特色	2	平平搭积木、借生日	10%
	农村特色	4	小小竹排画中游、哪座房子最漂亮、我多想去看看、阳光	20%
	中性	14	画、四季、爷爷和小树、静夜思、小小的船、影子、比尾巴、雨点儿、自己去吧、雪孩子、小熊住山洞、一次比一次有进步、小松鼠找花生、雪地里的小画家	70%
第二册共39篇	城市特色	11	邓小平爷爷植树、看电视、胖乎乎的小手、司马光、棉鞋里的阳光、月亮的心愿、失物招领、夏夜多美、小伙伴、兰兰过桥、火车的故事	28%
	农村特色	9	春雨的色彩、两只鸟蛋、荷叶圆圆、小壁虎借尾巴、要下雨了、吃水不忘挖井人、小白兔和小灰兔、王二小、棉花姑娘	23%
	中性	19	柳树醒了、古诗两首(2)、松鼠和松果、美丽的小路、四个太阳、乌鸦喝水、称象、画家乡、快乐的节日、两只小狮子、手捧空花盆的孩子、地球爷爷的手、小蝌蚪找妈妈、春风吹、好孩子、象鼻桥、咕咚、小猴子下山	49%
第三册共40篇	城市特色	10	一分钟、难忘的一天、北京、我们成功了、看雪、农业的变化真大、窗前的气球、活化石、日记两则、太空生活趣事多	25%
	农村特色	5	我要的是葫芦、秋天的图画、父亲和鸟、坐井观天、秋天	13%
	中性	25	黄山奇石、植物妈妈有办法、故事两首(2)、我选我、一株紫丁香、欢庆、小柳树和小枣树、风娃娃、称赞、酸的和甜的、蓝色的树叶、纸船和风筝、从现在开始、假如、"红领巾"真好、清澈的湖水、浅水洼里的小鱼、我是什么、回声、四季的脚步、三只白鹤、骆驼和羊、小鸟和牵牛花、鸡妈妈的新房子	62%

[①] 参见张爱珠:《语文教材城市化的教育社会学分析——以人教版小学语文为例》,福建师范大学硕士学位论文,2014年,第13—17页。

续　表

册　数	选文城乡特色	选文数量	选文具体内容	所占比例
第四册共38篇	城市特色	15	日月潭、北京亮起来了、动手做做看、最大的"书"、邮票齿孔的故事、卡罗尔和她的小猫、充气雨衣、我为你骄傲、玩具柜台前的孩子、玲玲的画、阿德的梦、爱迪生救妈妈、特别的作业、看浪花、精彩的马戏	39%
	农村特色	7	找春天、笋芽儿、泉水、画家和牧童、丑小鸭、春的消息、一次有趣的观察	19%
	中性	16	古诗两首（2）、小鹿的玫瑰花、雷锋叔叔、你在哪里、我不是最弱小的、葡萄沟、难忘的泼水节、画风、雷雨、要是你在野外迷了路、三个儿子、蜜蜂引路、寓言两则、数星星的孩子、恐龙的灭绝、画鸡蛋	42%
第五册共40篇	城市特色	12	爬天都峰、小摄影师、我不能失信、灰雀、给予树、玩出了名堂、香港，璀璨的明珠、一次成功的实验、掌声、好汉查理、喜爱音乐的白鲸、信箱	30%
	农村特色	9	我们的民族小学、金色的草地、槐乡的孩子、风筝、秋天的雨、五花山、做风车的故事、神笔马良、六个矮儿子	23%
	中性	19	奇怪的大石头、古诗两首（2）、听听，秋的声音、花钟、蜜蜂、找骆驼、孔子拜师、盘古开天地、赵州桥、一幅名扬中外的画、富饶的西沙群岛、矛和盾的集合、美丽的小兴安岭、科里亚的木匣、陶罐和铁罐、狮子和鹿、不懂就要问、字典公公家里的争吵	47%
第六册共40篇	城市特色	11	燕子专利、路旁的橡树、检阅、可贵的沉默、妈妈的账单、月球之谜、我家跨上了"信息高速路"、卖木雕的少年、中国国际救援队，真棒！山城的雾	28%
	农村特色	6	珍珠泉、翠鸟、一个小村庄的故事、果园机器人、绝招、我爱故乡的杨梅	15%
	中性	23	燕子、古诗两首（2）、荷花、寓言两则、惊弓之鸟、画阳桃、想别人没想到的、和时间赛跑、争吵、她是我的朋友、七颗钻石、太阳、太阳是大家的、一面五星红旗、西门豹、女娲补天、夸父追日、小狮子爱尔莎、在金色的海滩上、妙不可言的位置、手术台就是阵地、除三害	57%

248

续 表

册 数	选文城乡特色	选文数量	选文具体内容	所占比例
第七册共40篇	城市特色	12	长城、颐和园、秦兵马俑、跨越海峡的生命桥、给予是快乐的、乌塔、呼风唤雨的世纪、电脑住宅、飞船上的特殊客人、延安,我把你追寻、真实的高度、人造发光植物	30%
	农村特色	7	鸟的天堂、蟋蟀的住宅、白鹅、白公鹅、猫、母鸡、踏石	18%
	中性	21	观潮、雅鲁藏布大峡谷、火烧云、古诗两首(2)、爬山虎的脚、世界地图引出的发现、一个苹果、巨人的花园、小青石、幸福是什么、迷人的张家界、去年的树、麻雀、小木偶的故事、卡罗纳、为中华之崛起而读书、那片绿绿的爬山虎、尺有所短寸有所长、飞向蓝天的恐龙、五彩池	52%
第八册共40篇	城市特色	11	中彩那天、万年牢、将心比心、蝙蝠好雷达、一个中国孩子的呼声、和我们一样享受春天、触摸春天、永生的眼睛、花的勇气、鱼游到了纸上、生命的药方	28%
	农村特色	6	夜莺的歌声、小英雄雨来、乡下人家、麦哨、父亲的菜园、可爱的草堂	15%
	中性	23	古诗词三首(2)、桂林山水、记金华的双龙洞、七月的天山、尊严、自然之道、黄河是怎样变化的、大自然的启示、生命生命、牧场之国、两个铁球同时着地、全神贯注、寓言两则、文成公主进藏、普罗米修斯、渔夫的故事、趵突泉、小珊迪、有趣的动物共栖现象、黄继光、到期归还、武夷山和阿里山的传说	57%
第九册共36篇	城市特色	14	窃读记、小苗与大树的对话、梅花魂、新型玻璃、钓鱼的启示、通往广场的路不止一条、最后一分钟、学会看病、地震中的父与子、圆明园的毁灭、木笛、"精彩极了"和"糟糕透了"、开国大典、太空"清洁工"	39%
	农村特色	7	桂花雨、小桥流水人家、落花生、难忘的一课、毛主席在花山、斗笠、百泉村(四章)	19%
	中性	15	走遍天下书为侣、我的"长生果"、古诗词三首、鲸、松鼠、假如没有灰尘、珍珠鸟、慈母情深、剥豆、青山处处埋忠骨、狼牙山五壮士、七律长征、黄果树听瀑、鞋匠的儿子、你一定会听见	42%

续表

册 数	选文城乡特色	选文数量	选文具体内容	所占比例
第十册共37篇	城市特色	13	把铁路修到拉萨去、冬阳·童年·骆驼队、童年的发现、打电话、梦想的力量、自己的花是让别人看的、威尼斯的小艇、与象共舞、拉萨古城、一件运动衫、电子计算机与多媒体、我们家的男子汉、维也纳生活圆舞曲	35%
	农村特色	4	祖父的园子、再见了，亲人、金色的鱼钩、桥	11%
	中性	20	白杨、草原、丝绸之路、古诗词三首、儿童诗两首、杨氏之子、晏子使楚、半截蜡烛、将相和、草船借箭、景阳冈、猴王出世、人物描写一组、刷子李、丰碑、金钱的魅力、彩色的非洲、故事两则、孔明智退司马懿、我有一个强大的祖国	54%
第十一册共36篇	城市特色	13	詹天佑、唯一的听众、用心灵去倾听、老人与海鸥、我的伯父鲁迅先生、一面、月光曲、蒙娜丽莎之约、军神、我的舞台、祖国，我终于回来了、城市之肺、看戏	36%
	农村特色	4	穷人、草虫的村落、青山不老、别饿坏了那匹马	11%
	中性	19	山雨、山中访友、只有一个地球、索溪峪的"野"、怀念母亲、彩色的翅膀、中华少年、狼和鹿的故事、少年闰土、有的人、跑进家来的松鼠、最后一头战象、这片土地是神圣的、金色的脚印、伯牙绝弦、林海、小抄写员、我的方阵、军犬黑子	53%
第十二册共28篇	城市特色	12	顶碗少年、北京的春节、十六年前的回忆、灯光、千年梦圆在今朝、真理诞生于一百个问号之后、跨越百年的美丽、我最好的老师、生活是多么广阔、中华第一龙、名碑荟萃、智慧之花	43%
	农村特色	3	桃花心木、各具特色的民居、和田的维吾尔	11%
	中性	13	匆匆、文言文两则、手指、藏戏、为人民服务、一夜的工作、卖火柴的小女孩、凡卡、鲁滨孙飘游记、汤姆·索亚历险记、养花、狱中联欢、琥珀	46%

由上表可知，人教版小学1—6年级共有课文434篇，其中保持中立文化品格的课文227篇，占53%；描写农村特色的课文71篇，占16%；突出城市特色的文章高达136篇，占31%。总体上看，描写城市特色的课文数量几乎是描写农村特色课文的两倍，而且越到高年级城市文化特色课文所占比例越高。这种学校课程的城市文化倾向消解了乡土文化在学校课程中的地位，在

很大程度上制约了民族传统文化的传承和发展。在改革开放后的贵州苗族地区，随着学校教育的普及和发展，接受汉文化教育的苗族青少年越来越多，学校教育的城市文化倾向必然导致苗族文化主体的丧失，这亦是贵州苗族传统文化发生剧烈变迁的一个重要方面。

其一，学校教育的城市文化倾向忽视了苗族传统文化的存在。现行各级各类学校教科书都是以城市优势阶层为主要力量编写，编写主体的城市化倾向使教科书深深打上了城市文化的烙印。这些优势阶层在选取教科书内容时不是坚持价值中立的原则，而是力求让课程内容反映他们的思想意识和价值取向。城市文化以一种显性的文化资源进入教科书，而乡村各具特色的民族传统文化则被排斥在教科书之外。即使现行教科书有部分反映民间乡土文化的内容，但这些内容大都以城市文化为背景展示出来。在少数民族社会，少数民族乡土文化是本土人民共同的精神财富，在维护当地乡村生活秩序中发挥着重要作用。忽视其他现实因素不谈，仅从教科书内容的选取上看，我们不难发现，当今学校教育追求面向世界、面向城市和面向优势阶层，却难以面向本土、面向乡村和面向弱势群体。学校教育这种外在于村落社会的教育方式未能将乡土社会固有的文化异质性考量在其教育范围之内，反而将无数细微的差异统合在"现代"与"文明"的宏大框架下，从而造成了现代与传统，文明与落后、城市与乡村的二元对立。在学习过程中，少数民族学生很少从教科书中发现其父辈的智慧，很少为自己的民族文化和生活习俗感到骄傲与自豪。从某种程度上讲，少数民族孩子进入学校学习的过程，实际上就是他们对自己所熟悉的乡土文化进一步陌生化的过程。因此在少数民族社会甚至出现了"读书时间越短，就越接近于地方性知识；读书时间越长，就越与乡村生活疏远"的奇异现象。经过十数年的教育，许多少数民族学生完全接受了城市的话语体系，他们不仅充满了对城市繁华生活的向往，而且还有意识地模仿城市人的思想观念和行为方式并以此为荣耀，他们变成了当地乡土社会的"陌生人"。这些通过教育培养出来的"陌生人"，对传承和发展本民族传统文化是十分不利的。如果我们不能科学地处理好学校教育与乡土文化传承与发展之间的这种背离性，那么在贵州苗族地区学校教育越发展，苗族文化主体消失的速度就越快,当地苗族传统文化的变迁就越激烈。

其二,学校教育的城市文化倾向给寄附于乡村生活的苗族传统文化带来挑战。从广义上讲,文化是一个复合的整体,包括知识、信仰、道德、风俗、法律、艺术以及个人作为社会成员所必需的能力和习惯等诸多方面的内容,一个社会群体的文化就是这个群体社会生活得以继续和发展的源泉和动力。我国苗族是一个以农耕生产为主的民族,其传统文化具有"乡土根性"的显著特征。"'乡土根性'使一个狭小的语言共同体始终忠实于它自己的传统。这些习惯是一个人在他童年最先养成的,因此十分顽固。"[①]苗族传统文化的乡土根性表明,苗族文化是在乡村社会中产生和发展并寄附于苗族乡村的生活现实,具有浓厚的乡土味道。但是,苗族传统文化乡土根性的"保守"性并不能完全阻止它在现代社会语境中发生变迁。由于当前我国学校教育体现的是城市优势阶层的意志,这些阶层为了更好地巩固和传承自身的文化形态,他们必然会在教材内容设置过程中挑选有利于自己的知识内容。因此,现行学校教材所反映的内容如家庭生活的温馨、校园生活的积极向上、现代社会生活的便利、科学技术的进步等基本上都是以城市文化为背景,而以乡村生活为主题的课程内容则主要与动植物生长、民族社会历史发展、少数民族生产劳动状况等相关,这些内容常常给人以自然、原始、落后的印象而被排除在学校教育体系之外。城市所代表的现代生活、现代文明与乡村所代表的自然朴实和贫困落后形成鲜明对比,学校课程内容设置的城市文化倾向不仅使汉族学生尤其是居住在城市中的汉族学生缺少对少数民族文化的了解,甚至连少数民族地区的学生也很少有机会接触到本民族的历史和文化。正是因为学校教材远离了少数民族学生的文化背景和生活世界,最终导致少数民族学生对本民族传统文化的冷漠和疏远。这样的课程设置不仅不能实现传承和发展少数民族文化的目标,而且容易促使少数民族学生滋生厌恶乡土知识、向往城市文化的内在情感。以学校教育为主要载体传播中国文化,容易使青少年学生不再热爱甚至鄙视乡村生活,从而以乡村生活为背景的少数民族传

---

① (瑞士)费尔迪南·德索绪尔著,高明凯译:《普通语言学教程》,商务印书馆,1980年版,第187页。

统文化必将随着青少年学生的成长而走向衰落。

总之,学校教育对民族传统文化的回避导致了贵州苗族地区学校教育发展与当地苗族乡土文化发生疏离,这种越演越烈的反向发展趋势使苗族传统文化的生存空间受到挤压,使苗族传统文化的生存境遇遭遇挑战,学校教育传承和发展苗族优秀传统文化面临诸多思考。

第四章 教育传承和发展贵州苗族传统文化的途径

作为一种人类文化形态，贵州苗族传统文化是否应该传承和发展已经无需讨论，问题的关键在于采取何种策略和措施来有效地对其进行传承和发展。对于这一问题，学界和政界的认识不相统一，可谓仁者见仁、智者见智。但是，人是文化的主体，通过教育方式培养苗族文化主体，增强苗族文化主体传承和发展本民族传统文化的意识和热情，发挥苗族文化主体传承和发展本民族传统文化的主体性作用，是传承和发展贵州苗族传统文化的重要途径。

第一节 家庭教育传承和发展苗族传统文化

东汉时期许慎在《说文解字》中对教育的解释为，"教，上所施，下所效也"[1]，"育，养子使作善也"[2]。按照许慎的解释，教育的对象就是年幼者。家庭是社会的细胞，是新生命孕育、成长的摇篮，自从家庭出现后就有了家庭教育。在人类发展的初期，家庭教育是人类传承文化的主要形式，"孟母三迁""曾子杀猪""岳母刺字"等都是家庭教育的经典描述。家庭教育的范围非常广泛，它几乎包括了人类所有的知识教育。家庭教育是文化教育的起始场所，人们的绝大部分生活知识都是在家庭教育中获得的。家庭教育是指在家庭生活中各成员之间（主要是父母对未成年子女）的一种教育和影

---

[1] 许慎：《说文解字》，中华书局，1963年影印版，第69页。
[2] 许慎：《说文解字》，中华书局，1963年影印版，第310页。

响活动，它既包括家庭成员之间自觉的或非自觉的、经验的或意识的、有形的或无形的相互影响，也包括家庭环境对其成员产生的无主体影响。在学校教育诞生之前，少数民族社会道德规范的养成、生产生活技能的习得以及族群文化知识的传承等主要依靠非形式化的教育即传统家庭教育的方式来实现。由此可见，家庭教育在少数民族社会知识文化的传习中占据着重要地位。

一、家庭教育传承和发展苗族传统文化的形式

苗族是一个迁徙不定的民族，由于受其所处生活环境的影响，历史上没有创造出统一的民族文字，因而苗族社会最早的教育不可能出现特设的学校和专门的教育机构。苗族传统教育的第一个场所是家庭，对受教育者来说，他们朝夕相处的家庭便是其人生的第一所学校，父母或兄长便是他们的第一位老师。从孩子呱呱坠地时开始，家庭教育就已开始。我国《教育大辞典》对"少数民族原始社会形态教育"作了这样的解释：在少数民族原始社会，人们的"学习方法主要是口耳相传，对实际事物行为的观察和模仿，凭动作的熟练和感官的记忆进行施教和学习，具有模仿性"。在传统贵州苗族社会，孩子在与家庭成员的日常交往过程中，他们通过自己仔细观察和父辈言行举止的熏陶，从中学习到各种生活常识。因此，贵州苗族家庭教育主要采取言传和身教两种方式进行。

（一）言传

用语言传承文化是人类社会通用的文化教育方式，在传统贵州苗族社会几乎所有的苗族文化都是通过口耳相传的方式来进行传承的。苗语是苗族人民的主要通用语言，无论在日常生活、休闲娱乐还是在生产劳动中，苗语都是人们的主要交流工具。苗族小孩自从诞生之日起，父母和长辈在家庭中就利用苗语对他们进行启蒙教育，苗语成为他们学习一切社会知识的主要手段。例如在向孩子传授丧葬习俗时，要么通过父母讲解，要么通过聆听巫师吟唱《孝歌》《挽歌》及悼词等，让孩子从中学习和领悟到本民族传统知识。傍晚，

孩子们围坐在火塘边或屋檐下，认真听老人讲述苗族的历史、神话和传说，这种言传说教能够帮助苗族孩子增加词汇，增长知识，提高智力。当人生病时，家人总要聘请巫师占卜，给病人驱鬼治病。巫师在占卜和驱鬼过程中所念诵的咒语均无文字范本，全凭语言记忆念诵。在祭神驱鬼过程中，在场人员能够学习到本民族基本的信仰习俗。此外，部分苗族巫师还通过言传的方式将自身的民族医药技术传授给儿子，因此贵州苗族民间医药存在许多"家传秘方"。

（二）身教

身教即身体教育，是指用肢体动作传授生活知识和技能的教育方式。身教作为贵州苗族家庭教育的重要方式，是指父母在家庭生活中通过身体力行将处世原则、家庭伦理、生活习俗等展示给孩子，让孩子在潜移默化中学习到基本的生活常识。在传统贵州苗族社会，当父母向女孩传授种植、养殖、印染、刺绣等生活技能时，父母亲手制作，孩子在一旁跟着学习，遇到困难之处父母偶尔指点一下即可。女孩从七八岁就开始学习织花带，绣花衣等，十岁左右技艺就比较娴熟了。在放牛或串门过程中，有时几个女孩一起刺绣或编花带，遇到技艺高超者随时向其请教。当父母向男孩传授犁田、播种等生产技能时，父母常常把孩子带到田地边，父亲坐在田埂上指导孩子犁田，不时纠正一下扶犁的姿势和耕田深度；母亲在田地里掏沟，孩子则紧随其后抛撒玉米种子，母亲时常对播种的稀疏程度进行指导。历经数次耐心模仿，苗族小孩在未成年时就学会了基本的耕作技术和生产技能。在教育孩子孝敬长辈时，父母既可以通过孝敬父辈的方式切实地给孩子树立榜样，同时也可以通过年节祭祖向孩子展示祖宗或长辈权威的不可叛逆，让孩子从小耳濡目染。通过父母严格身教，孩子从中懂得待人处事的日常规范和社交礼仪等常识。

贵州苗族社会传统农耕生产的特点决定了广大苗族民众的社会交往主要局限在家庭、家族或村寨内部，人们整天面对使用同一语言的交往对象，大家自然习惯于使用自己熟悉的语言进行交往。在狭小的交往空间内，苗族人民没有形成对异质语言尤其是汉语的强劲需要和极大依赖，他们正是通过言传和身教的方式将本民族传统文化传授给后代，使苗族传统文化世代相传。

二、家庭教育传承和发展苗族传统文化的内容

在贵州苗族家庭教育中，父母不仅教给孩子生活知识，而且还要向孩子灌输生产技能，让被教育者——子女在潜移默化中学习到本民族的传统生产生活常识。他们往往以开导、解释和说明的方式教育孩子，在教育过程中很少打骂孩子。通过家庭教育，苗族小孩在青少年时期就逐渐知晓自己在社会中应当承担的责任和义务。概括起来，贵州苗族家庭教育主要包括语言教育、生活常识教育、道德知识教育和民间习俗教育四个方面的内容。

（一）语言教育

语言教育是人类教育史上最基本、最普通的教育方式之一，几乎所有科学文化知识的传承都需要通过语言教育来完成，恩格斯在《劳动在从猿到人的转变过程中的作用》一文中提出劳动创造语言，语言起源于劳动的观点。他指出："语言是从劳动中并和劳动一起产生出来的……首先是劳动，然后是语言和劳动一起，成了两个最主要的推动力，在它们的影响下，猿的脑髓就逐渐地变成了人的脑髓。"自从人类形成氏族部落乃至民族之后，语言就同氏族部落和民族密不可分。语言从来都是从属于每一个具体民族的，并成为区分不同民族的一个重要特征。每个民族都有自己的语言，语言是民族成员之间交流信息、传承文化和知识经验、维系民族认同的媒介。每一种民族语言都在一定程度上凝结着该民族的历史知识，反映着该民族对事物的认识水平。人们学习和使用自己民族语言的过程，也就是学习、继承和发展本民族文化的过程。有了共同的语言，民族的历史与文化才能世代传承下去，并在传承中不断得到发展和提高。

苗族是一个有语言无文字记载的民族，从这个意义上讲，苗族语言是苗族的活态文化，是苗族身份的象征。苗族语言是表达苗族文化的主要手段，是传承和发展苗族文化的主要方式。在贵州苗族地区，人们的语言学习首先

是在家庭中进行的,孩子认识世界、与人交往都需要借助语言学习。没有语言,人们就无法与人交流,就不可能学习到其他一切生产生活知识。因此,从小孩咿呀学语开始,父母就要教育孩子家庭成员称谓、亲属称呼、食物衣帽名称等简单词汇和句子。幼年时期,孩子们常常通过聆听长辈讲述苗族民间故事增长词汇,并从中学会与成人交往。文化程度较高的家长,他们从小就教育孩子学习普通话,有意识训练孩子掌握和运用双语的能力,以便孩子上学后能够顺利接受国家正规化的学校教育。由此看来,语言教育是贵州苗族地区家庭教育传承和发展苗族传统文化的重要内容之一。

(二)生活常识教育

生活常识教育是指向受教育者传授吃、穿、住、行等基本生产生活知识的过程。对于生活在传统农耕社会中的民族来说,掌握必要的生产生活常识是他们能够利用自然和改造自然、保证种族繁衍、实现自我生存和发展的基础。在贵州苗族家庭生活中,孩子从小就在父母身边长大。孩子稍大后,父母开始教给他们生产生活方面的知识。贵州苗语民间流传着许多关于农事生产的谚语和歌谣,例如贵州苗族民间谚语唱道:"正月雷打雷,二月雨不绝";"二月初一晴,三冬冷水浇";"六月秋,般般丢,七月秋,般般收";"十月初一晴,柴米不需银";"天上云钩云,地下雨淋淋";"田里养鱼,粮食两得","毁林开荒,农田遭殃"等。贵州苗族民间《节气歌》唱道:"种田无定律,全靠看天气。立春阳气转,雨水沿河边。惊蛰乌鸦叫,春风滴水干。清明忙种粟,谷雨种大田。立夏鹅毛住,小满雀来全。芒种大家乐,夏至不着棉。小暑不算热,大暑在伏天。立秋忙打垫,处暑动刀镰。白露快割地,秋分无生田。寒露不算冷,霜降变了天。立冬先封地,小雪河封严。"这些谚语和歌谣都是苗族先民对时令预兆和农作实践的经验总结,对指导人们从事农业生产具有一定的借鉴作用。父母常常通过讲述或吟唱诸如此类的苗族民间谚语和歌谣向孩子们传授基本的生产生活知识。

在具体教育分工上,父亲主要教导儿子生产技能和做人道理方面的知识。父亲在田间干活时把儿子带到身边,根据其年龄大小、接受程度高低等具体情况适时地向他们传授生产技艺，儿子通过模仿和实践演练从中掌握相关生产知识。父亲还常常携带儿子参加各种祭祖活动，让儿子从祭祀活动中习得尊老爱幼、孝敬父母、勤俭持家等基本做人道理和处事原则。母亲除了教给女儿必备的生产知识外，还要教会女儿基本的手工技能和家务劳动。母亲动手织布时，女儿时常坐在旁边观察学习，困难之处由母亲指点学习。姑娘们长至十五六岁时就已经很熟悉苗家刺绣、蜡染、纺纱、织布以及简单的苗族服饰制作了。母亲做饭时，女儿经常在身边模仿大人怎样盛米、淘米、洗菜、煮菜以及如何把握火候等，通过母亲口头讲解以及自身的实践观察和心灵记忆学习到各种家务知识。

（三）道德知识教育

道德知识教育是指教育者对教育对象进行社会道德规范和行为标准的宣传教育，使其成为具有良好道德品质的人的过程。从古至今，道德知识教育都是家庭教育不可或缺的重要内容。在贵州苗族家庭教育中，道德知识教育主要是指父母或长辈教育后代养成孝敬老人、诚实礼貌、勇敢勤劳、扬善惩恶等优良品质的过程。贵州苗族父母对子女进行的道德知识教育多种多样，例如在婚礼仪式中，通过让孩子吟唱"嫁女谣"唱段，让孩子从中懂得如何为人媳妇和孝敬长辈，如何转变人生角色以适应夫家生活等；在丧葬仪式中，通过让孩子聆听"打绕棺"[①]中"老母养育之恩"唱段，让孩子们牢记父母恩德，每一次丧葬活动就是一堂生动的道德实践教育业课；在日常生活中，父母常常教育孩子不图意外之财，不贪小人之礼，不拾他人丢失钱币、手帕、腰带等。认为捡到别人钱财代表买药钱，拾到别人帕子会有擦不完的眼泪，拿走他人腰带表示领取抬棺材的绳子。通过这些民间习俗教育，从小规范孩子行为，有利于培养孩子"劳动求生"的美德和勤于劳动、热爱劳动的观念

[①] 贵州苗家老人离世后，须为逝者举行"打绕棺"仪式。打绕棺于开吊当晚举行，如死者为女性打《血盆绕》，死者为男性打《失亡绕》。其中《血盆绕》基本唱词为："诸佛如来把人劝，为人需当孝为先，父母恩情难尽叹，还比地阔与天宽，十月怀胎母受难，三年哺乳费心田。……"

和意识。

（四）民间习俗教育

习俗教育对于一个民族信仰观念的形成和民族性格的培养具有十分重要的作用。在贵州苗族地区，民间习俗基本上都是在家庭教育中得到世代沿袭的。例如在家庭教育传承苗族婚俗方面，父母或哥嫂常常向孩子们讲述自己的恋爱过程以及与异性接触和交往过程中应注意的基本问题，让孩子们了解婚恋的一些基本常识。同时，父母或哥嫂还常常会在日常生活中向孩子们灌输一些基本的婚嫁知识，如出嫁姑娘应从娘家正房出发、撑开雨伞、从门槛内摆放的筛子跨过等。婚嫁期间，父母、兄嫂要为出嫁姑娘吟唱"隔离歌"，歌词大意为"出家撑雨伞，遮挡不祥之物，跨过筛子出门，筛除不顺意之事"，"父母嘱咐听端详，侍奉公婆想爹娘，挑水爱护水桶，倒水爱惜水缸，贤惠善良铭记心"。年幼孩子在观赏婚礼过程中不知不觉地领悟到本民族的传统婚姻常识，使苗族婚礼习俗世代传承。

贵州苗族很讲究对人的称谓，孩子幼年时父母或长辈常常将各种称呼告诉他们，教导他们称呼与自己祖父同辈份的老年男性为"阿打"，女性为"阿婆"；称呼与自己父亲同辈的中年男性为"阿杰"，女性为"阿米"；称呼年轻人中比自己年龄大的男性为"阿那"，女性为"阿娅"；年轻人中比自己年龄小的统称为"代勾"。若称呼絮乱，轻则被纠正，重则遭到嘲笑。与此同时，父母还常常教导孩子见到长辈要笑脸相迎，主动让座。通过多次练习，孩子从小便学会如何称呼别人，怎样尊重长辈。

三、家庭教育传承和发展苗族传统文化的途径

家庭教育是家庭长者对未成年家庭成员进行培养教育以及家庭内部不同年龄成员之间相互学习的活动过程。俗话说，父母是人生的第一位老师，每个人从出生之日起就在父母的呵护下成长，在与父辈的朝夕相处中接触文化、延续民族历史与传统，苗族历史与文化的传承和发展莫不如此。改革开放后，

贵州苗族社会与外界交往的制度性壁垒被打破，当地苗族人民逐渐置身于主要以汉语为通用语言的生活环境中，无论在外谋生还是居家务农，他们都不同程度地受到汉语言文化的影响，苗族语言在家庭或村寨中的主导地位遭到削弱，传统"双语人"和现代"单语人"逐渐增多。特别是21世纪以来，三四十岁的苗族中青年人几乎不用本民族语言进行交流，多数30岁以下的苗族青少年不习惯说苗语。在贵州省台江县，据近年来的调查："全县能基本完整唱完苗族古歌者不上百人；能够较为系统地通晓苗族传统文化的巫师、理老约300人；即使在芦笙文化流行的地区，35岁以下的青壮年男子大约有70%不会吹奏芦笙；35岁以下的青壮年妇女约有50%不会系统的挑花和刺绣；能不绘图而随手剪出上百种图案的民间剪纸艺人只有一个年满80岁的王安丽老人；2002年反排举行鼓社祭活动，竟然找不到一个通晓完整祭祖礼仪的鼓头，也找不到一个完整通晓祭祖念辞的巫师。"[①] 如今在贵州苗族地区，广大苗族家庭和村寨的语言结构发生了变化，苗族小孩从出生之日起就置身于新的语言环境中。在这样的语言环境下，一些只有用民族语言才能表达清楚的文化事项，在用非本民族语言对其进行传承和发展时不可避免地会出现信息失真和误读等情况。面对这一状况，要传承和发展贵州苗族传统文化，必须加大对苗族文化主体的保护和培养力度。

（一）保护苗族民间文化艺人

在我国少数民族地区，民族传统文化的传承都有秘传制度。许多民族传统文化都是在家庭内部传承，这种文化传承方式必然使大量民族传统文化保留在部分家庭的个别人身上。这些民间文化艺人一旦去世，就意味着一种民间传统文化的消失和终结。在贵州苗族地区，因受行规习俗的约束，苗族传统文化普遍采取"传内不传外""传男不传女""单传"或"师徒传承"的方式小范围传承，下面是贵州省从江县丙妹镇岜沙苗寨枪术的传承状况。

[①] 贵州省中华文化研究会编：《全球化背景下的贵州民族民间文化》，贵州民族出版社，2006年版，第269页。

表 4-1　贵州省从江县丙妹镇岜沙苗寨枪术传承状况调查表

类　别	名　称	情况说明
调查地点	从江县丙妹镇岜沙苗寨	该苗寨距离从江县城约5公里，读书人不多。在开发为旅游景点之前较为原始封闭，自然风光秀丽，民风古朴
调查对象	韦勇乔	女，苗族，46岁，从江县一中政治课教师，在从江县一中从教20余年，对当地苗族习俗尤其是岜沙苗寨民情风俗十分了解
调查内容	苗族枪术	据韦勇乔老师介绍，岜沙苗寨自古以来读书人不多，近年来该苗寨还留存着一个枪手部落，该部落被人们誉为世界上最后一个枪手部落。国家承认该部落拥有枪支，其枪手因枪支制作技艺精湛而远近闻名。岜沙苗寨被开发为旅游景点后，曾有广东、福建等地厂商花费重金邀请本地枪手外出传授制枪技艺，枪手不为所动，并坚持只能将制枪技艺传给本民族内部应该传承的人

资料来源：笔者于2015年暑假到贵州省从江县调查所得。

贵州苗族民间技艺主要集中在部分民间艺人手中，其中拥有特殊技艺之人如主持祭祀活动的巫师、歌师等，他们都是苗族传统文化的主要继承者和传承人。这些身怀绝技的苗族民间艺人大多年逾古稀，他们一旦去世，苗族传统文化就会陷入人亡艺绝的困境。因此，他们能否顺利地将本民族技艺传给后人，直接关系到贵州苗族传统文化的传承与发展。

贵州苗族文化的主体是当地苗族人民群众，当前要做好贵州苗族传统文化的传承和发展工作，我们应当高度重视那些具有特殊创造能力的当地苗族民间文化艺人，既要关注他们的创造成果，同时又要珍视他们的创造方式和成功经验。一方面，贵州各级政府应当对地方苗族民间艺人进行科学筛选和评比，给那些艺术造诣高、社会声望大的民间文化艺人授予"苗族民间艺术大师""苗族民歌大王""苗族民间工艺大师"等荣誉称号，通过官方形式提升苗族民间传统文化精英的社会地位，充分发挥他们在传承和发展苗族传统文化中的重要作用，同时对那些在传承和发展苗族传统文化中有突出贡献的家庭授予牌匾，着重从精神上激发他们传承和发展本民族传统文化的积极性、主动性和创造性。另一方面，贵州各级政府还应当从经济上制定传承和发展苗族传统文化的相关政策，采取形式多样的经济资助方式对那些优秀的苗族民间文化艺人和家庭进行资助，鼓励他们积极传承和发展本民族优秀的传统文化。例如黔东南州政府鼓励民间歌师、舞狮、工匠师等苗族文化传承人和苗族民间演出队伍走乡进寨，收集整理苗族民间文化艺术，并由当地政府对其给予生活补贴。在当地政府的大力支持下，贵州省台江县的王安江老人近40年如一日地以"行乞"的方式走遍苗乡侗寨，走南闯北，收集整理了一大木箱12部近30万行的苗族古歌抄本，最后在文化部门和社会各界的关心与帮助下顺利出版问世。王安江老人是黔东南仅存的能全面知晓祭祀祭词的著名苗族歌师之一，王老的这一可贵行为对传承和发展贵州苗族传统文化具有借鉴意义。

（二）加强家庭内部苗族文化主体后备人才的培养

在很长一段时间里，人们在探讨我国苗族传统文化的保护和发展问题时，主要注重文本，注重对苗族传统文化的静态保护，人本观念比较缺乏。如今这种观念应当改变，我们应当将目光转移到对文化主体的保护、传承和发展的轨道上来。改革开放以来，一方面，贵州苗族大家庭越来越少，现代核心化小家庭越来越多，三口之家或四口之家成为普遍现象。长辈和晚辈分开居住，苗族传统文化的代际传承出现断裂，从而使家庭教育传承和发展苗族传统文化的环境遭到破坏。另一方面，现代文明不断传入贵州苗族地区，苗族传统文化逐渐迷失在人们对外来文化的狂热追求之中，历经千百年风雨沧桑积淀下来的贵州苗族传统文化在与外来文化的交流与融合过程中逐渐处于边缘化境地。在市场经济等多种因素的影响下，苗族民间文化市场萎缩，部分苗族民间文化艺人无暇"练艺"或"传艺"，他们纷纷"弃艺从商"。如今贵州苗族地区缺乏一支拿着锄头能种地，放下锄头能表演的有一定素质的民间文艺队伍，苗族文化主体正在以惊人的速度流失。

面对苗族文化主体的丧失，贵州各级政府要加大对苗族文化产业的投入力度，努力营造宽松的民族文化创业环境，支持当地苗族文化精英依托本民族文化优势自主创业，激发苗族民间艺人的文化创业热情。与此同时，贵州各级政府还应当高度重视当地苗族村寨中的优秀中青年文化艺人，切实关心他们的生产生活状况，着力改善他们的物质生活环境，鼓励他们农闲时节从事各种苗族民间文化活动，以此就地培养苗族文化主体，使苗族文化的传承与发展后继有人。

第二节　学校教育传承和发展苗族传统文化

尽管学校教育的主流意识形态倾向和城市文化倾向在一定程度上对民族传统文化的传承与发展带来不利影响，但较之家庭教育而言，学校教育在办学条件和文化资源等方面都具有极大的优越性，它具有整理、传播、创新及其整合民族文化的功能和特点，依然是传承和发展民族传统文化的主要手段。在贵州苗族地区，学校教育仍然是传承和发展当地苗族传统文化的重要途径。

一、学校教育传承和发展苗族传统文化的形式

我国是一个多民族国家，在各少数民族地区，民族传统文化的传承和发展离不开学校教育。贵州苗族地区学校教育主要采取组织双语教学和鼓励民间艺人进课堂两种方式传承和发展民族传统文化。

（一）组织双语教育

双语教育是当今世界各国在发展民族教育过程中必然实施的一项重要举措。在全世界200多个国家和地区中，多数国家和地区实行多民族、多语种的多元教育体制。但是由于不同国家和地区的民族分布情况不同以及各个国家和地区之间政治经济文化发展程度存在差异，各国各地区双语教育的实施方法略有不同。我国的双语教育是指在中华人民共和国领土范围内有自己民族语言文字的少数民族学生在基础教育和义务教育阶段中学校并列开展本民族语文和汉语文教学的教育体制。我国少数民族地区的双语教育主要有三种类型：一是从小学至中学阶段都开设民族语文和汉语文课程教学的普通双语教育，二是将民族语言作为扫盲和识字工具的特殊双语教育；三是利用民

语言辅助汉文课程教学的辅助双语教育。我国苗族地区的双语教育主要是在苗族地区的部分学校增设苗族语文课，在讲授汉文课程的同时传习苗文，并用苗族书面语言对汉语进行注音释义，以此帮助苗族学生学习汉语文的教学模式。

新中国成立后，为了促进民族平等和民族繁荣，中央政府决定帮助无文字民族创立文字，推动少数民族社会发展。1955年，中国科学院和中央民族学院组成苗族调查组分赴贵州等苗族地区进行调查。1956年10月于贵州省贵阳市举行苗族语言文字问题讨论会，会议决定给黔东、黔中和黔西三个方言区苗族各创设一种文字，并对滇东北方言区原有的苗族文字进行改革。在建立黔东苗文创制方案后，为了解决师资问题，贵州民族学院开始招收苗文培训班，1957年6月第一批苗文培训班顺利结业。1954至1963年中央民族学院语文系先后招收6个黔东苗语本科班共计50余人，这些学生毕业后分赴贵州各地担任苗语语文课本的编译、推行、出版及苗文的广播和教学等。1957年8月，贵州省民族事务委员会批准设立黔东南民族语文学校，培养民族语文干部和扫盲教师。同年12月，贵州民族出版社成立，肩负起了少数民族文字课本、书籍的编辑和出版等工作，并首次编辑出版了苗文农民识字课本。1958年初贵州省松桃县在盘信、臭脑两地进行民族语文试点教学，先后办15个班，1300多人参加学习，后因"文革"而中断。同年4月贵州省麻江县苗族语文学校成立，第一期参加培训的学员有140人，为农村双语教学工作输送了大量人才。同年8月贵州省庐山县委在旁海区开展苗文扫盲工作，此次扫盲集中了全区所有公、民办教师和农业中学全体师生及部分机关干部200余人参加培训，培训结束后学员分赴全区各地开展苗文扫盲活动。

十一届三中全会后，贵州全省先后在9个地、州、市的57个县、市、区恢复了苗、侗、布依等5个民族8种文字（其中苗文4种）的试点及推行工作。根据贵州省民族事务委员会、贵州省教育委员会《关于在民族学校进行民族语文实验的通知》精神，1981年贵州省开始恢复民族与文化教育工作，1983年之后贵州当地政府积极恢复和使用苗族语言文字，在苗族聚居的乡村和学校推行苗文，在小学开展双语教学。1986年底，贵州省实施民族语文教学实验的学校有 388 所，709 个教学班，学生 24982 人，其中苗文学校 196 所，324 个班，学生 11194 人。至 20 世纪 80 年代末，贵州全省 50 个县的 915 所学校使用双语文教学，共有学生 44288 人参加学习，举办双语文教师培训班 50 期共 3251 人次。截至 1994 年底，全省开展双语文教学的学校超过 1000 所，共 3232 个教学班，参加学习学生达 128158 人（次），全省掌握民族文字的人数达到 40 多万人。① 从改革开放至 20 世纪末，贵州苗族地区初步形成了苗汉双语的教学网络，双语教学取得了显著成就。

　　进入 21 世纪，贵州苗族地区的双语教学仍在缓慢发展。2002 年，贵州省教育厅、省民委下发《关于进一步做好我省少数民族语言文字工作的意见》，提出在不通晓汉语的少数民族聚居区坚持"双语"教学，有条件的地方应将"双语"教学逐步提前到学前教育阶段实施。2001 至 2005 年，贵州省逐步将不通汉语的苗族地区的小学纳入"双语"教学管理，在学前班和小学低年级以"民族语言辅助教学"的方式开展"双语"教学。为解决双语教师短缺问题，贵州民族学院开设了"双语"师资大专班，培训了 250 余名省级"双语"骨干教师。目前贵州省共有 2460 所学校开展苗、布依、侗、水、瑶等语种的双语教学。2010 年，贵州省在所有不通汉语的民族聚居区的学前班和小学低年级开展双语教学。② 为了进一步提高贵州苗（黔东方言）汉双语教学人员的业务能力和综合素质，推进贵州省苗汉双语教学健康发展，2013 年 8 月 11—18 日，西南民族大学、贵州省民委在贵州民族大学联合举办贵州省本年度第二期双语骨干教师培训班。开班典礼于 8 月 12 日在贵州民族大学举行，来自黔东南、黔南、黔西南三个自治州长期从事苗汉双语教学的 50 名教师参加了为期 6 天的学习培训。培训学习的内容有《民族文化与发展》《民族理论与民族政策》《苗族语言与文化》《苗语音、韵、调》《苗语翻译基础知识》等。③ 通过此次学习培训开拓了教师的视野，更新了教师的知识结构，提高了教师的综

---

① 石朝江：《苗学通论》，贵州民族出版社，2008 年版，第 553 页。
② 资料来源：《"双语"教育初具规模 贵州民族教育体系初步形成》，《贵州日报》，2009 年 12 月 6 日。
③ 资料来源：《西南民族大学、贵州省民委联合在我省举办苗汉双语教师骨干培训班》，贵州省少数民族语言文字办公室，2013 年 8 月 12 日。网址：www.gzmw.gov.cn/ind……2013-08-12

合素质。

(二) 鼓励民间艺人进课堂

鼓励民间艺人进课堂，就是定期或不定期地将熟知苗族民间传统文化的祭师、歌师等邀请到学校，让他们对学校中的苗族教师和学生进行民族传统文化的传授和讲解，让苗族传统文化走进学校、走进课堂、走进学生大脑，真正使学校教育在传承和发展苗族传统文化中发挥作用。例如2002年8月，贵州省台江县人民政府决定从当年新学期开始，在全县中小学开展"苗族文化走进音体美课堂"活动，内容包括唱苗歌、跳苗舞、学苗绣等，该活动的开展在当地传承和发展民族传统文化中反响较好。鼓励民间艺人进课堂，有助于形成民间艺人与学校教育的互动，对推动贵州苗族地区学校教育传承和发展民族传统文化具有重要意义。

二、学校教育传承和发展苗族传统文化的内容

在贵州苗族地区，学校教育传承和发展民族传统文化主要体现在开发乡土教材和开展民间文化活动两个方面。

(一) 开发乡土教材

在我国民族地区，学校教材在传承和发展乡土文化中发挥着不可低估的作用。这是因为，一方面学校教材流行广、阅读量大，而且还有事后监督（考试）的文化功能；另一方面，教材的使用者是最有待教化、最有可能被教化的未来社会的主人，对他们进行文化陶冶有着更大意义。那么，什么是乡土教材呢？乡土教材是指由民族地区具有一定民间文化专长和社会影响力的人在具体分析本地区教育环境和教育资源的基础上，在国家教育方针指导下针对当地特定的学生群体编制并组织实施的教材体系。乡土教材是民族地区学校教育的重要组成部分，是民族地区本土文化传承和发展的重要载体。将乡土教材引入学校课程体系，对传承和发展地方民族传统文化具有潜移默化的影响。

古代苗族社会的学校教育以传播汉族封建文化为主要内容，历代封建统

治阶级奉行民族歧视政策，"华""夷"分界及"华"尊"夷"贱的大汉族主义观念充塞在各类教学文献中。20世纪50年代在党和政府的正确领导下，通过学习和培训掌握了苗族语言文化的干部，用苗族文字收集整理了大量的苗族民间文字资料，为尔后人们编制和创新苗族校本课程提供了宝贵资料。改革开放后，为了普及苗族文化，贵州苗族地区干部和文化工作者利用苗族文字进行书面创作，编写整理出来了大量的苗族文化读本。20世纪80年代贵州民族事务委员会语文办和古籍办等单位先后用苗族文字编排出版了《张秀梅之歌》《苗族酒歌》《苗族古歌古词》《开亲歌》《嘎百福歌》《情歌》《生命知识》《植物栽培》等书籍。贵州省凯里市、黄平县、施秉县、麻江县等地民族事务委员会也相继编排出版了《理词》《豆纽》《十路酒歌》《十二路苗族大歌》《神词》《施秉民族文学集》《苗族理歌理词》等读物。1985年1月，贵州省第一家《苗文侗文报》在黔东南苗族侗族自治州出版发行。此后，贵州省其他县也纷纷创办苗文报纸和刊物，如台江县的《台江苗文报》、黄平县的《飞云雀》、麻江县的《贵人峰》、雷山县的《雷公山》、丹寨县的《龙泉山》、施秉县的《舞阳河》和《苗族文化》等。贵州省文联主办的杂志《南风》设置有苗文专栏，贵州民族学院语言文学系、黔东南苗族侗族自治州民族干部管理学校、黔南布依族苗族自治州民族干部管理学校还创办了苗文刊物，黔东南苗族侗族自治州民族医药研究所运用苗文收集苗族医药资料1000余种。黔东南、黔南等州、县民族事务委员会用苗文翻译编写了《养鸡》《养兔》《农药》等科普读物提供给农民，通过科技知识的传播帮助农民发展生产和脱贫致富。不仅如此，贵州苗族民间还运用苗文制定乡规民约，题写宣传通知，有的苗族村寨甚至在年节运用苗文书写对联等。

　　为了发展苗族学校教育，贵州教育行政部门以上述苗文资料为基础，组织教师和苗族文化工作者编写了大量乡土教材，内容涉及贵州苗族的地域历史、生产生活、文化艺术等，其成果主要以黔东南苗族教材最为显著。从改革开放至20世纪末公开出版的黔东苗文教材和工具书累计12种481000册，其中《六年制苗汉双语文教学课本》1—7册，苗语《语文》1—3册，《数学》1—2册，《自然》1册，共30万册，黔东苗文扫盲课本2种，《苗文学习》1—4册，计印 154000 册,《苗汉词典》《汉苗词典》《苗语俗语小词典》《苗语语法》《黔东苗语基础知识》等工具书共计 27000 册。[①] 此外,贵州省其他县(市)也自编自印了许多乡土教材,如凯里市自印自编的《小学苗文课本》《苗语语音》《苗汉词汇》,台江县自编自印的《生词生字苗汉对译教学参考书》,施秉县自编自印的《苗语课本》《六年制小学苗汉语文课本》(第一、二册)、《读苗文》《苗文助读》《苗文课本》等。利用乡土教材宣传苗族传统文化,不仅可以增进苗族青少年对本民族传统文化的认识和理解,而且还能提升苗族文化主体的文化自觉和文化自信,对有效传承和发展贵州苗族传统文化具有进步意义。

(二)开展民间文化活动

在贵州苗族地区,许多学校常常通过举行文化艺术节、歌咏比赛等活动,将丰富多彩的苗族传统文化寓于当代文艺节目之中,利用文艺舞台宣传大家喜闻乐见的苗族歌舞文化,让学生在欣赏现代文化的同时受到本民族传统文化的熏陶和影响。实践证明,利用学校教育传承和发展苗族传统文化不仅可以增强青少年学生对本民族传统文化的认同感和自豪感,而且受众面广,教育效果较好。

三、学校教育传承和发展苗族传统文化的途径

从当前贵州地区学校开展民族传统文化教育的现状来看,除了贵州民族大学设置有相关民俗学理论教学外,其他中小学课程很少涉及民族传统文化的教学内容。虽然新中国成立后贵州苗族地区创办了许多民族中小学校,但学校的民族文化特色不突出,这些中小学校对地方民族文化的重视程度不够。例如,虽然部分地方民族学校开设有《地方常识》课程,但由于没有把《地方常识》课程纳入学校考试范围,因而该门课程实则被降到了辅助性校本课程的位置上,部分学校为了追求教学成绩,甚至取消《地方常识》课程的设

[①] 罗连祥:《贵州苗族礼仪文化研究》,中国书籍出版社,2014年版,第350页。

置。笔者于 2015 年暑假对贵州省凯里市凯棠小学进行实地调查，其结果正是如此。[①]

表 4-2　贵州省凯里市凯棠小学教育传承和发展苗族传统文化状况调查表

调查内容	回答内容
该校学生是否喜欢苗语	学生对自己本民族语言很喜欢，除非教师硬性规定讲普通话，否则学生在课余时间一律讲苗语
该校学生对苗族习俗是否了解	学生对本民族习俗很了解，也很喜欢
该校学生是否会唱苗歌	学生几乎不会唱苗歌
该校是否经常举行苗族文化活动	学校不举行专门性的苗族文化活动，即使时逢学校运动会，也未掺杂有苗族民间体育活动
该校苗族教师对本民族语言的掌握情况	该校所有苗族教师能讲一口流利的苗话，但当地苗族老人唱苗歌时，他们几乎听不懂
该校苗族教师运用本民族语言的情况	该校 49 名教师，苗族教师占三分之二，均为本地人，其余三分之一从外地调入者均为非苗族。当与外地教师交流时，本地教师自觉或不自觉地使用普通话或地方汉话方言进行交谈；如果他们知道对方是汉族教师，则直接用地方汉语交谈；如果本地苗族教师之间自行交流，他们则使用本民族语言
当地学生学习深造情况	当地苗族学生读至初中、高中后，主动辍学打工者较为普遍
该校是否开设《地方常识》课程	该校每班课程表上都安排有"地方课"，金润美老师于 2005 年大学毕业后考入该校任教以来，十年间从未见到过"地方课程"教材

上述调查结果表明，在"升学考试指挥棒"的影响下，学校教师都将主要精力集中于传授社会主流文化，学校教育传承和发展民族传统文化的功能几乎丧失殆尽，这是导致贵州苗族传统文化淡出人们视野的一个重要原因。如果不能对这种文化冲突进行协调并将其减少到最低限度，贵州苗族学校教育便难以承担传承和发展本民族传统文化的历史重任。因此在当代贵州苗族社会，学校教育要发挥传承和发展苗族传统文化的功能，我们需要做好以下

---

① 笔者于 2015 年 3 月 24 日到贵州省凯里市凯棠乡（该乡与台江县台盘乡接壤，为贵州省典型的苗族聚居区）小学进行实地调查，受访对象为该校教师金润美，麻江县人，布依族，2005 年大学毕业后考入该校任教至今。受访班级为该校六年级二班学生，共有 61 人，其中男 36 人，女 25 人，均为本地世居苗族。

四个方面的工作。

(一) 大力研发校本课程

校本课程即学校课程，是地方性学校教师在认真分析本地区文化资源的基础上，针对本校学生编制并运用于教学过程的课程体系，开发校本课程是新课程改革的要求。我国少数民族地区蕴含着底蕴丰富的民族传统文化，这些民族传统文化反映了各个民族的历史传统、思想观念、风土人情、风俗习惯、心理特征和宗教信仰等，是民族地区学校研发校本课程的重要素材。

贵州苗族在长期的历史发展中形成了具有自己民族特色的传统文化，这些传统文化集中反映了当地苗族人民的思想意识、价值观念、民情风俗、信仰习惯等，是贵州苗族地区学校研发校本课程可资利用的文化资源，贵州苗族地区校本课程的编写要以此为基点才能凸显课程内容的民族特色。教师在编制校本课程时要兼顾教材内容的多元性，消除对少数民族文化的偏见与歧视，重视隐性课程的开发，改变用社会主流文化价值观判断非主流文化的做法。具体来说，贵州苗族地区学校教师在开发校本课程时，可以从以下几个方面做起：一是将苗族民歌、苗鼓、苗族芦笙舞以及苗族服饰、苗族芦笙制品、苗族图案、苗族刺绣、苗族民间工艺品等文化事项分别编入到音乐课和美术课程之中，让学生通过音乐课和美术课的学习了解本民族传统歌舞和各种民间技艺。二是在教科书中设计专门的"民族传统文化"章节，将苗族传统文化中的相关内容如舞蹈、音乐、节日、诗歌等集中起来呈现给学生。例如贵州省台江县从2003年起，每所小学都在五、六年级增设民族歌舞等课程，着重抓好反排木鼓操的学习和推广工作，让民族文化代代相传。三是对教材中的教学内容进行重新整合，增设有关苗族传统文化的课外读物，有针对性地向学生宣传苗族传统文化。四是教师既可以在历史、地理、社会等课程中添加苗族历史、社会风俗、宗教信仰等相关知识，亦可以在语文、思想品德等课程中增设苗族传统婚丧习俗等内容，有意识地向学生传输苗族的孝道观念、民族团结精神以及重情感厚礼仪的传统美德，增强学生对本民族传统文化的认知和了解。

总之，当前贵州苗族传统文化正处于急剧变迁过程中，加强贵州苗族地区校本课程的研发和利用力度，对传承和发展贵州苗族传统文化具有划时代意义。

（二）重视双语教学

语言是民族文化的重要表现形式，一个民族往往将自己的历史与文化凝聚在本民族语言中，并以语言为载体进行传播。母语是一个人最先听到和最先学到的语言，母语对一个人的成长起着至关重要的作用。斯大林曾经指出："为什么要使用本民族的语言文字呢？这是因为千百万人民群众只有使用本民族语言才能在文化、政治和经济发展方面获得极大的进步。"[1] 学习和使用本民族语言文字的过程，同时也就是弘扬本民族传统文化，促进本民族社会经济发展的过程。每一个民族在其历史发展过程中创造出来的文化都保存在自己的母语之中并通过母语的使用得以世代相传，这主要是因为：其一，母语是人们体认外部世界的前提和基础。一个人认识外面世界，并不完全依赖于直接的实践经验。母语能够帮助人们形成特定的思维方式和表达习惯，人们在学习和使用母语的过程中会将自己已经形成的世界图像传递给下一代。其二，母语是人们保存记忆的工具。"母语——母文化是一个文明的最坚强、最温暖的襁褓。"[2] 母语信息是人们在成长过程中获得的最初信息，它留在人们心灵中的记忆最深、最不容易被忘记。母语的表达习惯和母语存在的文化环境为人们所熟悉，在母语环境中学习新的科学文化知识容易激起人们的学习情趣和学习动机。伴随着贵州苗族地区现代教育的发展，汉语在贵州苗族地区越来越盛行起来，汉语的流行必然导致使用苗族语言的人越来越少，苗族语言越来越处于边缘化境地，苗语主导地位的丧失必然导致苗族传统文化发生变迁。因此，要传承和发展苗族传统文化，首先必须保护和发展苗族语言。

---

[1] 《斯大林全集》（第11卷），人民出版社，1955年版，第305页。
[2] 钱联冠：《人类最后的家园——人类基本生存状态的哲学与语言学研究》，商务印书馆，2005年版，第210页。

1992年1月14日，江泽民同志在中央民族工作会议上指出："民族教育是整个教育事业的组成部分，是民族工作的重要方面，应在教育结构、专业设置、教学内容、学制、办学形式等方面，逐步走出一条适应少数民族和民族地区实际的路子……在通用本民族语言文化的地区，要因地制宜地搞好'双语教学'。"[1] 少数民族语言不仅是记载和传播民族传统文化的重要载体，同时也是少数民族个体文化心理的表征，学习和使用少数民族语言有助于形成对少数民族传统文化的深刻体认。在贵州苗族地区开展双语教学不仅可以提高学生自觉接受和学习本民族传统文化的热情，而且也有利于促进学校教学水平的提高。例如1987年的贵州省剑河县久敢小学，在实行双语教学前入学率未达到60%，全校110名学生中没有一位女生，其中五年级巩固率仅为40%。苗文进校后学生增加到150人，女生人数为30人，巩固率100%，而且还开办了一个50名女生的学前班，巩固率达83%。[2] 又如同时期的贵州省雷山县民族中学，从初中到高中都开设了苗文课。高中3个文科班，民族语言期末考试成绩是：学生125人，到考124人，及格121人，及格率为97.5%，不及格3人，人均85分。不少学生能运用苗文记录诗歌、故事、谚语，有的用苗文创作、编写对联等。[3] 可见，在贵州苗族地区中小学校使用苗汉双语教学不仅不妨碍汉语教学的发展，而且还能够激发学生的思维能力，进一步提高教育质量和教学效果。

（三）利用学校教育平台宣传苗族文化

在贵州苗族地区，利用学校教育平台宣扬苗族传统文化，提高公众对苗族传统文化的认知和关注，对传承和发展苗族传统文化具有重要意义。笔者认为，利用学校教育平台传承和发展贵州苗族传统文化，我们需要做好以下两个方面的工作：一是打造具有苗族文化特色的校园环境。我们既可以在图

---

[1] 见江泽民：《加强各民族大团结，为建设中国特色社会主义携手前进》，1992年1月4日在中央民族工作会议上的讲话。
[2] 石朝江：《苗学通论》，贵州民族出版社，2008年版，第553页。
[3] 石朝江：《苗学通论》，贵州民族出版社，2008年版，第553页。

书馆、教室、会议室、餐厅等装饰上体现苗族传统文化的特征，也可以在学校形象标识体系如校标、校徽、校旗、校训、校内指示牌、教职工名片、学生校服、办公用品、文化宣传材料等方面凸显苗族传统文化的特色。打造具有浓厚苗族文化特色的校园环境，有利于学生在学校生活中受到本民族传统文化的洗礼和熏陶。二是营造良好的学习苗族传统文化的氛围。在教学过程中，教师可以在课余时间让学生讲述自己家乡的传统风俗习惯，表演地方性民族歌舞，组织学生开展有关本民族的传统文化活动等。开展上述活动不仅能够培养学生热爱家乡、热爱地方文化的情感，而且能够帮助学生互相学习和了解本民族传统文化知识，不断拓宽学生的民族文化视野，以此促进学生传承和发展苗族传统文化的思想自觉。

（四）利用学校教育手段培养苗族文化传承人

任何一种民族文化的主体都是当地人民群众，贵州广大苗族群众亦是贵州苗族传统文化的创造主体、保护主体和发展主体。因此，要实现贵州苗族传统文化的传承和发展，最为关键的是通过贵州苗族地区的学校教育就地培养苗族文化传承人。在如今的贵州苗族地区，专门从事苗族传统文化传承和发展工作的人员不仅数量很少、专业知识缺乏，而且分布不均衡、人员结构不合理。要改变这一状况，我们需要做好以下三个方面的基本工作：一是通过学校教育造就一个推广和使用苗族语言文字的人文环境。我们可以在学校教育中开展苗族语文广播，仿效西藏电视台、新疆电视台的做法利用苗族语言编创各类节目和电视剧，鼓励使用苗族文字撰写书籍资料，大力推进当地各种苗族民间读物和苗族工具书籍的编辑出版，努力使苗族语言文字的使用真正落到实处。二是贵州苗族地区的各级各类学校可以利用学校教育优势举办形式多样的苗族文化培训班，分级、分期、分批地对当地苗族文化工作者进行教育培训，提高苗族文化工作者素质，壮大苗族文化宣传队伍力量，为苗族文化主体后备人才的培养提供充足人力资源。三是贵州苗族地区的教育部门和学校既可以通过设置苗族文化研究课题的方式促进当地教师和民族文化工作者研究苗族传统文化的积极性，同时又可以通过多渠道选派优秀苗文化工作者深入苗族民间进行实地调查，让他们在熟知苗族文化的基础上真正转变成为苗族文化的传承人。

总之，在贵州苗族社会发生深刻变迁、贵州苗族传统文化发生剧烈变化的时代背景下，发挥学校教育在传承和发展苗族传统文化中的作用，不仅有利于增强贵州苗族人民的文化自尊心、自信心和自豪感，而且更有助于推进贵州苗族传统文化的未来可持续发展。

第三节 社会教育传承和发展苗族传统文化

我国《教育大辞典》对"少数民族原始社会形态教育"的解释是：在少数民族原始社会，人们还尚未从生产生活过程中完全分离出来，那里没有专门的教育机构和专职教师，"社会即学校，长辈或能者即教师，各种知识互相交织，包罗万象，呈现教育社会性；全社会成员一律平等，不分男女老幼，聪明愚笨，均有受教育权利，表现受教育的全面性……"[1] 虽然学校教育是文化传承的主要阵地，但是这种象牙塔式的文化传输方式根本无法独立承担传承和发展贵州苗族传统文化的历史重任，贵州苗族传统文化的传承与发展需要社会教育的大力支持。

一、社会教育传承和发展苗族传统文化的形式

社会教育是指社会成员在各种社交活动中相互影响、互相学习，共同获得知识的过程。贵州苗族社会教育传承和发展民族传统文化的基本形式是通过举行祭祀、婚庆、丧葬、节日等活动，将参与者带入原生态的"社会课堂"中，让他们在互教互学中传承和发展本民族传统文化。

---

[1] 转引自罗连祥：《贵州苗族礼仪文化研究》，中国书籍出版社，2014年版，第365页。

（一）举行集体祭祀活动

在贵州苗族社会，凡遇氏族会议、逢年过节或家有不祥，须请巫师主持祭祀活动。巫师精通苗族历史，在当地苗族社会中享有较高声望。尤其在祭祖活动中，巫师借助祭祀仪式吟唱鼓藏歌叙述苗族艰辛的迁徙史、讲述苗族人民尊老爱幼的传统美德，将苗族传统文化淋漓尽致地展示给旁人。人们在巫师的引领下聆听鼓藏歌，大家能够以一种愉悦的心情感悟和领会本民族的历史与文化，从中学习关于本民族宗教信仰、礼仪习俗及各种禁忌等传统文化知识，加深人们对本民族传统文化的了解。祭祖活动表达的是人们对祖先神灵的崇拜和信仰，体现的是苗族人民重视血亲关系的社会观念。举行一次祭祖活动，人们就会从中受到一次孝道观念的洗礼。

（二）举行集体婚丧活动

在贵州苗族婚姻活动中，吟唱婚姻歌是其重要内容。贵州苗族婚姻歌作为当地苗族先民生活样态的表达，是当地苗族社会的一种文化积淀，反映的是当地苗族社会的历史变迁与婚恋习俗，在当地苗族社会中具有一定的文化教育功能。例如《大客歌》讲述了婚礼过程，《择日开亲哥》追述历书来历以及如何确定结婚日期，《兄妹结婚》讲述近亲血缘婚给人类后代造成生理缺陷，《由嫁男到嫁女歌》讲述苗族社会经历着一个由母系氏族社会向父系氏族社会过渡的过程，《分支开亲歌》讲述同一宗族不同支系的氏族成员之间可以开亲，《木刻歌》讲述了苗族社会姑舅表婚和舅权制社会的历史，等等。通过对唱或聆听婚姻歌，有助于人们加深对苗族社会历史与文化的深刻理解。

在贵州苗族丧葬活动中，巫师要为死者吟唱丧葬歌，歌词内容主要讲述死者生平事迹以及一生的孝道、勤劳与美德等。巫师借助严肃庄重的治丧场景吟唱丧葬歌，以此唤起吊唁者对死者的追忆和缅怀。治丧人员在巫师的引领下，满怀着对祖灵的畏惧，以虔诚的态度与巫师一道重温本民族祖先艰辛的生活历程。巫师每唱一段都能触动人心，使人黯然泪下，让人们在悲痛的氛围中领悟现世生命的意义与价值，从而激发人们珍惜生命和现实生活的自觉意识，教育效果较好。

（三）举行集体节日活动

贵州苗族节日是苗族历史与文化的载体，节日活动是苗族传统文化的集中展示。在节日活动中，人们不仅要举行祭祖活动增强同宗记忆，促进血亲关系的延续，教育后代加强民族团结，而且还要吹笙跳舞，以舞蹈的直观形式向众人展现开山辟地、犁田插秧、割谷打麦、做饭烧茶、簸米筛糠、修眉剃须、整容穿衣等生活常识，让孩子们在轻松愉快的节日活动中学习到本民族的传统文化，每一次节日活动就是一堂生动的实践教育课。

二、社会教育传承和发展苗族传统文化的内容

由于历史原因，贵州苗族人民世代生活在封闭的环境中，他们依靠口耳相传的独特方式延续着本民族的历史与文化。"社会即学校，生活即老师"便是贵州苗族人民传承本民族传统文化的生动体现。贵州苗族社会教育传承和发展苗族传统文化主要包括生存技艺教育、民族历史教育和行为规范教育三个方面的内容。

（一）生存技艺教育

在传统贵州苗族社会，苗族先民以粗放的农耕生产为主，辅之以采摘和狩猎维持生计。在这样的历史条件下，当地苗族先民社会教育的任务便是传授生存技艺，主要表现为苗族老人在带领年轻人从事农耕生产、制造工具以及采集狩猎等过程中向他们传授基本的生存技巧和经验。原始农业产生后，当地苗族先民在农耕社会基础上建立了以血缘关系为纽带、以自然村寨为基础的鼓社组织，并以鼓社为单位进行各种生产生活活动。农忙时节鼓头带领鼓社成员饲养牲畜、种植庄稼、制造陶器、建造房舍，农闲时节鼓头组织鼓社成员举行节日和祭祀等活动。在活动过程中，活路头向鼓社成员传授水稻种植、养蚕织布等生产经验，巫师向鼓社成员传授苗族先民传统的祭祀仪式和各种巫术，这些生产生活常识都是生存于苗族社会中的人们所必须熟知和了解的。从这个意义上讲，生存技艺教育是贵州苗族社会教育最重要、最基

本的内容之一。

（二）民族历史教育

贵州苗族在社会生活中进行历史教育的形式是多种多样的。茶余饭后，苗族小孩经常围坐在阿打、阿婆、阿杰、阿米身边，聆听他们唱说苗族古歌或讲述神话传说，大家一起重温苗族先民的迁徙历史以及坚韧不屈的斗争过程。在婚丧活动中，巫师通过吟唱苗族古歌向世人展示苗族先民开天辟地、民族迁徙、家支繁衍、财富创造、辛勤劳动、家庭孝道等艰苦历程和传统美德，让旁人在身临其境中学习到苗族社会的历史与文化。例如婚姻歌中唱道："吃酒要讲古老话，婚姻莫忘祖先恩"，"昔日先祖迁徙寻找好地方，昔日先祖开辟新地发子孙，使姑娘从此带上美丽的金耳环，男儿从此包上漂亮的头巾"，"我们是循着祖先祖母的脚迹走，我们是坐享先祖的好名声"。通过吟诵古歌教育后人要牢记苗族先民苦难深重的历史和顽强战斗的精神，教育后人不要忘记祖先的恩惠。如今在贵州一些较为偏僻的苗族乡村，部分苗族家庭在举行婚丧活动时仍然有吟唱苗族古歌和民谣的旧俗，只是场面不如昔日那样隆重和热闹罢了。在重大节日活动中，苗族群众身穿节日盛装前来参加活动，苗族妇女服装上绣有三条花边。知情者常常向旁人解释："上条花边代表黄河、中条花边代表长江、下条花边代表西南山区"，以此教育苗族后辈铭记本民族祖先的迁徙历程，增强苗族人民对本民族历史的认知和了解。

（三）行为规范教育

明清以来，封建朝廷势力深入贵州苗疆并对其采取征抚兼施的政策。但由于受到当地苗族人民的坚决抗拒，封建流官对贵州苗疆采取"因俗而治"的政策。直至新中国成立前，贵州苗族社会仍保持着古朴的社会遗风，依靠鼓社和议榔组织维持基本的社会秩序。榔规款约由鼓社成员公议制定，其内容包括：一是普通民事纠纷先由榔头调解，调解无效后交由群众公议强行解决；二是偷盗、破坏他人夫妻关系等行为要严肃处理；三是一般盗窃行为如果被人检举或查实，除处以数倍罚金外，还要请本鼓社成员吃饭喝酒一次，并责令当众认错；四是重大盗窃者要查抄家产；五是重大犯罪事件给予当事人投坑、沉潭等酷刑处罚；六是如被外人或官府欺辱、打杀，全寨务必协力反抗予以报复；七是因维护本鼓社利益而伤亡者，由本鼓社出资治疗和安葬，其亲戚子女由鼓社抚恤养育；八是在对外斗争中消极观望或贪生怕死者要招致群众指责，严重者受到议榔会议警告甚至驱逐出本鼓社。在国家法律法规尚未深入到贵州苗族社会内部的情况下，榔规款约无疑是当地苗族社会的"最高法律"，它要求人们应该做什么，不应该做什么，人们须按照榔规款约调整和约束自己的行为，一旦违反将受到惩罚。在榔规款约制定过程中，除每个家庭户主必须参会外，其他家庭成员均可自愿参加。因此，举行一次议榔会议实际上就是一堂庄严而隆重的教育实践课，对与会人员来说具有惩恶扬善的教育效果。

三、社会教育传承和发展苗族传统文化的途径

人是社会存在物，人的生存与发展离不开社会生活。贵州苗族先民在长期的历史发展中创造出来的丰富多彩的民族传统文化一旦离开当地苗族民众的生活实践就会成为无源之水，无本之木。因此，即使到了当代贵州苗族社会，社会教育依然在传承和发展民族传统文化中发挥着重要作用。笔者于2014年暑假到凯里市白午经济开发区翁义村红岩二组进行实地调查。

表 4-3　贵州苗族地区社会教育传承和发展民族传统文化个案调查表

	性别	女
	出生时间	1975 年
	出生地点	贵州省麻江县贤昌乡高枧村，汉族地区
	文化程度	中专（1994 年麻江县职业技术中学毕业）
调查对象 1：刘艳（因与作者结为兄妹，故作者女儿将其称为姑母）	何原因来到苗族聚居地区	1996 年外嫁到贵州省凯里市白午经济开发区翁义村红岩二组，该地区为贵州省典型的苗族聚居区
	刚到苗族聚居区的感受	刚来夫家时，不懂苗语，对当地苗族生活习俗不习惯
	后来对苗乡生活的适应情况	经过与当地苗族民众的长期接触和交往逐渐学会苗语，逐步了解当地苗族生活习惯
	现在对苗族语言及其当地苗族习俗的了解情况	能够自如地使用苗语交谈，变成了既能说汉语又能讲苗语的"双语人"。遇上苗族说苗语，遇上汉族说汉话，基本熟知当地苗族生产生活习俗
	语言的苗化状况	在与其交谈中，笔者发现采访对象说汉话时带有浓厚的苗语腔调，其语言的苗化现象较为明显
	性别	女
	出生时间	2006 年
	出生地点	贵州省凯里市碧波镇朝阳村，汉族地区
	文化程度	小学一年级学生
调查对象 2：黄盛锦（本书作者女儿）（因作者家庭系三辈转宗，故其女儿姓黄）	何原因来到苗族聚居地区	采访对象 1 是其姑母，从而以走亲戚的方式到姑母家度假
	来苗族聚居区时间	2015 年暑假，居住一个半月
	刚到苗族聚居区的感受	因不懂苗语，很不习惯，闹着要离开
	其间对苗乡生活的适应程度	每天与当地苗族孩子在一起玩耍，出于好奇心渐渐喜欢上苗语
	最后习得苗语的情况	经过一个半月苗乡生活的体验，自己不仅能够流利地说出狗、猫、鸡、鸭、吃饭、穿衣、洗手、坐车、睡觉等简单的苗语词汇，而且还能听懂部分苗族方言，对说苗语很感兴趣

结果表明，长期的社会教育不仅能在感性层面使进入苗族聚居区的汉族同胞学会和使用汉语，实现汉语的"苗化"，而且能够从理性层面加强他们对苗族风土人情和民族心理的理解，实现由其"汉人"向"苗人"的转化。正是在这个意义，我们认为，利用社会教育传承和发展苗族传统文化可以扩大苗族文化的社会普及度，唤起广大苗族民众保护、传承和发展本民族传统文化的积极性。因此对于贵州苗族地区而言，发挥社会教育在传承和发展苗族文化中的价值导向功能，努力推进贵州苗族传统文化在当地苗族人民群众生活中的真实存在，对于促进贵州苗族传统文化的传承和发展具有积极意义。

（一）开展民间文化活动宣传苗族文化

贵州苗族文化的真正继承者是当地普通苗族群众，贵州苗族传统文化的保护、传承和发展离不开当地苗族人民的文化生活实践。在开展民间文化活动传承和发展苗族传统文化方面，贵州苗族地区地方政府曾做过多次尝试。例如2002年贵州省台江县政府规定，县直属若干单位与县境内一个乡镇或乡村组成苗族文化俱乐部，每周末聘请当地苗族民间歌舞大师轮流在县城秀眉广场开展唱苗歌、跳苗舞活动，这一活动的开展对传承和发展台江苗族歌舞技艺效果明显。实践证明，开展民间文化活动宣传苗族传统文化，不断扩大苗族文化认知主体的范围，不仅有助于增强苗族人民对本民族传统文化的认知水平，强化苗族民众保护、传承和发展本民族传统文化的思想意识，而且有助于实现苗族文化社会教育主体在现实生活中的自然生成。

（二）利用民间馆藏文化宣传苗族文化

西方博物馆学者认为，博物馆教育的目的不在于"教"，而在于帮助观众"学"。我国博物馆学者也肯定馆藏文化在宣传民族传统文化中的作用，指出博物馆是通过为观众自我学习提供服务来实现其教育目的的。我国政府历来重视对少数民族传统文化的静态保护，各少数民族地区都相继建立起了自己的民族文化博物馆、图书馆、展览馆、文献资料室等。"博物馆是一个为社会及其发展服务的、非盈利的永久性（常设性）机构，它为研究、教育、欣赏之目的征集、保护、研究、传播并展出人类及人类环境的物证。"[①] 我国少数民族地区的博物馆收集并保存了诸多有价值的民族传统文物和文字资料，如何使博物馆以特有的文化魅力吸引观众，满足社会需求，如何利用博物馆的文化价值服务社会，满足观众需求，实现博物馆的社会教育目的，是当前我国少数民族地区社会教育传承和发展民族传统文化必须思考和解决的问题。

贵州省黔东南苗族侗族自治州于 2005 年 12 月 25 日正式公布了"特色突出、民族建筑保护完好、有区域性代表、有开发利用价值"的 100 个民族民间文化村寨（镇）名单。其中台江县建立了"反排苗寨文化生态保护区""反排木鼓舞艺术之乡""施洞刺绣艺术之乡""九摆银饰艺术之乡"等苗族文化生态保护区。这些苗族传统文化乡镇或村寨犹如一个个苗族生态博物馆，它们主要以保存和维护苗族传统服饰、传统民居以及传统社会生产生活用具为主，注重对苗族传统文化的原生性保护。更为重要的是，这些苗族生态博物馆完全改变了过去那种以"物"为中心的做法，把静态文物保护与活态苗族文化紧密结合起来。当游客到来时，这些苗族生态博物馆不仅有专门的苗族文化工作者根据静态文物讲解苗族相关的历史和民俗习惯，而且还通过表演苗族民间歌舞等形式向外来客人展示各种苗族传统文化，让旅游者在身临其境中感受贵州苗族传统文化的魅力，为人们鉴赏贵州苗族传统文化提供真实的范本。因此在贵州苗族地区，我们在向大众开放博物馆、图书馆、展览馆和文献资料室等苗族文化静态保护平台的同时，充分发挥"自然生态博物馆"在宣传苗族传统文化中的作用，这对于扩大贵州苗族传统文化的社会普及程度，对于拓展贵州苗族传统文化的生存和发展空间具有进步作用。

（三）借助现代大众传媒宣传苗族文化

改革开放后，贵州苗族社会发生了翻天覆地的变化，广大苗族民众的物质生活条件由温饱向小康迈进，电视、电话、网络等大众传媒工具日益成为

---

① 转引自罗连祥：《贵州苗族礼仪文化研究》，中国书籍出版社，2014 年版，第 374 页。

苗族个体家庭的生活必需品。在新的社会背景下，一方面，贵州各级政府可以利用电视、广播、报纸、杂志、网络等现代传媒工具宣传苗族传统文化，提高当地苗族民众传承和发展本民族传统文化的主动性和积极性。另一方面，贵州苗族民间艺人可以通过自编自导的方式将本民族传统祭祖活动、节日活动以及婚丧活动等拍摄成光碟拿到市场上售卖，让当地各支系苗族群众以及其他苗族民间文化爱好者互看互学，在增加文化消费收入的同时，不断扩大苗族传统文化的认知主体、传承主体和发展主体，为苗族文化主体的自然形成营造良好的社会环境。

结 语 弘扬苗族优秀传统文化推动中华民族文化大发展大繁荣

文化是一条从过去流经现在并涌向未来的长河,人们时刻都在创造文化、使用文化、感受文化和消费文化。人的文化世界就是人的生活世界,它与人的文化生命共同构成了人的文化存在。我们只有理解和把握人类文化的历史与现实,才能从根本上洞悉人类社会生活的本质。人创造了文化,文化反过来又塑造着人,人的自我完善和欲求主导着人的各种文化追求。人是文化的主体,任何文化创造都是人的实践活动。文化变迁对人类社会的发展进步具有重要意义,只有通过文化的更迭人们才能从原有的文化形态走向新的文化世界,显示新文化的独特魅力。

苗族是我国第五大少数民族,苗族人民在其历史长河中创造并延续下来的优秀传统文化是中华民族文化的重要组成部分。虽然这些苗族传统文化不具有世界性意义,也无法诠释人类发展的普遍性规律,但是它们却在维系和延续苗族乡土社会的生存与发展过程中发挥着重要作用。在当今文化一体化时代,中西文化碰撞与交流日益频繁,我国苗族传统文化在与外来文化的交流过程中日益处于边缘化境地。面对这一困境,要更好地传承和发展苗族传统文化,需要我们根据时代特点对其进行必要的创新。文化创新是文化繁荣的基石,只有在社会实践中对文化进行不断创新,一个民族的文化才能焕发生机,永葆青春与活力。具体来说,创新我国苗族传统文化,我们需要做到以下几点:

一是批判地继承优秀的苗族传统文化。苗族文化扎根于苗族社会土壤之中,是苗族人民繁衍生息的力量源泉,是苗族群体向心力和凝聚力的精神纽带。要创新苗族传统文化,我们在逐步消除苗族传统文化中那些自给自足、自我封闭的文化意识以及祭神驱鬼、求神保佑的迷信思想的同时，要批判继承优秀的苗族传统文化，积极吸收其走向未来的一切积极文化因素。唯有如此，我们才能重新整合苗族传统文化，使苗族文化保持持续的生命力。

二是吸收人类文化优秀成果。苗族文化创新既是对苗族传统文化的扬弃和创造性重组，同时也是对苗族传统文化的筛选和对现代文化的吸收。创新苗族文化，我们应坚持"拿来主义"。在对苗族文化与外来文化进行价值判断和比较分析的基础上，将符合苗族文化发展特点的新文化事项吸纳到苗族文化中来，创建出符合时代发展要求的新的苗族文化体系。

三是树立开放的文化创新态度。苗族文化创新必须符合苗族自身的发展特点，必须充分反映苗族文化主体的意愿和心理变化。要有效进行苗族文化创新，我们必须树立海纳百川的文化胸怀，加强苗族传统文化与外来文化之间的平等交流与对话；寻求苗族传统文化与其他民族文化之间的共同点，取长补短，加强苗族传统文化与其他民族文化之间的互补与融合。树立科学的文化创新态度，构建未来百花齐放、百家争鸣的多元文化视野，对创新苗族文化、实现中华民族文化大发展大繁荣具有重要意义。

主要参考文献

著作类

［1］（美）伍兹著，何瑞福译：《文化变迁》，石家庄：河北教育出版社，1989年版。

［2］林耀华：《民族通论》，北京：中央民族大学出版社，2003年版。

［3］徐万邦、祁庆福：《中国少数民族文化通论》，北京：中央民族大学出版，1996年版。

［4］伍新福：《中国苗族通史》，贵阳：贵州人民出版社，1999年版。

［5］伍新福、周明甫、金星华主编：《中国少数民族文化简论》，北京：民族出版社，2008年版。

［6］杨光汉主编：《苗族的迁徙与文化》，昆明：云南民族出版社，2006年版。

［7］范同寿：《贵州简史》，贵阳：贵州人民出版社，1991年版。

［8］游建西：《近代贵州苗族社会的文化变迁》，贵阳：贵州人民出版社，1997年版。

［9］石朝江：《苗学通论》，贵阳：贵州民族出版社，2008年版。

［10］石朝江：《中国苗学》，贵阳：贵州大学出版社，2009年版。

［11］余潇编著：《松桃苗族》，贵阳：贵州民族出版社，2006年版。

［12］费孝通等：《贵州苗族调查资料》，贵阳：贵州大学出版社，2009年版。

［13］杨廷硕、罗康隆、潘盛之：《民族、文化与生境》，贵阳：贵州人民出版社，1992年版。

［14］乌丙安：《中国民间信仰》，上海：上海人民出版社，1995年版。

［15］王文章：《非物质文化遗产论》，北京：文化艺术出版社，2006年版。

［16］廖冬梅：《节日沉浮问——节日的定义、结构与功能》，桂林：广西师范大学出版社，2007年版。

［17］杨昌儒编：《贵州世居民族节日民俗研究》，北京：民族出版社，2009年版。

［18］曹端波：《民族文化与社会发展——贵州少数民族考察手记》，贵阳：贵州大学出版社，2007年版。

［19］翁家烈主编：《贵州民族文化保护与发展论文集》，贵阳：贵州大学出版社，2008年版。

［20］石群勇：《文化自觉与文化生态保护——腊尔山地区苗族文化生态保护研究》，北京：民族出版社，2011年版。

［21］贵州省中华文化研究会编：《全球化背景下的贵州民族民间文化》，贵阳：贵州民族出版社，2006年版。

［22］贵州省民间文学组整理、田兵编选：《苗族古歌》，贵阳：贵州人民出版社，1979年版。

［23］马学良、今旦译注：《苗族史诗》，北京：中国民间文艺出版社，1983年版。

［24］贵州编辑组：《黔西北苗族彝族社会历史综合调查》，北京：民族出版社，2009年版。

［25］中国作家协会编：《新时期中国少数民族文学作品选集》（苗族卷下），北京：作家出版社，2013年版。

［26］贵州省民间文学工作组编著：《苗族文学史》，贵阳：贵州人民出版社，1981年版。

［27］孔令中主编：《贵州教育史》，贵阳：贵州教育出版社，2004年版。

［28］贵阳市花溪区地方志编纂委员会编：《贵阳市花溪区志》，贵阳：贵

州人民出版社，2007年版。

［29］马学良等主编：《中国少数民族文学史》，北京：中央民族大学出版社，2001年版。

［30］龙生庭等著：《中国苗族民间制度文化》，长沙：湖南人民出版社，2004年版。

［31］紫云苗族布依族自治县志编纂委员会编：《紫云苗族布依族自治县志》，贵阳：贵州人民出版社，1991年版。

［32］政协紫云苗族布依族自治县民族宗教社会联谊委员会编：《紫云苗族布依族仡佬族百年实录：1905—2005》，贵阳：贵州人民出版社，2006年版。

［33］贵州省务川仡佬族苗族自治县志编纂委员会编：《务川仡佬族苗族自治县志》，贵阳：贵州人民出版社，2001年版。

［34］贵州省编辑组编：《苗族社会历史调查》（二），贵阳：贵州人民出版社，1987年版。

［35］贵州省编辑组编：《苗族社会历史调查》（一），贵阳：贵州人民出版社，1986年版。

［36］贵州省地方志编撰委员会编：《贵州省志·民族志》，贵阳：贵州人民出版社，2002年版。

［37］杨昌才、黔东南州民族研究所：《中国苗族民俗》，贵阳：贵州人民出版社，1990年版。

［38］吴一文、覃东平：《苗族古歌与苗族历史文化研究》，贵阳：贵州民族出版社，2000年版。

［39］罗连祥：《台江苗族礼仪文化及其变迁研究》，北京：九州出版社，2014年版。

［40］罗连祥：《贵州苗族礼仪文化研究》，北京：中国书籍出版社，2014年版。

论文类

[1] 秦中应：《当地湘西苗族传统文化的教育传承研究——以湘西州凤凰县苗族为例》，中央民族大学博士学位论文，2010年。

[2] 梁子玉：《文化变迁与旅游业发展研究》，中央民族大学博士学位论文，2007年。

[3] 王鸣明：《布依族社会文化变迁研究》，中央民族大学博士学位论文，2005年。

[4] 甘代军：《文化变迁的逻辑——贵阳市镇山村布依族文化考察》，中央民族大学博士学位论文，2010年。

[5]（韩）陈昊成：《中国苗族文化的民族学研究》，中央民族大学博士学位论文，2007年。

[6] 杨胜勇：《清朝经营贵州苗疆研究》，中央民族大学博士学位论文，2005年。

[7] 于德珍：《湘西民俗文化旅游开发研究》，中南林学院硕士学位论文，2002年。

[8] 杨明芳：《产业化背景下贵州少数民族节日文化开发研究——以台江姊妹节为例》，贵州财经学院硕士学位论文，2011年。

[9] 唐晴晖：《湘西苗族文化变迁研究》，西北农林科技大学硕士学位论文，2007年。

[10] 高婕：《民族旅游发展背景下的民族文化变迁与保护研究——以黔东南苗寨为例》，华中农业大学硕士学位论文，2009年。

[11] 张爱珠：《语文教材城市化的教育社会学分析——以人教版小学语文为例》，福建师范大学硕士学位论文，2014年。

[12] 颜智敏：《语文教科书城市偏向研究——以人教版教科书为对象》，

湖南师范大学硕士学位论文，2014年。

［13］陆艳红：《课改城市化：广西农村语文教师的挑战及对策研究》，广西师范大学硕士学位论文，2014年。

［14］荣娥、吴俊映：《婚姻礼仪的功能弱化、仪式变迁与村庄文化——以鄂中荣村调查为例》，《理论界》，2009年第5期。

［15］刘峰、吴小花：《苗族婚姻制度变迁六十年——以贵州省施秉县夯巴寨为例》，《贵州民族研究》，2009年第2期。

［16］袁定基、张原：《苗族传统文化的保存、传承和利用》，《西南民族大学学报》，2005年第8期。

［17］阳华：《民族文化开发与民族地区的发展——以黔东南苗族侗族自治州为例》，《贵州师范大学学报》（自然科学版），2004年第5期。

［18］吴汉男：《少数民族地区传统文化与经济发展思考》，《经济研究导刊》，2009年第7期。

［19］杨昌萍：《黔东南苗族婚俗的变化》，《贵州师范大学学报》（社会科学版），2000年第3期。

［20］王良范：《文化复兴与文化认同——黔东南苗族文化的变迁与现代转型》，《贵州民族学院学报》，2005年第2期。

［21］杨再彪：《苗族民间礼仪制度的产生与形成》，《吉首大学学报》（社会科学版），2003年第3期。

［22］李竹青：《少数民族传统节日的功能及发展趋势》，《青海民族学院学报》（社会科学版），2004年第7期。

［23］赵崇南：《贵州少数民族的风俗习惯及其变迁和改革》，《贵州文史丛刊》，2004年第2期。

后 记

民族文化传承不仅是一种历史责任，同时更是一个民族生存和发展的利器。尤其是一些少数民族，由于社会历史发展的原因，他们昔日赖以生存的生活方式和生态环境在当今社会中遭受到巨大挑战。对于这些少数民族群众而言，在新的社会条件下转变其传统的生活方式、经济发展方式和文化消费方式无疑是必要的。但是，削弱和放弃本民族传统文化则会不利于该民族的发展，甚至说是不明智的。世界上许多少数民族的成功例子都说明了保护和传承本民族传统文化，是现代化进程中该民族得以立足和生存的重要手段。如果失去了这些独特的文化，实际上也就失掉了这个民族存在的依据。因此，在民族传统文化逐渐边缘化的今天，帮助少数民族保护和传承其优秀的传统文化不仅是现阶段我国实现各民族"共同团结奋斗、共同繁荣发展"的重要保证，同时对促进我国民族地区的文化繁荣和经济发展也具有极其重要的现实意义。

笔者出生于黔东南苗族侗族自治州州府——贵州省凯里市，这是一个素有"贵州苗疆"之称的地方，是苗族文化的摇篮。近年来家乡城镇化进程的推进让笔者深刻感受到苗族传统文化在悄然发生变化，这一变化让笔者意识到保护和传承本民族传统文化的重要性和紧迫感。在历经2009—2012年博士阶段学习后，笔者的理论基础不断得到夯实，学术视野不断得到拓展，于是笔者就把保护、传承和发展本民族传统文化作为自己毕生的事业，并一步步走向深入。2012年笔者在中国人民大学博士毕业后顺利进入贵州师范大学工作，一走上工作岗位就展开了对苗族传统文化的系统研究，相继出版了《台江苗族礼仪文化及其变迁研究》和《贵州苗族礼仪文化研究》两部个人专著。这两部专著的出版问世不仅对笔者的学术之路是一个极大鼓舞，而且也为笔者进一步研究本民族文化奠定了坚实的理论基础。

在党的十八届五中全会上，党中央高度重视民族传统文化的保护、传承与发展工作，会议强调要构建中华优秀传统文化传承体系，要加强民族非物质文化遗产的保护与传承，这一举措更加增强了笔者研究民族传统文化的信心。于是，笔者把全部精力再次集中到能够代表中国苗族文化特色的贵州苗族文化研究上来，继续主持贵州省教育科学规划一般课题——《贵州苗族地区教育发展与民族传统文化变迁》（项目编号：2014B215），进一步从教育发展视角剖析贵州苗族地区学校教育发展对苗族传统文化变迁的深刻影响。在课题研究过程中，凌文青、李能、付娇等课题组成员在收集资料、田野调查以及数据分析等方面给予了笔者极大的帮助，在此对他们的辛苦付出表示感谢。本书就是此项目的研究成果。

最后，因笔者理论水平有限，书中的不当和错误之处在所难免，恳请各位专家学者批评指正。

2016 年 1 月
于贵阳照壁山麓